Führen im digitalen Zeitalter: Die neue Rolle der Führungskraft

Diana von Kopp

Führen im digitalen Zeitalter: Die neue Rolle der Führungskraft

Lösungen aus Psychologie und Praxis

Diana von Kopp
Heidelberg, Deutschland

Dr. Diana von Kopp, Diplompsychologin und Beraterin für Führungskräfte und Organisationen, Heidelberg, Deutschland

ISBN 978-3-662-71509-3   ISBN 978-3-662-71510-9 (eBook)
https://doi.org/10.1007/978-3-662-71510-9

Die Deutsche Nationalbibliothek verzeichnet diese Publikation in der Deutschen Nationalbibliografie; detaillierte bibliografische Daten sind im Internet über https://portal.dnb.de abrufbar.

© Der/die Herausgeber bzw. der/die Autor(en), exklusiv lizenziert an Springer-Verlag GmbH, DE, ein Teil von Springer Nature 2025

Das Werk einschließlich aller seiner Teile ist urheberrechtlich geschützt. Jede Verwertung, die nicht ausdrücklich vom Urheberrechtsgesetz zugelassen ist, bedarf der vorherigen Zustimmung des Verlags. Das gilt insbesondere für Vervielfältigungen, Bearbeitungen, Übersetzungen, Mikroverfilmungen und die Einspeicherung und Verarbeitung in elektronischen Systemen.
Die Wiedergabe von allgemein beschreibenden Bezeichnungen, Marken, Unternehmensnamen etc. in diesem Werk bedeutet nicht, dass diese frei durch jede Person benutzt werden dürfen. Die Berechtigung zur Benutzung unterliegt, auch ohne gesonderten Hinweis hierzu, den Regeln des Markenrechts. Die Rechte des/der jeweiligen Zeicheninhaber*in sind zu beachten.
Der Verlag, die Autor*innen und die Herausgeber*innen gehen davon aus, dass die Angaben und Informationen in diesem Werk zum Zeitpunkt der Veröffentlichung vollständig und korrekt sind. Weder der Verlag noch die Autor*innen oder die Herausgeber*innen übernehmen, ausdrücklich oder implizit, Gewähr für den Inhalt des Werkes, etwaige Fehler oder Äußerungen. Der Verlag bleibt im Hinblick auf geografische Zuordnungen und Gebietsbezeichnungen in veröffentlichten Karten und Institutionsadressen neutral.

Planung/Lektorat: Joachim Coch
Springer ist ein Imprint der eingetragenen Gesellschaft Springer-Verlag GmbH, DE und ist ein Teil von Springer Nature.
Die Anschrift der Gesellschaft ist: Heidelberger Platz 3, 14197 Berlin, Germany

Wenn Sie dieses Produkt entsorgen, geben Sie das Papier bitte zum Recycling.

Vorwort

Die digitale Transformation stellt Führung in einen völlig neuen Kontext. Technologien sind längst tägliche Begleiter und Gestalter der Zusammenarbeit. Zudem ermöglichen sie ortsunabhängige und zeitlich flexible Arbeitsmodelle. Das erlaubt es Unternehmen einerseits, weltweit auf einen größeren Talentpool zuzugreifen. Gleichzeitig führt es aber auch dazu, dass Teams heterogener werden, während sich der persönliche Austausch verringert. Hinzukommt, dass zunehmend zeitversetzt gearbeitet wird - unter Verwendung verschiedener Kollaborationstools. Diese Entwicklung stellt Führungskräfte vor Herausforderungen und erfordert neue Führungskompetenzen. Neben Fähigkeiten im Umgang mit Technologien gewinnen zwischenmenschliche Kompetenzen - etwa Empathie, Kommunikationsfähigkeit und Vertrauen - wachsende Bedeutung.

Auch im digitalen Zeitalter bleibt die Grundidee von Führung weitgehend unverändert: Führung bedeutet nach wie vor, Kräfte zu bündeln und auf ein gemeinsames Ziel hinzulenken. Im digitalen Kontext hängt das Bündeln der Kräfte jedoch entscheidend von der kompetenten Handhabung digitaler Werkzeuge ab sowie der Fähigkeit, ein

Team auch über die Distanz hinweg für eine gemeinsame Vision zu begeistern.

Unter diesen veränderten Bedingungen müssen Führungskräfte nicht nur ihre eigene Rolle neu definieren, sondern auch Zusammenhalt und Identität stiften, innerhalb ihres Teams und darüber hinaus. Ein hochaktueller Führungsansatz, der sich mit Identität, Followership und Führung beschäftigt, ist das sogenannte Identity Leadership oder identitätsbasierte Führung. In diesem Buch werden die vier Prinzipien der identitätsbasierten Führung vorgestellt und anhand praxisnaher Beispiele vertieft. Zudem liefert das Buch Antworten auf häufig gestellte Fragen zur Remote-Arbeit und gibt wertvolle Einblicke in den effektiven Umgang mit Technologien zur Steigerung der Führungseffektivität. Konkrete Beispiele, Checklisten und praktische Tipps sollen den Transfer der Inhalte in die eigene Arbeitswelt erleichtern.

Das Buch spricht Leserinnen und Leser gleichermaßen an, zur Verbesserung der Lesbarkeit wurde auf das Gendern verzichtet und nach Möglichkeit die neutrale Form bevorzugt. Unabhängig von der verwendeten Form richtet sich das Buch gleichermaßen an alle geschlechtlichen Identitäten.

Dr. Diana von Kopp

Heidelberg, Deutschland　　　　　　　　Dr. Diana von Kopp

Motivation

Motivation

Die rasante Digitalisierung des privaten, beruflichen und öffentlichen Lebens wirkt sich grundlegend auf die Art und Weise des Miteinanders aus, vor allem im Arbeitsleben. Sie fördert Flexibilität und globale Vernetzung, erfordert aber auch verstärkte Selbstorganisation, Eigeninitiative und aktive Netzwerkpflege. Diese Entwicklung stellt neue Anforderungen an Führung. Neben neuen technischen Kompetenzen brauchen Führungskräfte emotionale Intelligenz, um Teams zu inspirieren, Vertrauen aufzubauen und eine starke, kollaborative Unternehmenskultur zu fördern. Die Praxis zeigt, dass hierarchische Führungsansätze hier zunehmend an ihre Grenzen stoßen. Neue Führungskonzepte stellen die Führungskraft in die Rolle eines Coachs und Mentors und betonen ihre Funktion als Vorbild in interdisziplinären und kulturell vielfältigen Teams. Im digitalen Zeitalter, in dem Teams zunehmend virtuell arbeiten, gewinnen geteilte Werte und Ziele an Bedeutung. Die Führungskraft spielt hier eine zentrale Rolle in der Vermittlung und Förderung einer gemeinsamen Teamidentität.

Doch was bringt Menschen im Detail dazu, sich mit ihrer Organisation, ihrem Team zu identifizieren und motiviert gemeinsame Ziele zu verfolgen? Diese Frage begegnet der Autorin regelmäßig in ihrer Beratungstätigkeit und sie war Gegenstand ihrer Doktorarbeit. Die wissenschaftlichen Erkenntnisse kombiniert mit praxisnahen Beispielen sind die Grundlage dieses Ratgebers. Leserinnen und Leser finden darüber hinaus zahlreiche Tipps und Checklisten für erfolgreiche Führung in der heutigen Zeit.

Diana von Kopp

Über dieses Buch

Dieses Buch beleuchtet die neue Rolle der Führungskraft vor dem Hintergrund der zunehmenden Digitalisierung der Arbeitswelt. Es wendet sich an Führungskräfte, Forschende und Interessierte, die wissen wollen, wie sie sich im Zuge der Digitalisierung erfolgreich an veränderte Arbeitsbedingungen anpassen sollen. Das Buch greift praktische Beispiele und Lösungsstrategien auf und stellt neue Theorien und anwendungsorientierte Konzepte vor.

Die Autorin Dr. Diana von Kopp ist eine Expertin für Führung und moderne Arbeitswelten. Sie hat an der Goethe Universität Frankfurt eine Doktorarbeit zum Thema „Identitätsbasierte Führung im Digitalen Zeitalter" verfasst und berät Führungskräfte sowie Organisationen zu aktuellen Themen des New Work.

Inhaltsverzeichnis

1 Digitale Transformation und Führung – was ist neu?   1

2 Charismatische Führung – eine Neuinterpretation   15

3 Vertrauen statt Kontrolle: Ein Kulturwandel in der Führung   25

4 Virtuelle Teams erfolgreich managen   89

5 Technische Kompetenzen als Schlüsselqualifikation   125

6 Die gemeinsame Identität als Erfolgsfaktor   161

7 Identitätsbasierte Führung: Ein neuer Ansatz für das digitale Zeitalter   189

8	Von der Führungskraft zum Vordenker: Digitale Präsenz mit Wirkung	215
9	Virtuelle Führung: Wichtige Fragen und Antworten	237
Quellenverzeichnis		249

Abkürzungsverzeichnis

CMC	Computer Mediated Communication
CSS	Computational Social Science
GIF	Graphics Interchange Format
ILI	Identity Leadership Inventory
KI	Künstliche Intelligenz
LDC	Leader Digital Competence
MST	Media Synchronicity Theory
MRT	Medienreichhaltigkeitstheorie
RSCM	Reduced Social Cues Model
SIDE	Social Identity Model of Deindividuation Effects
SIT	Social Identity Theory

1
Digitale Transformation und Führung – was ist neu?

Zusammenfassung Die digitale Transformation stellt bestehende Geschäftsmodelle, Arbeitsprozesse und etablierte Formen der Zusammenarbeit grundlegend infrage und verändert die Strukturen innerhalb von Organisationen tiefgreifend. Führungskräfte sind gefordert, traditionelle Ansätze zu überdenken und neue, zukunftsfähige Führungsformen zu entwickeln. Aktuelle Forschung sowie praktische Erfahrungen zeigen, dass Führung im digitalen Zeitalter nicht an Relevanz verliert, sondern im Gegenteil an Bedeutung gewinnt. Dieses Kapitel zeigt auf, wie Führungskräfte die Transformation aktiv gestalten können, welche Kompetenzen sie dafür benötigen und warum der digitale Wandel vor allem auch ein kultureller und zwischenmenschlicher Veränderungsprozess ist.

Überblick

Führung im digitalen Kontext: Herausforderungen und Chancen

Die digitale Transformation verändert Geschäftsmodelle, Arbeitsweisen und bewährte Formen der Zusammenarbeit grundlegend – und damit auch die Dynamiken innerhalb von Organisationen. Sie fordert Führungskräfte auf, traditionelle Ansätze zu hinterfragen und neue Wege zu beschreiten.

In einer zunehmend vernetzten Welt ist es entscheidend, Führungskulturen weiterzuentwickeln, um Agilität, Innovation und interprofessionelle Zusammenarbeit gezielt zu fördern und so die Anpassungsfähigkeit von Organisationen zu stärken. Führungskräfte spielen in diesem Wandel eine zentrale Rolle. Dies wird nicht nur durch wissenschaftliche Arbeiten untermauert, wie etwa die Metaanalyse von Purvanova und Kenda (2022), die Hunderte von Studien auswertete, sondern auch durch praktische Erfahrungen.

Führung verliert in der digitalen Arbeitswelt keineswegs an Bedeutung – im Gegenteil: Sie wird wichtiger denn je.

Erfolgreiche Führung im digitalen Zeitalter bedeutet, technologischen Fortschritt mit menschlichen Stärken wie Kreativität, Empathie und Begeisterungsfähigkeit zu vereinen. Es reicht nicht mehr aus, Anweisungen zu geben oder operative Abläufe zu koordinieren. Gefragt sind Vorbilder, die inspirieren, begeistern, und ihre Teams unterstützen. Eigenschaften wie Neugier, ehrliches Interesse, Kommunikationsstärke, Teamgeist sowie die Fähigkeit zur kontinuierlichen Selbstreflexion rücken in den Mittelpunkt. Die digitale Transformation erweist sich somit als Katalysator für eine grundlegende Erneuerung der Führungskultur.

Dieses Kapitel beleuchtet die Herausforderungen und Chancen der digitalen Transformation. Es zeigt auf, wie Führungskräfte den Übergang von hierarchischen zu kollaborativen Modellen gestalten können und welche Kompetenzen erforderlich sind, um Veränderungen erfolgreich zu meistern. Dabei wird deutlich, dass die digitale Transformation nicht nur ein technologisches, sondern vor allem ein soziales und kulturelles Phänomen ist – ein Prozess, der neue Denkweisen und Anpassungsfähigkeit verlangt.

Traditionelle Führungsmodelle und ihre Weiterentwicklung im digitalen Zeitalter

Die Digitalisierung der Arbeitswelt fordert Unternehmen und Führungskräfte auf, bewährte Führungsmodelle zu hinterfragen und neu zu definieren. Führungsmodelle, die jahrzehntelang als Garant für Effizienz und Erfolg galten, stoßen zunehmend an ihre Grenzen. Das ist kein neues Phänomen – historisch existieren zahlreiche Beispiele, die zeigen, wie sich Führungskonzepte im Laufe der Zeit unter dem Einfluss gesellschaftlicher, politischer und wirtschaftlicher Entwicklungen verändert haben und es ist davon auszugehen, dass die Digitalisierung die Führung weiter transformiert.

Angefangen mit der industriellen Revolution im 18. und 19. Jahrhundert, die den Übergang von paternalistisch geprägten Führungsstilen in Familienunternehmen hin zu bürokratischen Strukturen in Industriebetrieben markiert. Mit der zunehmenden Komplexität der Fabrikarbeit entstand ein Bedarf an Effizienz und Standardisierung, was durch Max Webers Konzept der „bürokratischen Führung" (in Max Weber, Wirtschaft und Gesellschaft, 1922) unterstützt wurde. Vorschriften, Gesetze, feste Strukturen und klare Hierarchien steuerten den Arbeitsablauf. Was insbesondere vor dem Hintergrund schnell wachsender Unternehmen und zunehmender Urbanisierung Sinn machte. Max Webers bürokratischer Führungsansatz ist auch heute in vielerlei Hinsicht noch aktuell, weil er Effizienz durch Spezialisierung und Standardisierung fördert. Insbesondere die Grundprinzipien der klar geregelten Verantwortlichkeiten und der standardisierten Prozesse erfahren in vielen Organisationen eine Wiederbelebung im Zuge der Digitalisierung. Während Webers Bürokratiemodell jedoch stark auf menschliche Kontrolle und feste Hierarchien angewiesen war, ermöglicht die Digitalisierung heute eine agilere, dezentralere und stärker automatisierte Prozesssteuerung. Dennoch bleibt das Grundprinzip der klar definierten und optimierbaren Abläufe, das Weber prägte, ein zentraler Bestandteil des modernen digitalen Prozessmanagements. Der bürokratische Ansatz bietet Vorteile wie Vorhersehbarkeit, Kontinuität und prozedurale Fairness. Allerdings zeigen sich in der modernen, dynamischen Arbeitswelt auch deutlich die Grenzen dieses Modells, nämlich dann, wenn Flexibilität und Innovationsfähigkeit gefragt sind. Und es ist sicher kein Zufall, dass sich ausgerechnet der Innovator Elon Musk gegen Bürokratie stemmt und ihren Abbau fordert. Moderne Organisationen streben nach einer Balance zwischen der Stabilität des bürokratischen Modells und den Anforderungen an Agilität und Kreativität. Die Kunst der zeitgemäßen Führung liegt darin, die Vorteile der Standardisierung mit den Erfordernissen von Flexibilität und Innovationskraft zu vereinen – und dabei die Mitarbeitenden mitzunehmen.

Das Situative Führungsmodell von Paul Hersey und Ken Blanchard (1969) markiert einen weiteren wichtigen Wendepunkt in der Führungstheorie, weil es erstmals eine mitarbeiterzentriertere Sichtweise einnimmt und größere

Flexibilität fordert. Situative Führung soll sich an der Erfahrung und Kompetenz der Mitarbeitenden orientieren sowie den jeweiligen Kontext berücksichtigen. Dieses flexiblere Führungsmodell wurde durch die gewerkschaftlichen Strömungen der 1960er-Jahre beeinflusst, in denen Emanzipation und Individualisierung vorangetrieben wurden. Die Hinwendung zu dynamischen, anpassungsfähigen Führungskonzepten beeinflusste viele spätere Ansätze wie die transformationale Führung (Bass, 1985) oder die Theorie des Servant Leadership (Greenleaf, 1997), bei dem die Bedürfnisse der Mitarbeitenden und der Gemeinschaft noch stärker in den Fokus rückten.

In den frühen 1990er-Jahren wurde erkannt, dass erfolgreiche Führung nicht nur durch die Eigenschaften oder das Verhalten der Führungskraft bestimmt wird, sondern auch durch die Art und Weise, wie die Geführten diese wahrnehmen und darauf reagieren. Führung wurde nun als das Ergebnis einer Wechselwirkung zwischen der Führungskraft und den Geführten verstanden, bei der die Führungskraft den Austausch über gemeinsame Werte und der geteilten Identität anregt und als inspirierendes Vorbild dient (Shamir et al., 1993). Nach der Selbstkonzepttheorie der charismatischen Führung ist die Wirksamkeit einer Führungskraft eng mit ihrer Fähigkeit verknüpft, ihre Vision mit dem Selbstkonzept ihrer Geführten in Einklang zu bringen – und damit eine gemeinsame Identität zu stiften. Eine Perspektive, die heute aktueller denn je ist, wo doch im digitalen Zeitalter Konzepte wie geteilte Identität und gegenseitige Einflussnahme von Leader und Follower zentrale Bedeutung haben. Auch heute geht es darum, Menschen zu bewegen, sich mit Unternehmen, Produkten, Ideen oder Personen zu identifizieren und so eine starke und nachhaltige Verbindung aufzubauen.

Um die Jahrtausendwende führte dann der intensivierte globale Handel zu einer intensiven internationalen Verflechtung der Wirtschaft und damit der Arbeitswelt. Diese Entwicklung veränderte die Anforderungen an Führungskräfte erneut, indem sie verstärkt interkulturelle Kompetenzen verlangte und aufgrund der dynamischen Natur globaler Märkte eine höhere Agilität erforderte. Gleichzeitig gewannen Nachhaltigkeitsbestrebungen an Bedeutung. Somit brachte das 21. Jahrhundert nachhaltigkeits- und verantwortungsbetonte Führungskonzepte hervor. Purpose Leadership (oder „Führung mit Sinn") bezeichnet einen Führungsansatz, bei dem der Fokus auf einem klaren, übergeordneten Zweck oder einer Vision liegt, die über rein wirtschaftliche Ziele hinausgeht. Simon Sinek (2011) rät dazu, mit dem Warum zu beginnen. Erfolgreiche Führungskräfte und Unternehmen, die ihren übergeordneten Zweck klar kommunizieren, sollen sowohl die Motivation der Mitarbeitenden steigern als auch die Loyalität der Kunden gewinnen – und damit Unternehmen helfen, sich in einem wettbewerbsintensiven Markt zu differenzieren.

Zuletzt hat die Digitalisierung das Führungsverständnis grundlegend verändert. Führung erfolgt heute in agilen, vernetzten Strukturen, in denen Hierarchien an Bedeutung verlieren. Führungskräfte übernehmen zunehmend die Rolle von Coaches oder Moderatoren und fördern Zusammenarbeit in virtuellen, crossfunktionalen und interdisziplinären Teams. Damit reagiert Führung auf veränderte Marktbedingungen, unter denen sich Unternehmen nur dann einen Wettbewerbsvorteil verschaffen, wenn sie flexibel und anpassungsfreudig auf technologischen Fortschritt reagieren. Neue Technologien können bestehende Geschäftsmodelle gänzlich überflüssig machen oder zumindest grundlegend verändern. Beispielsweise hat Streaming die klassische DVD verdrängt. Netflix, einst ein DVD-Versandservice, hat die Chance ergriffen und wurde zum

1 Digitale Transformation und Führung – was ist …

Vorreiter des Streaming-Zeitalters. Amazon wandelte sich vom Online-Buchhändler zum globalen E-Commerce- und Cloud-Giganten. PayPal revolutionierte digitale Zahlungen. Gegründet von unter anderem Elon Musk und Peter Thiel wird das Unternehmen mit starkem Fokus auf Technologie und Skalierung geleitet. Anstatt Prozesse von oben nach unten zu kontrollieren und zu steuern, setzte das Unternehmen früh auf agile Teams, dezentrale Entscheidungen und Ergebnisorientierung. Je früher Unternehmen Chancen in der digitalen Welt erkennen, desto besser können sie sich Wettbewerbsvorteile und nachhaltiges Wachstum sichern. Dazu ist es jedoch notwendig, Mitarbeitende aktiv einzubinden.

Die neue Rolle der Führungskraft ist visionär, unterstützend und moderierend. Führungskräfte agieren als Mentor, Impulsgeber und Brückenbauer zwischen Technologie, Strategie und Menschen. Dazu ist eine effektive Kombination aus technischen und sozialen Fähigkeiten erforderlich. Führungskräfte müssen in der Lage sein, virtuelle Teammitglieder technisch miteinander zu verbinden und dabei kulturelle, fachliche und individuelle Unterschiede auf einen gemeinsamen Nenner bringen. Kommunikative Fähigkeiten und Vertrauen spielen dabei eine zentrale Rolle. Aber auch Kenntnisse der neuesten Technologien und ihrer Einsatzmöglichkeiten. Digitale Führung bedeutet somit kontinuierliches Lernen, Selbstreflektion und Weiterentwicklung – und eine teamorientierte Einstellung der Führungskraft.

Das Team als kleinste Organisationseinheit hat im digitalen Zeitalter eine zentrale Bedeutung.

Agile und interdisziplinäre Teams sind in der Lage, eigenverantwortlich und schnell auf Veränderungen zu reagieren. In einer zunehmend komplexen und vernetzten Arbeitswelt sind sie der Schlüssel zu Innovation und Effizienz.

Technologien und Künstliche Intelligenz (KI) revolutionieren die Teamarbeit. Sie ermöglichen schnelle, orts- und zeitunabhängige Kommunikation, den Zugriff auf umfangreiche Daten und eine bessere Analyse und Verarbeitung von entscheidungsrelevanten Informationen. Führungskräfte sollten sicherstellen, dass ihre Teams Technologien sinnvoll und auf die jeweiligen Bedürfnisse abgestimmt in den Arbeitsalltag integrieren. Gleichzeitig sollten sie über den fachlichen Austausch hinaus gemeinsame Werte und Ziele vermitteln und den Zusammenhalt stärken.

Identifikation ist der Schlüsselbegriff für die Führung im digitalen Zeitalter.

Identifikation spielt eine zentrale Rolle. Wenn sich alle Teammitglieder mit gemeinsamen Werten und Zielen identifizieren, hat das einen positiven Einfluss auf die Zusammenarbeit und die Arbeitsergebnisse. In dem hochaktuellen Führungskonzept der identitätsbasierten Führung (Haslam et al., 2020) steht das „Wir-Gefühl" im Mittelpunkt sämtlicher Interventionen. In einer Ära, die von Innovation und stetem Wandel geprägt ist, bietet eine gemeinsame Identität Stabilität und Verlässlichkeit.

Die teamzentrierte Perspektive der identitätsbasierten Führung berücksichtigt die Prozesshaftigkeit und Dynamik von Führung im digitalen Zeitalter. Führung und Teamzugehörigkeit sind keine statischen Konstrukte mehr, sondern werden durch den jeweiligen Kontext und soziale Interaktionen geformt, wodurch sie flexibel und wandelbar bleiben. So kann in einem Projektteam die Führung je nach Expertise oder Situation wechseln, sodass unterschiedliche Mitglieder zeitweise Verantwortung übernehmen. Diese Dynamik der Teamzugehörigkeit wird durch eine geteilte Teamidentität ausgeglichen, die Vertrauen schafft und die Verbindlichkeit innerhalb des Teams stärkt.

Fazit: Führung ist in einen situativen und gesellschaftlichen Kontext eingebettet und damit einem beständigen Wandel unterworfen. Sie passt sich kontinuierlich den gesellschaftlichen Strömungen sowie den Herausforderungen der jeweiligen Zeit an. Im digitalen Zeitalter erfordert Führung eine Kombination aus **technischen** und **sozialen** Kompetenzen sowie eine ausgeprägte Teamorientierung.

Die Grenzen traditioneller Führungskonzepte in der digitalen Arbeitswelt

Traditionelle Führungsmodelle basieren auf Hierarchien und einer klaren Aufgabenteilung. Sie sind geprägt von Prinzipien wie Top-down-Kommunikation, bei der Entscheidungen auf der höchsten Führungsebene getroffen und dann an die nachgelagerten Ebenen weitergegeben werden. Dieses Führungsprinzip basiert auf Kontrolle: Führungskräfte überwachen und steuern die Arbeit ihrer Mitarbeitenden, um festgelegte Ziele zu erreichen. Mitarbeitende haben wiederum spezifische Aufgaben und Verantwortlichkeiten, die selten über ihren Kompetenzbereich hinausgehen. Führungskräfte sind in dieser Konstellation dafür verantwortlich, Entscheidungen zu treffen, das Team zu motivieren und sicherzustellen, dass Ziele erreicht werden, während die Mitarbeitenden kaum Einfluss auf die Entscheidungsprozesse haben. Wenn wenige Personen an der Spitze alle Entscheidungen treffen, besteht die Gefahr, dass relevante Perspektiven und Fachkenntnisse aus der Belegschaft nicht ausreichend berücksichtigt werden. Top-down-Strukturen lassen wenig Raum für Eigeninitiative und Mitbestimmung. Mitarbeitende fühlen sich weniger wertgeschätzt und engagiert, wenn sie nur Anweisungen befolgen, statt aktiv zur Lösungsfindung beizutragen Eine Trennung zwischen den Rollen von Führungskraft und Geführten kann aufseiten der Mitarbeitenden Passivität und Demotivation hervorrufen, Kontrolle kann zudem als Mikromanagement erlebt werden. Gerade neue Generationen von Mitarbeitenden erwarten deutlich mehr Flexibilität, flache Hierarchien und eine stärkere Mitsprache. Unternehmen, die an alten Strukturen festhalten, haben es schwerer, talentierte Fachkräfte zu gewinnen und zu halten. In hierarchischen Systemen, die auf Kontrolle basieren, werden Ideen oft nicht gehört oder verlaufen im Sand, was zu Stagnation führen und besonders in dynamischen Arbeitsumfeldern als demotivierend aufgefasst werden kann. Auch bleiben Fehler und Lösungsvorschläge häufiger unausgesprochen – oft aus Furcht vor negativen Konsequenzen. Somit können sich aus kleineren Fehlern komplexe Herausforderungen entwickeln, die verstärkt Ressourcen binden. Hingegen haben Teams, die auf der Basis von Vertrauen geführt werden, eine größere psychologische Sicherheit. Mitarbeitende trauen sich, auch unangenehme Dinge und Fehler anzusprechen, was die Lösungssuche erleichtert und zu einer besseren Einbindung sämtlicher Ressourcen führt.

Im digitalen Zeitalter ersetzt Vertrauen das Führungsprinzip der Kontrolle.

Die Dynamik digitaler Arbeitsumfelder macht es schlicht unmöglich, engmaschig Kontrolle auszuüben und langwierige Entscheidungsverfahren abzuwarten. Stattdessen müssen Führungskräfte Vertrauen als Grundlage für die Zusammenarbeit nutzen, Autonomie fördern und Mitarbeitende intrinsisch motivieren. Vertrauen ermöglicht eine Kultur der Eigenverantwortung und Ergebnisorientierung.

Das klingt einfach, bedeutet aber im Gegenzug, dass auch Mitarbeitende stärker in die Verantwortung genommen werden – vor allem in Bezug auf Kompetenzerwerb und Weiterbildung.

Im digitalen Zeitalter agieren Führungskräfte als Weichensteller und Mentoren. Sie fördern Potenziale, teilen Verantwortung, geben Feedback und befähigen ihre Teams, in einer komplexen und schnelllebigen Welt erfolgreich zu agieren.

Grenzen traditioneller Führungsmodelle:

- **Mangelnde Agilität:** Starre Hierarchien und Entscheidungsprozesse führen zu Verzögerungen, die in einem schnellen, digitalen Umfeld nicht tragbar sind. Innovationen werden gehemmt, da Kreativität und Eigeninitiative durch Kontrollmechanismen eingeschränkt werden.
- **Geringe Mitarbeiterbeteiligung:** Top-down-Kommunikation lässt wenig Raum für Mitgestaltung. Mitarbeitende, insbesondere jüngere Generationen, erwarten jedoch mehr Autonomie und die Möglichkeit, ihre Ideen einzubringen.
- **Erschwerte Kollaboration:** Traditionelle Modelle fördern oft ein Silodenken, bei dem Abteilungen und Teams isoliert voneinander arbeiten. Die digitale Arbeitswelt hingegen erfordert abteilungsübergreifende Zusammenarbeit und den Einsatz digitaler Tools, um Wissen zu teilen und Innovationen zu fördern.
- **Fokus auf Kontrolle statt Vertrauen:** In einer digital vernetzten Welt, in der Remote-Arbeit und virtuelle Teams immer wichtiger werden, stößt eine Führungskultur, die auf Kontrolle setzt, an ihre Grenzen. Vertrauen und Selbstorganisation sind essenziell, um räumliche und zeitliche Barrieren zu überwinden.
- **Unzureichende Anpassung an kulturellen Wandel:** Die digitale Transformation bringt nicht nur technologische, sondern auch kulturelle Veränderungen mit sich. Mitarbeitende suchen zunehmend nach sinnstiftender Arbeit, flachen Hierarchien und einer werteorientierten Führung – Aspekte, die in traditionellen Modellen oft zu kurz kommen.

- **Zentrierung auf die Führungskraft**: Hierarchische Führungsmodelle fokussieren sich zu sehr auf die Führungskraft, in der Annahme, dass bestimmte Eigenschaften und Verhaltensweisen automatisch zu besseren Ergebnissen führen. Digitale Umgebungen erfordern jedoch verstärkt Teamorientierung.

Der notwendige Paradigmenwechsel – die neue Rolle der Führungskraft

Die moderne Arbeitswelt zeigt die Grenzen traditioneller Führungsmodelle. In einer Umgebung, in der unmittelbare Kontrolle kaum darstellbar ist, gewinnen Vertrauen und Selbstorganisation an Bedeutung. Während einst starre Strukturen und Hierarchien für Stabilität sorgten, hemmen sie heute Innovation und Fortschritt. Führungskonzepte, die auf einem hierarchischen Top-down-Ansatz und Kontrolle basieren, verlieren zunehmend an Relevanz. Die Zukunft gehört den agilen, kollaborativen und vertrauensbasierten Ansätzen.

Die neue Rolle der Führungskraft liegt im Wesentlichen darin, Vertrauen im Team aufzubauen und Strukturen für selbstorganisiertes und ergebnisorientiertes Arbeiten zu schaffen.

In diesem Sinne sollten Führungskräfte unter anderem

- Technologien und geeignete Software bereitstellen
- technischen, fachlichen und sozialen Kompetenzerwerb fördern
- im Team Aufgaben, Verantwortlichkeiten, Normen und Ziele festlegen
- Prozesse managen und Feedback geben
- Erfolg an Ergebnissen messen statt an Anwesenheit
- als Vorbild dienen und andere inspirieren
- Teamorientierung und Austausch fördern

Wer sich als Führungskraft ein digital kompetentes Team wünscht, sollte sich selbst digitale Kompetenzen aneignen. Wer möchte, dass die Teaminteressen an erster Stelle stehen, sollte auch als Führungskraft die Teaminteressen individuellen Interessen vorziehen.

Kommittent und Vertrauen der Führungskraft können auch über räumliche Distanz hinweg eine starke Wirkung entfalten. Für Mitarbeitende oft wichtiger als die physische Nähe ist die Wahrnehmung von Verlässlichkeit und Unterstützung durch die Führungskraft. Eine Führungskraft sollte in der Lage sein, diese Werte auch über digitale Kanäle zu vermitteln und sicherstellen, dass sich das Team unterstützt und gesehen fühlt.

Fazit: Der Paradigmenwechsel liegt im Übergang von hierarchisch geprägten, kontrollbasierten Führungsmodellen hin zu vertrauensbasierten Modellen, die auf Selbstorganisation und Ergebnisorientierung bauen und somit eine größere Flexibilität bieten, die der Dynamik des digitalen Zeitalters gerecht wird.

2

Charismatische Führung – eine Neuinterpretation

Zusammenfassung Charisma ist eine Führungseigenschaft, die seit Jahrhunderten – und möglicherweise seit Anbeginn der Menschheit – maßgeblich beeinflusst, wer führt und wer folgt. Diese oft schwer zu fassende, aber stark wirkungsvolle Eigenschaft verleiht Führungspersönlichkeiten eine einzigartige Ausstrahlung, die Menschen inspiriert, begeistert und überzeugt. Ein zentraler Aspekt der zeitgemäßen Führung, der leicht übersehen wird, ist die Frage, wie charismatische Führung in einem digitalen Umfeld wahrgenommen wird. Das folgende Kapitel zeigt, wie sich Charisma auch in Abwesenheit der Führungskraft entfaltet.

Überblick

Charisma ist eine Führungseigenschaft, die seit Jahrhunderten – und möglicherweise seit Anbeginn der Menschheit – maßgeblich beeinflusst, wer führt und wer folgt. Diese oft schwer zu fassende, aber stark wirkungsvolle

Eigenschaft verleiht Führungspersönlichkeiten eine einzigartige Ausstrahlung, die Menschen inspiriert, begeistert und überzeugt. Ein zentraler Aspekt der zeitgemäßen Führung, der leicht übersehen wird, ist die Frage, wie charismatische Führung in einem digitalen Umfeld wahrgenommen wird. Das folgende Kapitel zeigt, wie sich Charisma auch in Abwesenheit der Führungskraft entfaltet.

Was Charisma einst war und was es heute bedeutet

Historisch hat vor allem die „Great-Man-Theorie" dazu beigetragen, dass Charisma eine zentrale Rolle im Zusammenhang mit Führung einnimmt. Charisma wurde als eine Art magische Aura verstanden, die andere inspiriert, motiviert und mitreißt. Die Great-Man-Theorie stammt aus dem 19. Jahrhundert, der Historiker Thomas Carlyle (1841) entwickelte in seinem Standardwerk die Idee, dass die Geschicke in Politik und Gesellschaft von großen Persönlichkeiten gelenkt werden, womit er auf den Status und weniger auf die Körpergröße anspielte. Die Theorie vermittelt eine Hollywood-Vision von Führung, in der geborene Helden ihre Umgebung prägen. Carlyle glaubte, dass außergewöhnliche Führung durch Eigenschaften wie Charisma, Weisheit und Mut geprägt ist und die treibende Kraft hinter gesellschaftlichem Fortschritt und historischen Umwälzungen sei.

Einst wurde Charisma vor allem mit körperlichen Merkmalen assoziiert – mit einer selbstbewussten und offenen Körperhaltung, sicheren Gesten und Blickkontakt. Primär ging es um Interaktion und Wirkung, um körperliche Präsenz und Aufmerksamkeit beim Gegenüber. Heute sind Führungskräfte seltener physisch präsent und folglich lässt sich Charisma nicht mehr nur an unmittelbar erlebbaren Merkmalen messen.

2 Charismatische Führung – eine Neuinterpretation

In virtuellen Umgebungen beruht Charisma weniger auf körperlichem Magnetismus als auf Inspiration und der Identifikation mit geteilten Werten. Damit transformiert sich Charisma von einer physisch wahrnehmbaren Eigenschaft zu einer psychologischen Einflussgröße.

Auch in der modernen Führung spielt Charisma eine entscheidende Rolle, insbesondere in Zeiten des Wandels und der Unsicherheit. Doch während Charisma traditionell oft mit außergewöhnlichen, fast heroischen Eigenschaften in Verbindung gebracht wurde, hat sich das Konstrukt weiterentwickelt.

Charismatische Führung basiert heute auf Nahbarkeit, emotionaler Intelligenz und kommunikativen Fähigkeiten.

Fähigkeiten, wie Empathie, aktives Zuhören und konstruktives Feedback spielen eine zentrale Rolle. Führungskräfte gewinnen an charismatischer Ausstrahlung, wenn sie ihre Teams inspirieren, Orientierung bieten und eine emotionale Verbindung zu ihren Mitarbeitenden aufbauen.

In der neuen Arbeitswelt bedeutet Charisma:

- **Vertrauen und Integrität**: Charismatische Führungskräfte werden als glaubwürdig und konsistent wahrgenommen.
- **Emotionale Intelligenz**: Sie verstehen und berücksichtigen die Emotionen ihrer Mitarbeitenden und können eigene Emotionen erfolgreich regulieren.
- **Adaptivität und Nahbarkeit**: Sie passen ihren Führungsstil situativ an und zeigen sich nahbar.
- **Kommunikative Fähigkeiten**: Sie können komplexe Zusammenhänge verständlich vermitteln, aktiv zuhören und konstruktives Feedback geben.

Charisma bedeutet heute, nahbar zu sein, Veränderungsprozesse empathisch zu begleiten und den Teamgeist zu stärken. Gerade in einer Zeit, in der die Anforderungen an Führungskräfte komplexer werden, kann Charisma Dinge vereinfachen – weil es Orientierung bietet, Vertrauen und Motivation fördert. Somit erlebt Charisma keine bloße Wiederentdeckung, sondern eine moderne Neuausrichtung, bei der es als wesentliche Führungskomponente verstanden wird, geprägt durch Empathie, Nahbarkeit und der Fähigkeit zur Inspiration.

Führungskräfte können sich heutzutage in digitalen Räumen bewegen und dabei eine ebenso große – durch die vergrößerte Reichweite sogar vielfache – Wirkung entfalten. Skeptiker, die bezweifelten, dass Charisma durch „den Draht" vermittelt werden kann, wurden eines Besseren belehrt. Influencer inspirieren Anhänger auf virtuellen Plattformen, stoßen Bewegungen an und bewirken Veränderungen. Charisma kann ohne physische Anwesenheit erzeugt werden. Technologien erlauben es Führungspersönlichkeiten, global Einfluss zu nehmen, Menschen zu inspirieren, mitzureißen und hinter einer Idee zu versammeln. YouTube oder Spotify sind moderne Bühnen für charismatische Botschaften in die Welt. Zahlreiche Beispiele zeugen von der Wirksamkeit von Charisma im digitalen Zeitalter: John Maxwell, ein Experte für Leadership, teilt seine Gedanken über Social-Media-Kanäle, YouTube und Podcasts. Die Motivationssprecherin Mel Robbins, bekannt für ihre 5-Sekunden-Regel informiert über Selbstführung und Leadership auf Instagram und TikTok. Jay Shetty, ein ehemaliger Mönch, spricht in seinem Podcast „On Purpose" über Leadership und persönliche Weiterentwicklung. Unternehmenslenker erreichen ihre Belegschaft auf allen Kontinenten mit Videobotschaften und virtuellen Dialogformaten.

Das Verständnis von Charisma mag sich verändern, aber es bleibt eine wichtige Komponente erfolgreicher Führung.

2 Charismatische Führung – eine Neuinterpretation

Führungspersönlichkeiten können über verschiedene Kommunikationskanäle hinweg eine Verbindung zu ihren Followern aufbauen, wobei sogar die Wahl des Kanals Einfluss auf die charismatische Wirkung haben kann.

Haben Sie jemals darüber nachgedacht, eine Botschaft an Ihre Mitarbeitenden per Brief, Podcast oder Video zu vermitteln? Und hätten Sie gedacht, dass der Kommunikationskanal Ihr Charisma beeinflusst?

Gemeinsam haben die Autorin dieses Buchs und die Forscherin Dr. Helen Op't Roodt von der Goethe Universität Frankfurt ein Experiment durchgeführt und manipuliert, wie sich der Kommunikationskanal (E-Mail, Audiobotschaft oder Videobotschaft) auf die Zuschreibung von Charisma auswirkt. Teilnehmende erhielten einen Link unter dem sich entweder eine E-Mail, eine Audiodatei oder ein Video öffnen ließ, wobei die Auswahl rein zufällig erfolgte und die Teilnehmenden keinerlei Einfluss auf die Wahl des Mediums hatten. Die Botschaft selbst war in jedem Medium identisch. Eine Führungskraft bedankt sich bei ihrem Team für die erfolgreiche Zusammenarbeit an einem gemeinsamen Projekt und erläutert die nächsten Meilensteine. Nachdem die Teilnehmenden entweder die Mail gelesen, das Audio gehört oder das Video angesehen haben, beantworteten sie Fragen in Bezug auf ihre Wahrnehmung des Charismas der vorgestellten Führungskraft. Wie erwartet, ergab sich ein signifikanter Unterschied zwischen der E-Mail-Kondition und den beiden anderen Konditionen. Charismatische Eigenschaften werden der Führungskraft in höherem Maße zugeschrieben, wenn sie ihre Mitarbeitenden über audiovisuelle Kanäle anspricht. Teilnehmende, die lediglich die E-Mail gelesen hatten, bewerteten das Charisma der Führungskraft geringer als jene, die das Audio gehört oder Video gesehen hatten. Das lässt vermuten, dass Charisma bei einer rein schriftlichen Kommunikation per E-Mail oder Chat weniger zur Geltung kommt. Umgekehrt unterstreicht das Ergebnis die Vorteile der visuellen oder zumindest hörbaren Präsenz – und bestätigt damit die althergebrachte These, dass Charisma in Verbindung steht mit nonverbalen Signalen. Soweit also nichts Neues. Tatsächlich ging das Experiment aber noch einen Schritt weiter. Was die Teilnehmenden nicht wussten – es existierten *zwei* Versionen der zu vermittelnden Botschaft (siehe Tab. 2.1). Im Text gab es geringfügige Variationen. In Ver-

Tab. 2.1 Studie zu Charisma und Virtualität – Textvorlagen mit und ohne Identity Leadership

Identity Leadership niedrig
[So] liebe Mitarbeiterinnen und Mitarbeiter,
Ich weiß, die letzten Monate der Arbeit an dem STATS-Projekt waren anstrengend – vor allem die technischen Hürden haben *euch* einiges abverlangt. Allerdings hat sich *euer* konsequentes am Ball bleiben gelohnt und ihr habt das Projekt im vorgegebenen Zeitrahmen beendet. *Ihr* könnt stolz auf *eure* Leistungen sein. Nicht zuletzt hat *eure* interdisziplinäre Zusammensetzung und das diverse Knowhow die Projektarbeit vorangebracht. *Ihr* habt als Projektteam zwar erst vor 3 Monaten gestartet, doch finde ich, dass sich alle rasch im Klaren über ihre Aufgaben und Rolle waren.
Ihr habt nun echt einen Meilenstein erreicht und ich werde die Ergebnisse der Geschäftsführung präsentieren. Da *Ihr* auch ein paar unkonventionelle Herangehensweisen gewählt habt, werde ich bei aufkommender Kritik versuchen, ein gutes Wort für *Eure* Leistungen und Ideen einzulegen und *Eure* Arbeit nach Möglichkeit zu verteidigen, sofern das im Rahmen der strategischen Interessen der Geschäftsführung eben möglich ist.
Ihr alle seid Spezialisten auf *Eurem* Gebiet und habt im Einzelnen bestmöglich zur effektiven Bewältigung des Projekts beigetragen. Ich hoffe, dass mein Support für jeden Einzelnen von *Euch* hilfreich war und ich zum Gelingen des Projekts beitragen konnte. Wie schon angekündigt, habe ich für 10 Uhr nächsten Montag den Konferenzraum reserviert. Hier kann jeder seinen individuellen Beitrag zum Projekt reflektieren und den erfolgreichen Projektabschluss feiern.

(Fortsetzung)

2 Charismatische Führung – eine Neuinterpretation

Tab. 2.1 (Fortsetzung)

Identity Leadership hoch
[So] liebe Teamkolleginnen und -kollegen,
Ich weiß, die letzten Monate der Arbeit an dem STATS Projekt waren anstrengend – vor allem die technischen Hürden haben *uns* einiges abverlangt. Allerdings hat sich *unser* konsequentes am Ball bleiben gelohnt, und *wir* haben das Projekt gemeinsam beendet. Ich bin stolz auf *unser Team*. Mit *unserer* interdisziplinären Zusammensetzung sind *wir* etwas Besonderes, was *uns* auch *von anderen Gruppen unterscheidet*. *Wir* haben als Projektteam zwar erst vor 3 Monaten gestartet, sind aber dennoch schnell zu einem tatkräftigen *Team* zusammengewachsen.
Wir haben nun echt einen Meilenstein erreicht und können unsere Ergebnisse der Geschäftsführung präsentieren. Da *wir* auch ein paar unkonventionelle Herangehensweisen gewählt haben, werde ich bei möglicher Kritik alles geben, *unser Team* und unsere Ideen nach vorn zu bringen. Ihr könnt Euch darauf verlassen, dass ich als Führungskraft an allererster Stelle *für die Interessen des Teams eintrete* und diese auch gegen Widerstände verteidige.
Ihr wisst, es ist mir wichtig, dass innerhalb *unseres Teams* ein *Wir-Gefühl* herrscht, und ich strebe an, dass sich *alle Mitglieder als Teil unseres Teams fühlen*. Ich hoffe, dass ich *unser Team* durch die Strukturen und Aktivitäten noch näher zusammenbringen und unterstützen konnte. Wie schon angekündigt, habe ich für 10 Uhr nächsten Montag den Konferenzraum reserviert. Hier können wir unser Zusammenwirken im Projekt reflektieren und *unseren* erfolgreichen Projektabschluss feiern!

---

sion eins spricht die Führungskraft von „eurem Projekt" und distanziert sich damit sprachlich von dem Team. In Version zwei spricht sie von „unserem Projekt" und sagt zudem häufiger wir als ich. Darüber hinaus betont die Führungskraft in der „wir-Version" Gemeinsamkeiten und ihre Unterstützung für das Team.

Bemerkenswert ist, dass es nun plötzlich kaum einen Unterschied mehr machte, ob die Botschaft per E-Mail, Audio oder Video vermittelt wurde.

Wenn die Führungskraft Gemeinsamkeiten betont und Teamorientierung zum Ausdruck bringt, steigt ihr Charisma unabhängig von der Wahl des Kommunikationskanals.

Teamorientierung der Führungskraft scheint also eine noch weitaus größere Rolle zu spielen als der Kanal, über den die Botschaft vermittelt wird. Charisma entsteht somit nicht (nur) durch Individualität, sondern durch die Beziehung zum Team oder den Geführten im Allgemeinen. Wenngleich der Kanal nicht unwichtig ist, und im Zweifel reichhaltigere Medien wie Audiodateien oder Videobotschaften einer Rundmail vorzuziehen sind.

Im digitalen Zeitalter ist weniger das Prinzip „Great Men", sondern das Prinzip „Team-Spirit" die treibende Kraft hinter dem Charisma.

Eine Führungskraft, die sich **mit ihrem Team identifiziert** und **gemeinsame Teaminteressen in den Mittelpunkt** stellt, wird charismatisch und effektiv bewertet. Das gilt auch dann, wenn sie sich ausschließlich in schriftlicher Form an ihr Team wendet.

Gut zu wissen: Führungskräfte, die echten **Altruismus** zeigen – also selbstlos im Sinne ihres Teams handeln – werden als besonders charismatisch und vertrauenswürdig wahrgenommen. Ihre Haltung wirkt nicht nur inspirierend, sondern verleiht ihnen eine natürliche Autorität.[1]

Wenn sich die Führungskraft als Teil des Teams sieht und sprichwörtlich das „Wir" über das „Ich" stellt, wirkt sich dies **auch positiv auf die Leistungen** des Teams aus.

Eine Führungskraft mit Teamgeist gewinnt nicht nur an Charisma – der Erfolg lässt sich auch in finanzieller Hinsicht messen.

---

[1] Der Zusammenhang zwischen Altruismus und Charisma wurde in mehreren Studien nachgewiesen, darunter in Giessner & van Knippenberg, 2008; de Cremer & van Knippenberg, 2002; op't Roodt et al., 2025.

2 Charismatische Führung – eine Neuinterpretation

Forschende der TU München (Fladerer et al., 2021) haben in einer Studie untersucht, inwiefern wir-referenzierende Sprache in Zusammenhang mit Unternehmensleistungen steht. Konkret wurde hierfür die Beziehung zwischen der Verwendung von Wir-Referenzsprache durch CEOs und der Unternehmensperformance untersucht. Dazu wurden die Briefe an die Stakeholder in den Jahresberichten von DAX-gelisteten Unternehmen im Zeitraum von 2000 bis 2016 analysiert. Die Forschenden wählten diesen Zeitraum, da ab dem Jahr 2000 deutlich mehr Jahresberichte online verfügbar waren. Die zentrale Erkenntnis ist, dass die Verwendung von Wir-Referenzsprache durch CEOs positiv mit der **Rentabilität** des Vermögens (Return on Assets, ROA) **und dem Umsatz pro Mitarbeitenden** korreliert. Das bedeutet, dass Unternehmen, deren CEOs in ihren Briefen an die Stakeholder häufiger „wir" und „uns" verwendeten, messbar bessere finanzielle Ergebnisse erzielt hatten.

Laut Studie stieg der Umsatz pro Mitarbeitenden um 724 € pro Jahr für jedes zusätzliche Wir-Pronomen, das ein CEO verwendete.

Bei einem Dax-Unternehmen mit mehr als 100.000 Mitarbeitenden summiert sich das rasch auf einen stattlichen zweistelligen Millionenbetrag jährlich. Interessant war auch, dass die Verwendung von Ich-Referenzsprache keinerlei Einfluss auf die finanzielle Leistung hatte. Die Autoren der Studie argumentieren, dass die **Verwendung von Wir-Referenzsprache ein Indikator für die Identifikation des CEOs mit dem Unternehmen ist und gleichzeitig dazu beiträgt, ein gemeinsames Gefühl der Identität unter den Mitarbeitenden zu fördern.** Diese stärkere Identifikation mit dem Unternehmen wiederum motiviert die Mitarbeitenden, sich stärker für die Unternehmensziele einzusetzen, was zu einer besseren finanziellen Leistung führt.

Fazit: Charisma bleibt eine wichtige Führungskomponente. Neu ist, dass es durch Teamorientierung verstärkt werden kann. Die Kombination von teamzentrierter Haltung und strategischem Technologieeinsatz verleiht Führungskräften charismatische Wirkung – über die physische Präsenz hinaus.

Studie zu Charisma und Virtualität – Textvorlagen Identity Leadership niedrig vs. hoch
Hinweis: Wie ein Wir-Gefühl entsteht, warum es wichtig ist und welche Rolle die Führungskraft in diesem Prozess spielt, wird in den Kap. 6 und 7 erläutert. Hier finden Sie auch ausführliche Informationen zu dem neuen Führungsansatz der *Identitätsbasierten Führung*.

3

Vertrauen statt Kontrolle: Ein Kulturwandel in der Führung

Zusammenfassung Der Wandel von einer Kultur der Kontrolle hin zu einer Kultur des Vertrauens ist eine zentrale Voraussetzung für nachhaltigen Erfolg im digitalen Zeitalter. In einer zunehmend vernetzten und dynamischen Arbeitswelt erfordert es ein Umdenken in Führung und Zusammenarbeit. Statt strikter Überwachung rücken Eigenverantwortung, Transparenz und eine offene Kommunikationskultur in den Vordergrund. Vertrauen fördert Innovation, beschleunigt Entscheidungsprozesse und stärkt die Motivation der Mitarbeitenden. Unternehmen, die diesen Kulturwandel aktiv gestalten, schaffen ein agiles und resilienteres Arbeitsumfeld, das den Herausforderungen der digitalen Transformation gewachsen ist. Der Wandel zu einer gelebten Vertrauenskultur ist kein einfacher Prozess, sondern ein tiefgreifender Kulturwandel, der Ergebnisse über Kontrolle stellt und Mitarbeitenden ein hohes Maß an Selbstorganisation abverlangt. Aufseiten der Führungskraft spielt in diesem Prozess Selbstreflektion eine wichtige Rolle.

Wie gelingt es, remote Vertrauen aufzubauen? Wie lassen sich Fairness und Transparenz gewährleisten, ohne auf Kontrollmechanismen zurückzugreifen? Das folgende Kapitel gibt Antworten auf diese und weitere Fragen und zeigt, wie der Wandel von Kontrolle zu einer gelebten Vertrauenskultur gelingen kann.

Überblick

Der Wandel von einer Kultur der Kontrolle hin zu einer Kultur des Vertrauens ist eine zentrale Voraussetzung für nachhaltigen Erfolg im digitalen Zeitalter. In einer zunehmend vernetzten und dynamischen Arbeitswelt erfordert es ein Umdenken in Führung und Zusammenarbeit. Statt strikter Überwachung rücken Eigenverantwortung, Transparenz und eine offene Kommunikationskultur in den Vordergrund. Vertrauen fördert Innovation, beschleunigt Entscheidungsprozesse und stärkt die Motivation der Mitarbeitenden. Unternehmen, die diesen Kulturwandel aktiv gestalten, schaffen ein agiles und resilienteres Arbeitsumfeld, das den Herausforderungen der digitalen Transformation gewachsen ist.

Der Wandel zu einer gelebten Vertrauenskultur ist kein einfacher Prozess, sondern ein tiefgreifender Kulturwandel, der Ergebnisse über Kontrolle stellt und Mitarbeitenden ein hohes Maß an Selbstorganisation abverlangt. Aufseiten der Führungskraft spielt in diesem Prozess Selbstreflektion eine wichtige Rolle.

Wie gelingt es, remote Vertrauen aufzubauen? Wie lassen sich Fairness und Transparenz gewährleisten, ohne auf Kontrollmechanismen zurückzugreifen? Das folgende Kapitel gibt Antworten auf diese und weitere Fragen und zeigt, wie der Wandel von Kontrolle zu einer gelebten Vertrauenskultur gelingen kann.

Das Team im Wandel

Ein Kulturwandel von Kontrolle zu Vertrauen erfordert auf beiden Seiten ein Umdenken, sowohl die Führungskraft als auch Teammitglieder müssen lernen, mit der neuen Situation umzugehen. Aufseiten der Führungskraft bedeutet Vertrauen Loslassen, aufseiten der Mitarbeitenden bedeutet es Verantwortung und Selbstorganisation. Lernprozesse wie diese gehen mit einer kontinuierlichen Anpassung von Strukturen, Prozessen, aber auch Denk- und Verhaltensmustern einher. Das gelingt am besten gemeinsam im Team. Erst im Miteinander werden Lernprozesse erfolgreich angestoßen und umgesetzt. Die Corona-Pandemie hat gezeigt, wie rasch Mitarbeitende und Führungskräfte in der Lage sind zu adaptieren, etwa indem sie kollaborative Tools zur Zusammenarbeit nutzen. Gemeinsam mit ihrem Team können Führungskräfte geeignete Technologien auswählen und lernen, verantwortungsvoll und vor allem ergebnisorientiert damit umzugehen. Die Einführung neuer Technologien und vertrauensbasierter Arbeitsweisen erfordert nicht nur technisches Know-how, sondern auch eine offene und agile Teamkultur. Wenn alle Teammitglieder aktiv eingebunden sind und Angebote für Schulungen und Weiterbildungen nutzen, fällt es ihnen leichter, Unsicherheiten in Bezug auf Veränderung zu akzeptieren und abzubauen. Letztlich hängt die erfolgreiche Umsetzung digitaler Strategien davon ab, wie gut das Team als Ganzes in der Lage ist, sich den neuen Anforderungen anzupassen und gemeinsam Lösungen zu entwickeln.

Wer sein Team erfolgreich durch den Wandel führen möchte, braucht Vertrauen.

Die kollektive Intelligenz, das gemeinsame Betrachten von Fehlern und die Lösungssuche tragen zur kontinuierlichen Weiterentwicklung bei. Die Führungskraft hat einen erheblichen Einfluss darauf, ob ein Team im Zuge von Veränderungen als geschlossene Einheit agiert und gemeinsam an einem Strang zieht oder das Gegenteil der Fall ist und sich die Teammitglieder ins Private zurückziehen und jeder auf seine Weise versucht, mit der neuen Situation umzugehen.

> **Übersicht**
>
> **Eine positive Fehlerkultur im Team** spielt eine zentrale Rolle in Zeiten des Wandels, da sie entscheidend ist für Innovation, Lernen und Anpassungsfähigkeit und damit zu einer kontinuierlichen Verbesserung von Prozessen und Produkten beiträgt. Ein konstruktiver Umgang mit Fehlern ermöglicht es Mitarbeitenden, Fehler als Lernchancen zu betrachten, anstatt sie zu fürchten oder zu vertuschen. In einer positiven Fehlerkultur, die einhergeht mit psychologischer Sicherheit, können Kreativität und Innovationsfreude gedeihen, was wichtig ist in dynamischen Zeiten. Ein offener Umgang mit Fehlern trägt dazu bei, dass Probleme frühzeitig erkannt und Auslöser für mögliche Fehler analysiert und behoben werden. In einem psychologisch sicheren Umfeld fühlen sich Mitarbeitende ermutigt, Fehler zuzugeben, Ideen zu äußern und neue Ansätze auszuprobieren. Führungskräfte spielen eine entscheidende Rolle für eine positive Fehlerkultur, indem sie als Vorbilder agieren und eine Kultur des Vertrauens schaffen, in der Fehler nicht bestraft, sondern als Teil des Entwicklungsprozesses angesehen werden.
>
> **Tipp:** Wenn Sie einen konstruktiven Umgang mit Fehlern in ihrem Team fördern möchten, versuchen Sie zunächst, Fehler möglichst wertfrei zu betrachten. Stellen Sie sich und Ihrem Team folgende Fragen:
>
> Was ist passiert?
> Was war der Auslöser?
> Was war in der Situation anders als gewohnt?
> Was können wir zukünftig tun, damit der Fehler schnell erkannt und behoben wird?
> Wofür war der Fehler gut?

Fehler werden nur dann offen kommuniziert, wenn das nötige Vertrauen vorhanden ist, dass Fehler keine negativen Konsequenzen haben.

Ein Team, dem es an dem notwendigen Vertrauen mangelt, erkennt man schnell an absichernden Verhaltensweisen, gegenseitigen Schuldzuweisungen, dem Abwälzen von Verantwortung, Vermeidungsverhalten, bei dem Fehler nicht angesprochen werden, Rechtfertigungsdruck und schließlich Rückzug, aus Angst, erneut Fehler zu begehen. Wer als Führungskraft Fehler im Team reduzieren möchte, sollte die Aufmerksamkeit weniger auf die Menschen lenken, die Fehler begehen, sondern auf die Auslöser.

Fehler sind situationsgebunden, z. B. können Zeitmangel, hohe Arbeitsbelastung, Routine, mangelnde Erfahrung und unklare Prozesse Fehler begünstigen. Helfen Sie Ihrem Team, die Ursachen für Fehler zu identifizieren und zu beseitigen.

Insbesondere in Phasen, die von Veränderung, Innovation und Unsicherheit geprägt sind, wird die Bedeutung einer positiven Fehlerkultur deutlich – sie bedeutet, dass Chancen genutzt werden und eine Entwicklung stattfinden darf.

Gegenseitiges Vertrauen ist Grundvoraussetzung für eine positive Fehlerkultur.

Vertrauensfördernde Führung schafft ein Umfeld, das Fehler toleriert und als Lernchancen sieht. Mitarbeitende, die das Vertrauen ihrer Führungskraft haben, fühlen sich ermutigt, aktiv und zuversichtlich an Veränderungsprozessen teilzunehmen. Vertrauen steigert das Engagement und fördert die Anpassungsbereitschaft an sich wandelnde situative Bedingungen. In Zeiten, in denen sich Teams regelmäßig mit neuen Softwarelösungen, Automatisierungstools oder KI-Anwendungen vertraut machen müssen, fördert Vertrauen eine **offene Lernkultur** und die Bereitschaft, sich kontinuierlich weiterzubilden. Die digitale Transformation macht deutlich: Fehler wie auch Rückschläge sind unvermeidlich, besonders in Testphasen von neuen Technologien, Prozessen und Arbeitsweisen. Gerade dann ist der Austausch über Misserfolge mindestens ebenso wichtig wie jener über Erfolge. Nur so lernt das Team, schnell und erfolgreich aus Rückschlägen zu lernen und sich an wechselnde situative Anforderungen anzupassen.

Führung sollte die notwendige psychologische Sicherheit für gemeinsames Lernen und stetige Verbesserung bieten, damit das Vertrauen in Veränderungsprozesse wächst.

Das sagt die Psychologie

Bedenken Sie als Führungskraft: Veränderungen bringen Unsicherheit mit sich. Mitarbeitende fürchten, dass sie ihre Komfortzone verlassen müssen oder ihre bisherige Expertise an Wert verliert. **Kalkulieren Sie diese natürliche Skepsis gegenüber dem Neuen in Ihr Handeln ein**, sprechen Sie Befürchtungen offen an und laden Sie Mitarbeitende ein, dasselbe zu tun. Wenn Mitarbeitende an gewohnten Prozessen und Routinen festhalten, kann das ein Schutzmechanismus sein, der Sicherheit und Stabilität verspricht. Bieten Sie als Führungskraft Ihrerseits Sicherheit, indem Sie zeigen, dass Veränderungen positive Auswirkungen haben und individuelle Vorteile bieten, wie Zeitersparnis, persönliche Weiterentwicklung und eine verbesserte Work-Life-Balance.

Praxisbeispiel

Tim ist Führungskraft, sein Unternehmen plant, ein neues CRM-System einzuführen, um die Kundenbetreuung effizienter zu gestalten und die Zusammenarbeit zwischen Vertrieb, Marketing und Kundenservice zu verbessern. Nun möchte Tim seinem Team die Veränderung als Chance präsentieren, obwohl er weiß, dass viele Mitarbeitende skeptisch sind und an dem vertrauten System festhalten wollen, weil sie fürchten, dass die Umstellung zu Nachteilen führt.

3 Vertrauen statt Kontrolle: Ein Kulturwandel … 31

Um die Veränderung als Chance zu präsentieren, geht Tim in fünf Schritten wie folgt vor:

1. Zunächst verfasst Tim eine **E-Mail** an alle seine Teammitglieder. Nach einer kurzen Einleitung auf die bevorstehende Veränderung betont er folgende Vorteile: „Mit dem neuen CRM-System können wir die Kundenzufriedenheit deutlich steigern, weil alle wichtigen Informationen an einem Ort gebündelt werden. Dadurch sparen wir wertvolle Zeit, die wir bisher mit der Suche nach Informationen oder der manuellen Eingabe verbracht haben. Nun wird es möglich, unsere Kunden noch persönlicher und gezielter anzusprechen. Für den Vertrieb bedeutet die Umstellung, dass uns die Automatisierung bei der Angebotserstellung und Nachverfolgung entlastet. Mit der zentralen Übersicht über Kundenanfragen können wir jetzt noch schneller reagieren und Anfragen lückenlos verfolgen. Darüber hinaus werden wir im Marketing von den detaillierten Analysen profitieren."
2. Im zweiten Schritt bietet Tim **konkrete Unterstützung**: „Mir ist klar, dass es Zeit und Übung braucht, um sich an das neue System zu gewöhnen. Deshalb wird es Schulungen in der Übergangsphase geben, in der jeder das System ausprobieren kann. Zudem wird unser IT-Team jederzeit für Fragen und Unterstützung bereitstehen. Wendet Euch gerne auch an mich, wenn Ihr konkrete Fragen oder Bedenken habt."
3. Im dritten Schritt wird Tim die Mitarbeitenden **aktiv einbinden**: „Ich möchte Euch gerne in den Prozess einbeziehen. Bitte teilt mir Eure ersten Erfahrungen mit dem neuen System mit. Wenn Euch etwas auffällt, wie das System oder die Arbeit damit optimiert werden kann, sind Eure Verbesserungsvorschläge willkommen."
4. Nach einer ersten Pilotphase meldet sich Tim erneut bei seinem Team. Dieses Mal betont er die Erfolge und zeigt anhand von Daten und Feedback, wie das System die Arbeit erleichtert hat: „Seit der Einführung des neuen Systems konnten wir die Bearbeitungszeit von Kundenanfragen um 30 % reduzieren. Das ist ein großartiger Erfolg, zu dem alle beigetragen haben. Vielen **Dank** für das gemeinsame Engagement! Der Erfolg zeigt uns, wie wichtig Rückmeldungen und die Offenheit für neue Prozesse sind. Lasst uns diesen Schwung nutzen, um weiter-

> hin gemeinsam neue Möglichkeiten zu erkunden, die uns allen die Arbeit erleichtern und für unsere Kunden eine spürbare Verbesserung bedeuten."
> 5. Nach Abschluss des Projekts lädt Tim das Team ein, diesen **Meilenstein** gemeinsam zu feiern. Mit diesem Ritual vermittelt er Beständigkeit und stärkt **positive emotionale Erfahrungen** in Zuge von Veränderungsprozessen.

Kongruentes Verhalten der Führungskraft und warum es wichtig ist für Vertrauen

Ein zentraler Aspekt für den Aufbau von Vertrauen ist kongruentes Verhalten. Es beschreibt die Übereinstimmung zwischen dem, was eine Person sagt und dem, was sie tut. Eine Führungskraft, die Teamarbeit betont und selbst Teamziele in den Mittelpunkt ihres Handelns stellt, zeigt, dass sie vertrauenswürdig ist.

Übereinstimmung von Worten und Taten vermittelt Sicherheit, besonders in unsicheren Zeiten.

Eine kongruente Führungskraft gibt Orientierung und schafft ein Umfeld, in dem sich Mitarbeitende auf ihre Arbeit konzentrieren können. Andererseits kann inkongruentes Verhalten Skepsis und Misstrauen hervorrufen. Eine Führungskraft, die Mitarbeitende auffordert, regelmäßig Feedback zu geben und dann mit Rechtfertigungen und ausweichendem Verhalten auf negatives Feedback reagiert, kann für Verunsicherung sorgen und Vermeidungsverhalten aufseiten der Mitarbeitenden hervorrufen. Kongruent wäre in diesem Fall eine Reaktion, die Wertschätzung und Veränderungsbereitschaft ausdrückt und dies durch konkrete Maßnahmen unterstreicht. Führungskräfte haben eine Vorbildfunktion. Wenn Teammitglieder darauf vertrauen können, dass ihre Führungskraft auch in schwierigen Situationen zuverlässig handelt, fördert dies die Bereitschaft zur Zusammenarbeit und zur offenen Kommunikation. In einem Umfeld, in dem alle Beteiligten kongruent agieren dürfen und sich gegenseitig respektieren, wird die emotionale Bindung innerhalb des Teams gestärkt. Dies stärkt die Motivation und Zufriedenheit der Mitarbeitenden und wirkt sich letztendlich positiv auf die Teamleistung aus.

Vertrauensaufbau im digitalen Kontext

In einer zunehmend digitalisierten Welt wird Vertrauen zu einer der wichtigsten Grundlagen für erfolgreiche Zusammenarbeit, aber auch für Innovation und nachhaltiges Wachstum.

Anders als in Arbeitsumfeldern, in denen persönliche Begegnungen und physische Nähe das Vertrauen stärken, findet Interaktion im digitalen Kontext vermehrt über virtuelle Plattformen, zeitversetzte Kommunikation und Technologien statt. Diese veränderten Rahmenbedingungen haben Auswirkungen auf den Vertrauensaufbau.

Spannende Einblicke in die Mechanismen des Vertrauensaufbaus im digitalen Kontext bietet **das interdisziplinäre Forschungsfeld der Computational Social Science** (CSS),[1] das sich unter Anwendung computergestützter Methoden mit sozialen Phänomenen beschäftigt.

Die Forschung des CSS kombiniert Ansätze aus den Sozialwissenschaften, Informatik und Naturwissenschaften, um menschliches Verhalten und soziale Systeme zu analysieren und zu modellieren. Dabei werden große Datensätze analysiert, die aus sozialen Medien oder digitalen Archiven

---

[1] Einflussreich auf dem Gebiet der CSS sind unter anderem Arbeiten von Duncan J. Watts (University of Pennsylvenia), Dirk Helbing, (ETH Zürich), Alex S. Pentland, (MIT Media Lab), Hanna Wallach (Cambridge, Microsoft Research), Matthew Salganik (Princeton University).

stammen, um Theorien über menschliches Verhalten zu entwickeln und zu testen. Ein zentrales Ziel dieser Wissenschaft ist es, neue soziale Phänomene, die durch die Digitalisierung hervorgerufen werden, besser zu verstehen sowie traditionelle Sozialforschung unter diesem Gesichtspunkt neu zu betrachten und um neue Erkenntnisse zu erweitern.

Die Methoden der CSS umfassen Techniken wie Text Mining, Netzwerkanalyse und Simulationen, um komplexe soziale Dynamiken zu untersuchen. Aus den Analysen von Kommunikationsmustern und sozialen Interaktionen in digitalen Umgebungen wurden bahnbrechende Erkenntnisse über zwischenmenschliches Vertrauen gewonnen. In seinem einflussreichen Buch „Six Degrees: The Science of a Connected Age", das sich mit dem Verhalten von Menschen, Systemen und Organisationen beschäftigt, schreibt Duncan Watts (2003) sinngemäß: „Vertrauen ist das Bindemittel, das Netzwerke zusammenhält und den effizienten Fluss von Informationen, Ideen und Ressourcen zwischen den einzelnen Personen ermöglicht". Diese Anmerkung zeigt: Vertrauen ist nicht nur ein abstraktes Gefühl, sondern auch ein praktischer Mechanismus, der die Zusammenarbeit und Kooperationsbereitschaft fördert.

Ohne Vertrauen würden Menschen zögern, ihre Ressourcen, Wissen oder Ideen zu teilen, sie wären unfähig, sich zu Netzwerken zusammenzuschließen, einander zu helfen und mit vereinten Kräften an einem Ziel zu arbeiten.

Das ist jedoch nicht neu, sondern aus der analogen Welt bekannt und gut erforscht. Hinzugekommen ist eine Reihe von Faktoren (siehe Tab. 3.1), die sich **in der digitalen Welt** auf die Ausprägung von Vertrauen auswirken, etwa *zeitnahe Antwortraten, kontinuierliche Interaktion, transparente und konsistente Kommunikation* sowie das *Einhalten sozialer Normen* und *Fairness*. Insbesondere ist die Qualität der Interaktion im digitalen Kontext von Bedeutung, da die nonverbale Verständigung, wie die Stimmlage, der Ton, Mimik und Gestik vermindert sind.

3 Vertrauen statt Kontrolle: Ein Kulturwandel …

Tab. 3.1 Faktoren, die Vertrauen im digitalen Kontext beeinflussen

---

Faktoren, die den Vertrauensaufbau im digitalen Kontext beeinflussen:

1. **Qualität der Kommunikation:** Die Qualität der Kommunikation hat im digitalen Kontext einen direkten Einfluss auf das zwischenmenschliche Vertrauen. Transparente und konsistente Kommunikation fördert das Vertrauen, während inkonsistente oder unehrliche Kommunikation es untergräbt.
2. **Zeitnahe Antworten:** Kurze Reaktionszeit verstärkt das Gefühl der Verlässlichkeit und des Interesses seitens der antwortenden Person. Zügige Beantwortung von E-Mails oder Chat-Nachrichten sowie die Reaktion auf Beiträge wird als Zeichen von Vertrauen und Engagement interpretiert, was zu einer stärkeren Bindung und einer positiven Wahrnehmung der Interaktion führt.
3. **Kontinuierliche Interaktionen:** CSS-Modelle haben analysiert, dass wiederholte Interaktionen Vertrauen innerhalb von Netzwerken fördern. Wenn Nutzer regelmäßig auf Beiträge reagieren, entstehen Muster der Kooperation und des gegenseitigen Respekts, die das Vertrauen weiter stärken.
4. **Soziale Normen:** Normen, ausgesprochene oder unausgesprochene, bilden die Grundlage für die zwischenmenschliche Interaktion. Das Einhalten dieser Normen kann das Vertrauen innerhalb von Gruppen erhöhen.
5. **Häufigkeit der Interaktion:** Netzwerkanalysen zeigen, dass Menschen, die in einem Netzwerk gut vernetzt sind und häufig interagieren, tendenziell ein höheres Maß an Vertrauen zueinander entwickeln. Interaktionen stärken die sozialen Bindungen und fördern ein Gefühl der Gemeinschaft.
6. **Transparente Prozesse:** Prozesse erzeugen ein verbindliches System, dass Orientierung und ein gemeinsames Verständnis darüber bietet, wie Aufgaben erledigt werden sollen. Die Integration von Datenanalysen kann dazu beitragen, Entscheidungen auf fundierte, objektive Informationen zu stützen, was das Vertrauen erhöht.
7. **Kulturelle Unterschiede:** In kollektivistischen Kulturen zeigen Modelle, dass Vertrauen eher durch langfristige, wiederholte Interaktionen innerhalb geschlossener Gruppen entsteht. In individualistischen Kulturen wird Vertrauen häufig durch spezifische, nachweisbare Leistungen und durch die Bereitschaft zur direkten Kommunikation aufgebaut.

(Fortsetzung)

Tab. 3.1 (Fortsetzung)

---

8. Fairness: Wenn Nutzer das Gefühl haben, durch digitale Plattformen benachteiligt oder ungerecht behandelt zu werden, kann dies nicht nur zu Misstrauen gegenüber der jeweiligen Plattform führen, sondern auch das Vertrauen in digitale Technologien insgesamt untergraben. Übertragen bedeutet dies, wenn Teammitglieder systematisch das Gefühl haben, von der Führungskraft oder innerhalb des Teams ungerecht behandelt zu werden, dies zu einem Vertrauensverlust innerhalb des Teams, gegenüber der Führungskraft und in den gesamten Arbeitsprozess führen kann.

Der Vertrauensaufbau im digitalen Kontext ist ein vielschichtiger Prozess, der sowohl von technologischen als auch von sozialen und psychologischen Faktoren geprägt ist.

Erkenntnisse der Computational Social Science liefern Einblicke in die Mechanismen, die Vertrauen schaffen und bewahren können. Neben den genannten Faktoren ist einer besonders hervorzuheben: die wahrgenommene Fairness. In der digitalen Zusammenarbeit kann der Mangel an direkter sozialer Interaktion und informellen Gesprächen die Bedeutung wahrgenommener Ungerechtigkeit verstärken, das gilt insbesondere in Bezug auf Entscheidungen, Kommunikation und Ressourcenzuweisung. Forschungen zufolge (Hinds & Mortensen, 2005) können **faire Entscheidungsverfahren** und **transparente Kommunikation** Konflikte in virtuellen Teams deutlich reduzieren und die Zusammenarbeit stärken.

Ein wegweisender Artikel aus dem Jahr 1999 (Jarvenpaa und Leidner) kam darüber hinaus zu der Erkenntnis, dass Vertrauen in virtuellen Teams in besonderem Maße auf der wahrgenommenen **Zuverlässigkeit und Kompetenz** der Teammitglieder basiert.

Führungskräfte können hier positiv Einfluss nehmen, indem sie Erwartungen und Rollen klar definieren und transparent kommunizieren. Indem Führungskräfte Verbindlichkeit selbst vorleben, Zusagen einhalten und regelmäßige Updates geben, vermitteln sie selbst Zuverlässigkeit. Gleichzeitig spielt die Sichtbarkeit und Anerkennung der Kompetenz der Teammitglieder eine zentrale Rolle. Teammitglieder sollten Gelegenheiten erhalten, ihr Wissen zu teilen und ihre Expertise einzubringen. Schulungen, Mentoring und der gezielte Austausch von Best Practices fördern nicht nur die individuelle Weiterentwicklung, sondern auch das gegenseitige Vertrauen in die Fähigkeiten der Kolleginnen und Kollegen. Regelmäßiger Austausch, Empathie und aktives Zuhören schaffen zudem eine Atmosphäre, in der sich Teammitglieder aufeinander verlassen können und sich wertgeschätzt fühlen.

Weitere zentrale Erkenntnisse des Artikels sind folgende:

1. Vertrauen in virtuelle Teams beruht zunächst auf Rollen, Normen und dem positiven Glauben an die Fähigkeiten anderer. Es ist jedoch fragil und muss durch **konstante Kommunikation und Leistung** bestätigt werden.
2. Vertrauen hängt im virtuellen Team stärker von **Ergebnissen** ab.
3. Regelmäßige, klare und konsistente Kommunikation fördert Vertrauen.

Der Aufbau von Vertrauen in einer digital geprägten Arbeitswelt erfordert mehr als fachliche und technische Kompetenzen – es geht um transparente Kommunikation, Konsistenz im Verhalten und eine Kultur der Offenheit und Verlässlichkeit. Gleichzeitig bieten digitale Tools und Plattformen neue Möglichkeiten, Vertrauen zu stärken, indem sie Sichtbarkeit erhöhen, Transparenz fördern und den Austausch erleichtern.

Um in einer virtuellen Arbeitswelt die Vorteile digitaler Tools effektiv zu nutzen und Vertrauen aufzubauen, brauchen Führungskräfte und Organisationen wirksame Strategien.

Fazit: Vertrauen ist im digitalen Kontext Grundvoraussetzung für erfolgreiche Zusammenarbeit. Es führt zu einer Teamkultur, in der Fehler als Lernchance betrachtet werden und Ergebnisse über kleinteilige Kontrolle gestellt werden. Im digitalen Kontext bezieht sich Vertrauen verstärkt auf Kompetenz, Ergebnisse und zuverlässige Kommunikation – wie zum Beispiel zügige Rückmeldung auf E-Mails oder Chats. Aber auch die Häufigkeit der (wertschätzenden) Interaktion hat Einfluss auf die Ausprägung von Vertrauen.

Vertrauen stärken durch gemeinsame Normen

Eine vertrauensvolle Zusammenarbeit profitiert von gemeinsamen Normen und Regeln, da diese einen klaren Orientierungsrahmen für die Kommunikation, Verantwortlichkeiten und die Erreichung von Zielen bieten. Normen umfassen nicht nur formelle Verhaltensregeln, sondern auch Hinweise zur Art und Weise, wie Teammitglieder miteinander interagieren wollen. Angefangen von der Rücksichtnahme auf die Arbeits- und Freizeiten bis hin zur Anwesenheit und Pünktlichkeit bei virtuellen Besprechungen. Die Einhaltung von Normen zeugt von gegenseitigem Respekt und Verlässlichkeit. Normen, die den kollektiven Erfolg in den Mittelpunkt stellen, stärken das Vertrauen in die Zusammenarbeit. Dazu gehört, dass Teammitglieder sich gegenseitig unterstützen, ihr Wissen und Ideen teilen und füreinander einspringen, wo es erforderlich ist. Zusammengenommen fördern Normen ein Gefühl von Solidarität und gemeinsamer Verantwortung, was insbesondere in virtuellen Teams, die durch Distanz und technische Interaktion geprägt sind, von zentraler Bedeutung ist.

Aus den Erkenntnissen des interdisziplinären Forschungsfeldes der Computational Social Science lassen sich wertvolle Erkenntnisse für Führungskräfte im digitalen Kontext ableiten, etwa, dass es sinnvoll ist, *frühzeitig* gemeinsam im Team Normen für die virtuelle Zusammenarbeit festzulegen. Dazu lassen sich für unterschiedliche Bereiche Fragen entwickeln. In der Tab. 3.2 sind einige Bereiche, The-

Tab. 3.2 Beispiele für Normen in der virtuellen Zusammenarbeit im Team

Bereich	Themen für Normen	Fragen
Kommunikation	Transparenz Kommunikationskanäle Häufigkeit der Interaktion Rückmeldungen Erreichbarkeit Ton und Etikette Feedback	Wie stellen wir sicher, dass alle verfügbaren Informationen geteilt werden? Was besprechen wir mündlich, was schriftlich? Wann bevorzugen wir die Chatfunktion, wann eine E-Mail? Wie häufig wollen wir kommunizieren und auf welchen Kanälen bevorzugt? Wann sollte spätestens eine Antwort auf Chat-Beiträge oder E-Mails erfolgen? Wann wollen wir erreichbar sein? Unter welchen Umständen sind Mails am Wochenende gewollt? Wie wollen wir miteinander kommunizieren, eher förmlich oder locker, kurz und knapp oder doch lieber ausführlich und gut begründet? Welche Regeln gelten für Videobesprechungen? (Kamera aus/an, parallele Aufgaben ja/nein, Pausen nach spätestens 45 min?) Wann und wie geben wir uns Feedback? Wie gehen wir mit Konflikten um? Welche Möglichkeiten haben wir, Unstimmigkeiten schnell zu beheben?

(Fortsetzung)

Tab. 3.2 (Fortsetzung)

Bereich	Themen für Normen	Fragen
Verantwortlichkeit	Zuständigkeit Prioritäten Informationsbeschaffung Abwesenheit	Wer ist wofür zuständig? Welche Aufgaben haben Priorität und sollten vor allen anderen erledigt werden? Wie wird bereichsübergreifende Zusammenarbeit sichergestellt? Wer hat die Verantwortung für die Beschaffung von Informationen? Wie sind Abwesenheiten geregelt? Wer übernimmt welche Aufgaben?
Entscheidungen	Befugnisse Dokumentation Rückverfolgung Informationen	Wer hat Entscheidungsbefugnis? Welche Themen erfordern Zustimmung der Führungskraft? Wie und wo werden Entscheidungen dokumentiert? Wie ist der Entscheidungsweg rückverfolgbar und nachvollziehbar? Wie wird sichergestellt, dass jederzeit alle wichtigen Informationen für eine Entscheidung abgerufen werden können?
Zeitmanagement	Termine und Deadlines Routineaufgaben	Bis wann sollten Projekte spätestens abgeschlossen werden (1 h, 1 Tag oder 1 Woche vor dem finalen Termin)? Bis wann werden Änderungen der Deadline spätestens im Voraus kommuniziert? Welche Tageszeit oder welcher Wochentag ist für Routineaufgaben reserviert? Gibt es 1 oder 2 reservierte Tage im Monat für liegengebliebene Aufgaben?

(Fortsetzung)

Tab. 3.2 (Fortsetzung)

Bereich	Themen für Normen	Fragen
Teamkultur	Werte Akzeptanz	Was sind unsere gemeinsamen Werte? Wofür stehen wir und wie unterscheiden wir uns von anderen Teams? Was zeichnet uns aus? Sind unsere Normen allen Teammitgliedern bekannt? Wie gehen wir mit kulturellen Unterschieden um? Müssen wir unsere Normen anpassen, um Vertrauen zueinander aufzubauen?

men und typische Fragestellungen aufgelistet. Wenn das Team gemeinsam Antworten auf diese Fragen findet und daraus Normen für die Zusammenarbeit ableitet, kann das einen enormen Effekt für das Miteinander haben. Mehrdeutigkeiten und Missverständnisse werden seltener auftreten, Konflikte schneller gelöst, die Bereitschaft, Informationen anzufordern und zu teilen, wird steigen. Kurz, **die Qualität der Interaktion wird durch gemeinsame Normen positiv beeinflusst,** was wiederum die effektive Zusammenarbeit sowie die Zufriedenheit im Team fördert. Damit haben gemeinsame Normen indirekten Einfluss auf das Vertrauen.

Vertrauen fördern durch transparente Prozesse

Transparente, nachvollziehbare und zielführende Prozesse spielen eine wichtige Rolle im Vertrauensaufbau. Wenn Mitarbeitende selbstorganisiert und effizient im Remote

Office arbeiten sollen, dann brauchen sie dafür transparente und zielführende **Prozesse**, die **selbstorganisiertes Arbeiten unterstützen**. Ob in der Produktentwicklung, im Marketing, in der Forschung oder der Entwicklung von Dienstleistungen – klar definierte Prozesse sind entscheidend, um Aufgaben von Anfang bis Ende selbstorganisiert und effektiv zu erledigen. Wenn alle wissen, welche Ergebnisse zu erreichen sind und wie der Prozess dahin geregelt ist, kann das Team eigenständig, aber dennoch koordinierte Entscheidungen treffen.

Prozesse spielen eine zentrale Rolle in der Selbstorganisation, sie sind das Gerüst eigenverantwortlichen Handelns.

Klar strukturierte und transparente Prozesse, die einem klaren Ziel dienen, können das Vertrauen innerhalb des Teams stärken. Sie tragen nicht nur zur Effizienz bei, etwa indem Mitarbeitende weniger Zeit in Abstimmungsmeetings verbringen, sondern auch zu einer Kultur, in der Teammitglieder Verantwortung übernehmen und gleichzeitig die Zusammenarbeit gestärkt wird. In einer zunehmend digitalen Arbeitswelt, in der Teammitglieder oft über geografische Distanz hinweg zusammenarbeiten und verschiedene digitale Tools nutzen, bieten definierte und standardisierte Prozesse einen Orientierungsrahmen und ein gemeinsames Verständnis darüber, wie Aufgaben erledigt werden sollen. Dies minimiert Unsicherheiten und Missverständnisse, die in einem digitalen Umfeld auftreten können.

Prozesse erleichtern die Nachvollziehbarkeit von Verantwortlichkeiten und Arbeitsschritten, was das Vertrauen stärkt, da jedes Teammitglied weiß, wie die gemeinsame Arbeit organisiert ist und wer welchen Beitrag leistet.

Prozesse sollten niemals statisch, sondern flexibel sein. Kontinuierliche Prozessoptimierung wird durch eine offene Feedbackkultur unterstützt. Indem Prozesse regelmäßig überprüft und bei Bedarf optimiert werden, können Teammitglieder darauf vertrauen, dass Veränderungen zu positiven Ergebnissen führen. Zusammenarbeit, die auf transparenten Prozessen basiert, stärkt die Teamdynamik und führt zu besseren Ergebnissen.

Jeder Schnittstelleninhaber sollte Anregungen zur Prozessoptimierung geben dürfen.

Sei es, einen Vertriebsprozess zu erfassen und zu dokumentieren oder einen Prozess zur Produktentwicklung neu aufzustellen und dafür das geeignete Kollaborationstool zu finden, jeder Mitarbeitende sollte eine Chance haben, sich an der Prozessoptimierung zu beteiligen. Derjenige, der mit einem Tool arbeitet, sollte motiviert sein, die Funktionsweise oder Wahl des Tools zu hinterfragen und es gegebenenfalls durch ein passenderes zu ersetzen. Diese Form der Beteiligung erfordert eine solide Vertrauensbasis und Kommunikationsfähigkeiten auf allen Seiten. Führungskräfte spielen in der Prozessoptimierung eine Schlüsselrolle, indem sie zuhören, Anregungen geben, Kompetenzerwerb fördern, Kapazitäten und Ressourcen bereitstellen und regelmäßig prüfen, ob der Prozess die gewünschten Ergebnisse hervorbringt.

Prozesse geben Orientierung, schaffen Klarheit über Abläufe und Aufgaben und ermöglichen es Teammitgliedern, effizient und weitestgehend unabhängig voneinander zu arbeiten, ohne dass ständige Abstimmungsmeetings oder externe Anleitung erforderlich sind. In einer selbstorganisierten Umgebung sind Prozesse flexibel, sodass Teams in der Lage sind, diese selbstständig anzupassen, wenn sich die Anforderungen oder Rahmenbedingungen ändern. Dadurch wird die Autonomie der Mitarbeitenden gefördert, da sie in der Lage sind, Entscheidungen zu treffen und Anpassungen vorzunehmen, die den Gesamtprozess verbessern, ohne auf eine zentrale Autorität angewiesen zu sein. Was jedoch nicht bedeutet, dass sich die Führungskraft aus dem Prozessmanagement zurückzieht. Die Führungskraft steuert Prozesse, indem sie regelmäßig prüft, ob Prozesse eingehalten werden und den vereinbarten Ergebnissen dienen.

Es gibt eine Vielzahl von digitalen Tools, die das Prozessmanagement im Team unterstützen und optimieren können. Diese Tools helfen bei der Planung, Durchführung und Analyse von Prozessen, fördern die Zusammenarbeit und steigern die Effizienz. In Tab. 3.3 sind einige der beliebtesten digitalen Tools für das Prozessmanagement im Team dargestellt.

Tab. 3.3 Beliebte Tools für digitale Zusammenarbeit

MS Teams: bietet durch seine vielseitigen Funktionen eine effektive Plattform für das Prozessmanagement. Es schafft Transparenz, fördert Zusammenarbeit und bietet die Flexibilität, Prozesse zu strukturieren und anzupassen. Funktion: Kanäle für einzelne Projekte und Abteilungen, Planer für Aufgabenmanagement und die Zuweisung von Verantwortlichkeiten, Integration von OneNote, SharePoint und Outlook, Kalenderfunktionen, Benachrichtigung für wiederkehrende Aufgaben und Statusmeldungen, zentralisierte Kommunikation durch integrierte Chatfunktion, Videokonferenzen und Dateiablagesystem, geteilte Dashboards und Aufgabenlisten. Vorteil: Zentralisierte Plattform für die Zusammenarbeit in einer einzigen Anwendung. **Trello** Funktion: Visualisierung von Projekten und Prozessen in Form von Boards, Listen und Karten. Ermöglicht die einfache Verwaltung von Aufgaben und die Nachverfolgung von Fortschritten. Vorteil: Benutzerfreundlich und ideal für kleinere Teams und einfache Prozesse. Es fördert die Zusammenarbeit und bietet eine klare Struktur für Aufgaben und Deadlines.

(Fortsetzung)

Tab. 3.3 (Fortsetzung)

Asana
Funktion: Aufgaben- und Projektmanagement mit Funktionen zur Verfolgung von Deadlines, Meilensteinen und Teamzuweisungen. Es bietet auch Integrationen für Kalender und Kommunikation.
Vorteil: Besonders gut für komplexe Projekte und Teams, die viele Prozesse mit verschiedenen Aufgaben und Verantwortlichkeiten verwalten müssen.
Monday.com
Funktion: Visualisierung und Verwaltung von Arbeitsabläufen und Prozessen in einem flexiblen Dashboard. Bietet Automatisierungen und Integrationen mit anderen Tools.
Vorteil: Sehr anpassbar und für Teams jeder Größe geeignet, besonders wenn es um die Steuerung komplexer Prozesse und Projekte geht.
Notion
Funktion: Ein Tool zur Erstellung von Notizen, Datenbanken, Projektplänen und mehr. Ideal für die Dokumentation und Prozessorganisation.
Vorteil: Flexibel und anpassbar für verschiedene Anwendungsfälle im Prozessmanagement, von der Dokumentation bis hin zur Aufgabenverteilung.
Smartsheet
Funktion: Tabellenbasiertes Tool zur Verwaltung von Projekten und Prozessen. Bietet umfangreiche Automatisierungen, Berichterstattung und Gantt-Diagramme zur Visualisierung von Prozessen.
Vorteil: Ideal für Teams, die mit einer tabellenartigen Struktur arbeiten und detaillierte Prozessanalysen durchführen möchten.
ClickUp
Funktion: Ein All-in-one-Tool, das Aufgabenverwaltung, Dokumentation, Projektplanung und Zeiterfassung in einem System vereint.
Vorteil: Sehr vielseitig und eignet sich für Teams, die alle Aspekte ihres Prozessmanagements an einem Ort koordinieren möchten.
Miro
Funktion: Ein Online-Whiteboard, das Teams ermöglicht, gemeinsam an der Visualisierung von Prozessen, Brainstorming und der Zusammenarbeit an Ideen zu arbeiten.
Vorteil: Fördert die kreative Zusammenarbeit und eignet sich hervorragend für Teams, die visuelle Darstellungen von Prozessen benötigen oder die agile Arbeitsmethoden anwenden.

Die Rolle der Führungskraft im Prozessmanagement

Die Führungskraft spielt im digitalen Prozessmanagement vor allem eine strategische Rolle, in dem Sinn, dass sie Prozesse anregt, die Prozessoptimierung unterstützt und sicherstellt, dass durch alle Prozesse hindurch die gewünschten Ergebnisse erzielt werden.

> **Beispiel aus dem Arbeitsalltag einer Führungskraft im digitalen Prozessmanagement**
>
> In einem Unternehmen arbeitet ein funktionsübergreifendes Team an der Optimierung des Kundenservice-Prozesses. Das Team besteht aus Mitarbeitenden der IT-Abteilung, dem Vertrieb, dem Marketing und dem Kundenservice. Jede Abteilung hat ihre eigenen Abläufe und nutzt unterschiedliche Tools zur Prozessverwaltung.
>
> 1. **Digitale Prozesssteuerung und Transparenz**
>
> Um die Zusammenarbeit zu verbessern, führt die Führungskraft eine digitale Plattform wie Trello, Asana oder Monday Monday.com ein. Dort können alle Teammitglieder ihre Aufgaben, Fortschritte und Herausforderungen dokumentieren. Jede Abteilung trägt ihre relevanten Prozessschritte ein, sodass der gesamte Ablauf für alle Beteiligten transparent ist.
>
> 2. **Wöchentliche Überprüfung der Fortschritte**
>
> Am Freitagmorgen ruft die Führungskraft das Dashboard der digitalen Plattform auf und prüft:
>
> - Welche Aufgaben wurden abgeschlossen?
> - Wo gibt es Verzögerungen?
> - Welche Abteilungen benötigen Unterstützung?
> - Anhand von Status-Updates und Kommentaren erkennt sie, dass sich der IT-Bereich mit der Integration eines neuen CRM-Systems schwertut, während der Vertrieb bereits erste Kundenfeedbacks gesammelt hat.

3. Teammeeting zur Lösungsfindung

In der Freitagsbesprechung mit dem gesamten Team gibt die Führungskraft einen Überblick über den aktuellen Stand der Prozesse. Sie stellt gezielt Fragen an die IT-Abteilung, um die Herausforderungen besser zu verstehen, und schlägt vor, einen internen Experten aus der Softwareentwicklung hinzuzuziehen. Gleichzeitig motiviert sie den Vertrieb, weiteres Feedback zu sammeln, um den Prozess kundenfreundlicher zu gestalten.

4. Nächste Schritte definieren

Zum Abschluss fasst die Führungskraft die nächsten Schritte zusammen und dokumentiert sie direkt im digitalen Tool. Die IT-Abteilung erhält eine klare Deadline für die Systemintegration, während das Marketing-Team eine Kommunikationsstrategie für die neuen Prozesse entwickelt.

5. Kontinuierliche Optimierung

Durch die regelmäßige Überprüfung der digitalen Prozesse stellt die Führungskraft sicher, dass alle Abteilungen effizient zusammenarbeiten und Engpässe frühzeitig erkannt werden. Gleichzeitig fördert sie eine positive Lernkultur, in der das Team aus Fehlern und Erfolgen gleichermaßen lernt.

Ergebnis: Die digitale Prozesssteuerung ermöglicht es der Führungskraft, den Überblick zu behalten, Abteilungen gezielt zu unterstützen und die Zusammenarbeit kontinuierlich zu verbessern.

So unterstützen Sie Ihr Team bestmöglich im Prozessmanagement:

Regen Sie Ihre Mitarbeitenden zunächst an, Prozesse in wiederkehrende Schritte zu gliedern und die dazugehörigen Aufgaben zu definieren. Die Prozesse und einzelnen Arbeitsschritte sollten in ein zentrales digitales Tool überführt werden, beispielsweise in Microsoft Teams. MS Teams ermöglicht die Einrichtung von Kanälen für jede Abteilung, in denen interne Absprachen erfolgen können, sowie projektbasierte Kanäle, in denen abteilungsübergreifend gearbeitet wird. Zusätzlich kann die Planner-App in MS Teams genutzt werden, um Aufgaben zu verteilen, Deadlines zu setzen und Verantwortlichkeiten festzulegen. Wichtige Dokumente und Arbeitsmaterialien können in einem zentralen Dokumentenmanagementsystem wie SharePoint gespeichert werden, sodass alle Teammitglieder stets Zugriff auf aktuelle Informationen haben und diese auch gemeinsam in Echtzeit bearbeiten können.

Durch die gemeinsame Arbeit an Dokumenten in Prozessmanagement-Tools wird der Informationsfluss zwischen Abteilungen sichergestellt.

Vergewissern Sie sich als Führungskraft regelmäßig, dass die Prozesse in allen Abteilungen auf dem aktuellen Stand sind! Nur so können sie wirksam in die Zusammenarbeit integriert werden. Weiter helfen abteilungsübergreifende Meetings (über die Videofunktion auf MS Teams), zügig herauszufinden, wo Prozesse ins Stocken geraten sind und was getan werden muss, um sie wieder ins Laufen zu bringen. So kann auf direktem Wege geklärt werden, wer von wem welche Informationen benötigt und ob einzelne Abteilungen überlastet sind. Noch schneller geht das mit der Chat-Funktion. Jede einzelne Abteilung sollte ihren Chat-Kanal haben und gleichzeitig könnte ein übergeordneter Kanal den Informationsaustausch zwischen Abteilungen beschleunigen. Mitarbeitende sollten weiter Kenntnis von ihren eigenen **Prioritäten** haben und ihre **Zielvorgaben** kennen (z. B. Mindestzahl der Vertriebsgespräche, Zeitrahmen für die Fertigstellung neuer Produkte, Mindestimpakt der Marketingmaßnahmen). Eine weitere wertvolle Funktion von MS Teams ist die Integration von Power BI, um Dashboards zu erstellen, die wichtige Kennzahlen und den Fortschritt der verschiedenen Abteilungen visualisieren.

Diese Transparenz hilft dabei, die Zielerreichung zu **monitoren** und rechtzeitig gegenzusteuern, wenn es Abweichungen gibt.

Weisen Sie als Führungskraft gezielt Verantwortlichkeiten zu. Jede Abteilung sollte über einen klar definierten Verantwortungsbereich verfügen, in dem die Rollen und Aufgaben eindeutig definiert sind. Zusätzlich sollten prozessorientierte Workflows dokumentiert und festgehalten werden. Dabei ist wichtig, dass bei jeder Übergabe zwischen den Abteilungen alle relevanten Informationen standardisiert übergeben werden. Um den Informationsfluss zwischen allen Abteilungen zu gewährleisten, ist eine transparente und strukturierte Kommunikation entscheidend. Anvisierte Ziele, Fortschritte und Herausforderungen sollten dokumentiert und zentral zugänglich gemacht werden.

Am Ende einer Arbeitswoche können Sie in Ihrer Rolle als Führungskraft:

- sämtliche Prozesse und **Workflows prüfen** – z. B. in Bezug auf den aktuellen Stand und offene Aufgaben.
- den **Status** der zu erledigenden Aufgaben einsehen und bei Bedarf in Feedback-Gesprächen Unterstützung anbieten.
- Ihr Team dazu anregen, die Dokumentenablage zu organisieren und doppelt gespeicherte oder nicht mehr benötigte Dokumente und Aufgaben zu löschen. (Tipp: Gewähren Sie regelmäßig Arbeitstage, an denen sich Teammitglieder dem Prozess- und Dokumentenmanagement widmen – etwa Prozesse prüfen und verschlanken sowie die Dateiablage auf dem neuesten Stand bringen.)

Im Wesentlichen ist Ihre Aufgabe im digitalen Prozessmanagement folgende:

- Effektive Tools wie MS Teams integrieren.
- Ziele, Prioritäten und Verantwortlichkeiten in Absprache mit dem Team definieren.

- Projektbezogenen Workflow sicherstellen und durch Ressourcen unterstützen.
- Informationsfluss zwischen den Abteilungen sicherstellen, gegebenenfalls Barrieren abbauen.
- Wöchentlich den aktuellen Projektstatus prüfen und Feedback-Gespräche führen.

Was *nicht* die Aufgaben einer Führungskraft sind:

- Ohne Absprache zusätzliche Aufgaben in den Workflow einstellen.
- Aufgaben in Eigenregie und ohne Absprache übernehmen.
- Prozesse ohne Begründung abkürzen oder um zusätzliche Schritte erweitern.
- Dokumente ohne Rücksprache löschen.
- Ordner ohne Absprache umbenennen oder verschieben.
- Dem Team erklären, wie MS Teams funktioniert (auf den Webseiten der einzelnen Anbieter gibt es Erklärvideos und technischen Support, regen Sie bei Bedarf wechselseitige Unterstützung im Team an).

Teammitglieder sollten Prozesse in Eigenverantwortung verwalten, mit dieser Verantwortungsübergabe wird dem Team das nötige Vertrauen signalisiert. Umgekehrt gewinnt das Team an Selbstvertrauen, indem es erkennt, dass es selbstorganisiert und ortsunabhängig arbeiten kann.

Fazit: Prozesse schaffen Transparenz über Arbeitsabläufe und den aktuellen Status einer Aufgabe, wodurch der Bedarf an Abstimmungsmeetings reduziert wird. Darüber hinaus fördert ein sorgfältig aufgesetzter Prozess mit klar geregelten Verantwortlichkeiten und Erwartungen die Selbstorganisation der Mitarbeitenden, da sie innerhalb eines definierten Rahmens eigenverantwortlich auf ein Ergebnis hinarbeiten können, eine Grundvoraussetzung für die Arbeit im Remote Office.

Künstliche Intelligenz im Prozessmanagement

Künstliche Intelligenz im Prozessmanagement verändert die Art und Weise, wie Unternehmen ihre Arbeitsabläufe gestalten und optimieren. Durch die Automatisierung wiederkehrender Aufgaben wie der Datenverarbeitung oder der Dokumentenklassifizierung können Mitarbeitende von zeitaufwendigen Routinearbeiten entlastet werden und sich auf wertschöpfende Tätigkeiten konzentrieren. KI-Algorithmen analysieren bestehende Prozesse, erkennen Muster und schlagen Optimierungen vor, die die Effizienz steigern und Engpässe beheben. KI kann Prozesse in Echtzeit überwachen und passt sie gegebenenfalls sofort an, um auf unerwartete Veränderungen zu reagieren. Zudem wird durch die Integration verschiedener Systeme eine bessere Vernetzung der Geschäftsprozesse erreicht, wodurch der Informationsfluss zwischen Abteilungen optimiert wird. Insgesamt führt der Einsatz von KI im Prozessmanagement zu einer kontinuierlichen Verbesserung und ermöglicht es Unternehmen, ihre Prozesse effizienter, schneller und präziser zu gestalten.

Für eine Führungskraft kann es sich also lohnen, sich mit dem Thema auseinandersetzen, weil KI die Qualität und die Effizienz von Prozessen und Entscheidungen deutlich steigern kann. Wenn das alles noch neu für Sie ist, beginnen Sie am besten in kleinen Schritten, beispielsweise mit der Automatisierung von Routineprozessen. Analysieren Sie bestehende Prozesse und fragen Sie sich:

Welche Aufgaben sind zeitaufwendig, fehleranfällig oder wiederholbar?

Prüfen Sie, wo KI-gestützte Automatisierung Effizienz steigern kann. **Starten Sie mit kleinen Pilotprojekten**, bevor Sie größere Implementierungen planen.

Eine weitere Einsatzmöglichkeit von Künstlicher Intelligenz ergibt sich in Dokumenten- und Workflow-Managementsystemen. KI kann dabei helfen, Dokumente automatisch zu klassifizieren, zu kategorisieren und mit den relevanten Metadaten zu versehen, wodurch der manuelle Aufwand erheblich reduziert wird. Zudem ist es möglich, den Inhalt von Dokumenten zu analysieren und wichtige Informationen zu extrahieren. Dies erleichtert das Auffinden und Verwalten von Dokumenten, da sie intelligent durchsucht und nach Bedarf automatisch organisiert werden können. Darüber hinaus optimiert KI den Workflow, indem sie Prozesse wie Genehmigungen oder Aufgabenverteilungen automatisiert und dabei Echtzeitanalysen der Arbeitsabläufe durchführt. Beispielsweise werden in vielen Unternehmen Rechnungen noch manuell geprüft und genehmigt – ein fehleranfälliger und zeitaufwendiger Prozess. Ein KI-gestütztes Workflow-Managementsystem kann Rechnungen automatisch auslesen, mit Bestellungen abgleichen und zur Genehmigung an die zuständige Person weiterleiten. Das spart nicht nur Zeit, sondern minimiert auch Fehler und beschleunigt den gesamten Prozess. Insgesamt trägt die Integration von KI in Dokumenten- und Workflow-Managementsysteme dazu bei, die Arbeitsprozesse zu beschleunigen, Fehler zu minimieren und die Produktivität zu erhöhen.

Stellen Sie sich vor, Ihr Team verbringt täglich Stunden mit der Suche nach Dokumenten, der manuellen Dateneingabe oder der Weiterleitung von Anträgen. KI kann hier Abhilfe schaffen. Intelligente Systeme erkennen und klassifizieren Dokumente automatisch und starten Workflows, ohne dass Sie oder Ihr Team eingreifen müssen.

Workflow-Managementsysteme, die Systeme optimieren und Geschäftsprozesse automatisieren, gibt es unter anderem von **Camunda** – Open-Source-Workflow- und BPM-Plattform für Automatisierung, **Nintex** – No-Code-Plattform für Workflow- und Prozessautomatisierung, **Signavio** (SAP Process Manager) – Geschäftsprozessmanagement mit Modellierungsfunktionen und **Pegasystems (Pega)** – KI-gestütztes Workflow- und Case-Management. Beliebte Lösungen für Dokumentenmanagement und Zusammenarbeit sind **Microsoft SharePoint, DocuWare, Alfresco, Laserfiche.**

Insgesamt bietet KI Führungskräften eine Vielzahl von Möglichkeiten, etwa schnellere Dokumentenverarbeitung, reduzierten manuellen Aufwand, verbessertes Risikomanagement, intelligente Prozessoptimierung und bessere Entscheidungsfindung durch KI-gestützte Datenanalysen.

Fazit: Durch die kompetente Nutzung von KI im Prozessmanagement können Sie Ihre Führungskompetenzen auf die nächste Ebene heben und mit Ihren digitalen Kompetenzen das Vertrauen Ihres Teams gewinnen.

Die Integration von Künstlicher Intelligenz (KI) in Dokumentenmanagementsysteme und Workflow-Managementsysteme sorgt für erhebliche Effizienzgewinne und Vereinfachungen. In Tab. 3.4 sind einige zentrale Anwendungsbereiche aufgelistet.

Tab. 3.4 KI Integration im Dokumentenmanagement und Workflowmanagement

1. Automatische Dokumentenerkennung und Klassifizierung – KI-gestützte Texterkennung (OCR) identifiziert Inhalte in gescannten Dokumenten. – NLP (Natural Language Processing) analysiert und klassifiziert Dokumente automatisch.

(Fortsetzung)

Tab. 3.4 (Fortsetzung)

---

2. Intelligente Suche und Informationsabruf
– Semantische Suche ermöglicht präzisere Treffer durch Verständnis von Kontext und Synonymen.
– KI erkennt relevante Dokumente basierend auf bisherigen Suchmustern.

3. Automatische Metadaten-Erfassung und Tagging
– KI generiert Schlagworte und ordnet Dokumente automatisch Kategorien zu.
– Zeitersparnis, da keine manuelle Verschlagwortung nötig ist.

4. Compliance und Sicherheitsmanagement
– KI erkennt sensible Daten (z. B. personenbezogene Informationen) und schlägt Sicherheitsmaßnahmen vor.
– Datenschutz-Anforderungen (DSGVO, HIPAA) können automatisch überwacht werden.

5. Automatische Inhaltszusammenfassungen
– KI erstellt Kurzfassungen von Dokumenten und hebt wichtige Passagen hervor.

KI in Workflow-Managementsystemen (WMS)

1. Prozessautomatisierung und intelligente Workflows
– KI erkennt wiederkehrende Aufgaben und schlägt Automatisierungen vor.
– Routineaufgaben (Genehmigungen, Rechnungsfreigaben) laufen ohne menschliches Eingreifen ab.

2. Predictive Analytics und Entscheidungsunterstützung
– KI analysiert Daten und prognostiziert Engpässe oder Verzögerungen in Workflows.
– Führungskräfte erhalten empfohlene Maßnahmen zur Optimierung von Prozessen.

3. Chatbots und virtuelle Assistenten
– KI-gestützte Assistenten helfen Mitarbeitenden, Workflows zu starten oder Fragen zu Prozessen zu beantworten.
– Reduziert die Abhängigkeit von IT-Support und verbessert die Benutzerfreundlichkeit.

4. Intelligente Zuweisung von Aufgaben
– KI analysiert Arbeitslasten und Fähigkeiten und verteilt Aufgaben an die am besten geeigneten Teammitglieder.
– Effizientere Ressourcennutzung und bessere Produktivität.

5. Spracherkennung und Sprachsteuerung
– Nutzer können Workflows per Sprachbefehl starten oder Dokumente verwalten.
– Erhöht die Benutzerfreundlichkeit, besonders in mobilen Anwendungen.

KI in Dokumentenmanagementsystemen (DMS)

Vertrauen fördern durch Kommunikation

Kommunikation ist ein zentraler Faktor für den Vertrauensaufbau in virtuellen Teams, da sie Brücken zwischen räumlich getrennten Mitgliedern schlägt und Unsicherheiten reduziert.

Studien zeigen, dass eine regelmäßige, transparente und qualitativ hochwertige Kommunikation Vertrauen fördert, insbesondere in Teams, die primär über digitale Werkzeuge interagieren. Die Autoren des Papers „Communication and Trust in Global Virtual Teams"[2] raten zu einem **Schnellstart** in Sachen Vertrauen.

Um zügig Vertrauen aufzubauen, sollten Führungskräfte von Anfang an klare und konsistente Botschaften aussenden.

Kommunikation sollte zeitnah, informativ und aufs Wesentliche fokussiert sein, um Unsicherheiten zu minimieren. Ein wesentlicher Aspekt für den Aufbau und den Erhalt von Vertrauen über die Startphase hinaus ist der **regelmäßige** Austausch untereinander. Wo man sich einst auf Spontanität und den Austausch am Kaffeeautomaten verlassen konnte, dienen heute geteilte Kalender und regelmäßige Jour Fixe der Informationsweitergabe und Beziehungspflege. Der virtuelle Austausch will sorgfältig geplant sein.

Regelmäßige Zusammenkünfte im virtuellen Team erfordern eine sorgfältige Planung.

Die Vorbereitung, darunter das Verfassen von Kernbotschaften und Gesprächszielen, und die Nachbereitung, z. B. die Erstellung von Gesprächsprotokollen und Priori-

---

[2] Jarvenpaa und Leidner (1999).

tätenlisten, gehören so selbstverständlich dazu, wie die zeitliche Begrenzung von Meetings, die Einhaltung der Pausenregelung und die Gesprächsbeteiligung aller. Diese neuen Arbeitsroutinen etablieren sich nicht von selbst. Einer Umfrage des Chatanbieters Slack[3] mit weltweit mehr als 18.000 Teilnehmenden zufolge empfindet jeder zweite Büroangestellte virtuelle Meetings als unproduktiv. Ein Drittel der Befragten empfindet Besprechungen gänzlich überflüssig, vor allem wenn sachfremde Redebeiträge oder Schuldzuweisungen die konstruktive Nutzung von Meetings regelrecht blockieren. Es besteht nachweislich Handlungsbedarf.

> **Beispiel für ein unproduktives Meeting**
>
> Es ist Montagmorgen, 9 Uhr, und das Marketing-Team eines mittelständischen Unternehmens trifft sich zu seinem wöchentlichen Status-Meeting. Anwesend sind der Marketingleiter, zwei Grafikdesigner, ein Content-Manager, ein Social-Media-Spezialist und ein Produktmanager. Das Meeting beginnt mit einer vagen Agenda: „Projektstatus besprechen". Der Marketingleiter eröffnet die Runde und bittet jeden, über den aktuellen Stand seiner Projekte zu berichten. Der erste Grafikdesigner, Jan, beginnt mit einem detaillierten Bericht über die Schwierigkeiten bei der Erstellung eines Banners für die neue Produktkampagne. Er geht tief in die technischen Details der Bildbearbeitung ein und erklärt minutiös, warum bestimmte Farben nicht richtig zur Geltung kommen.
>
> Der Content-Manager, Tom, unterbricht Jan, um seine Meinung zur Farbwahl zu äußern, was zu einer 10-minütigen Diskussion über Farbpsychologie führt, an der sich alle beteiligen, obwohl dies nicht das Kernproblem ist.
>
> Als nächstes berichtet die Social-Media-Spezialistin, Marie, über die Performance der letzten Posts. Sie präsentiert eine Fülle von Statistiken, ohne klare Schlussfolgerungen zu ziehen. Dies führt zu einer weiteren Diskussion über die Be-

---

[3] Slack-Studie: https://business-user.de/team/wir-vergeuden-viel-zu-viel-zeit-in-unnoetigen-meetings/.

3 Vertrauen statt Kontrolle: Ein Kulturwandel ...

> deutung verschiedener Metriken, ohne dass konkrete Maßnahmen beschlossen werden. Die Produktmanagerin, Sarah, nutzt die Gelegenheit, um über Verzögerungen bei der Produktentwicklung zu sprechen, was eigentlich nicht direkt mit dem Marketing zu tun hat. Dies löst eine Debatte über Ressourcenverteilung im Unternehmen aus.
>
> Nach 90 min endet das Meeting, ohne dass klare Entscheidungen getroffen oder Aufgaben verteilt wurden. Die Teilnehmenden verlassen den Raum mit dem Gefühl, viel Zeit investiert zu haben, ohne greifbare Ergebnisse erzielt zu haben. Wichtige Themen wie die Optimierung der Kampagnenstrategie oder die Lösung konkreter Probleme bei der Banner-Erstellung wurden nicht adressiert.

Das Beispiel macht deutlich, ohne klare Agenda, definierte Ziele und eine strukturierte Moderation verzetteln sich die Teilnehmenden in Detailfragen und Diskussionen, die nicht zum Kern des Meetings gehören.

Unproduktive Meetings vergeuden nicht nur wertvolle Ressourcen, sie erzeugen auch Konfusion über bestehende Ziele und Erwartungen und führen damit zur Unzufriedenheit aller Beteiligten.

Vielleicht fragen Sie sich jetzt, woran Sie ein unproduktives Meeting erkennen. Die Hans Böckler Stiftung hat folgende fünf Punkte identifiziert, die im Zusammenhang mit unproduktiven Meetings häufig genannt werden:

1. **Sachfremde Redebeiträge:** Wenn Teilnehmende Themen ansprechen, die nicht zum Hauptziel des Meetings gehören, wird die Diskussion oft abgelenkt und die Zeit ineffizient genutzt.
2. **Abschieben von Verantwortung:** Wenn Teilnehmende die Verantwortung für Entscheidungen oder Aufgaben auf andere abwälzen, kann dies zu Unklarheiten und Verzögerungen führen.

3. **Konkurrenz und gegenseitige Kontrolle:** Ein wettbewerbsorientiertes Klima kann dazu führen, dass Teilnehmende sich gegenseitig behindern, anstatt konstruktiv zusammenzuarbeiten.
4. **Informationsdefizite:** Fehlende oder unzureichende Informationen können dazu führen, dass Entscheidungen nicht fundiert getroffen werden, was die Effektivität des Meetings beeinträchtigt.
5. **Mangelnde Entscheidungskompetenz:** Wenn Teilnehmende nicht in der Lage sind, Entscheidungen zu treffen oder nicht die nötige Autorität haben, kann dies zu Frustration und Zeitverschwendung führen.

Meetings sind ein wesentlicher Bestandteil der Teamkultur. Damit sie auch produktiv sind, sollten sie gut geplant und vorbereitet werden, Prioritäten haben und zu Entscheidungen führen, bei denen Verantwortlichkeiten festgelegt werden. Mit einer gezielten Steuerung der Diskussion und dem Fokus auf das Wesentliche können Meetings wichtige Werkzeuge der Zusammenarbeit sein. Als Führungskraft sollten Sie Wert daraufschlegen, dass Meetings einerseits die notwendige Qualität und Effektivität haben und andererseits den Zusammenhalt und das Vertrauen im Team fördern. Sei es, indem sie selbst als Vorbild dient und sich regelmäßig und gut vorbereitet an Meetings beteiligt. Oder indem sie mit dem Team standardisierte Prozesse entwickelt, die transparent und zugänglich für jedermann sind und die Zusammenarbeit erleichtern.

Folgende Maßnahmen helfen Ihnen als Führungskraft, Meetings produktiver zu gestalten:

1. **Vorbereitung und Strukturierung:** Erstellen Sie eine präzise Agenda mit Themen, Prioritäten und Zielen, die allen Teilnehmenden vorab kommuniziert wird.

3 Vertrauen statt Kontrolle: Ein Kulturwandel …

2. **Moderation:** Steuern Sie Gesprächsbeiträge in Bezug auf Dauer und Beteiligung. Behalten Sie den Gesprächsfaden bei. Fokussieren Sie sich auf Ziele, konkrete Maßnahmen und messbare Ergebnisse.
3. **Priorisierung und Entscheidungsfindung:** Klären Sie Prioritäten und Verantwortlichkeiten, machen Sie Entscheidungen transparent.
4. **Förderung der Effizienz:** Legen Sie Minimalziele und Maximalziele fest. Minimalziele sollten in jedem Fall, Maximalziele können erreicht werden. Machen Sie klare Zeitvorgaben, weisen Sie Ressourcen zu, stellen Sie sicher, dass Mitarbeitende über notwendige technische Mittel und fachliche Kompetenzen verfügen.
5. **Motivation und Einbindung:** Fördern Sie eine offene Gesprächsatmosphäre, Binden Sie alle Teammitglieder in Diskussionen ein, fragen Sie aktiv nach, wertschätzen Sie die unterschiedlichen Perspektiven. Akzeptieren Sie, dass es unterschiedliche Wege gibt, ein Ziel zu erreichen.

Fazit: Regelmäßige Besprechungen sind fester Bestandteil der Teamkultur. Strukturierte und ergebnisorientierte Meetings stärken das Vertrauen in die Führungskraft und das Team. Positive Erfahrungen mit der Meetingkultur fördern den weiteren Austausch im Team und helfen, den Informationsfluss und die Beziehungen untereinander zu verbessern und Vertrauen zu stärken.

> **Übersicht**
>
> Gut zu wissen
> **In der Kommunikation und Vertrauensbildung geht es auch darum, Transparenz über Ziele und Ergebnisse herzustellen.** Eine hilfreiche Methode dazu ist OKR (Objectives and Key Results), hier werden die qualitativen Ziele (Objectives) mit quantitativen Ergebnissen (Key Results) verknüpft.

> Durch die regelmäßige Überprüfung und Anpassung der Ziele ermöglichen OKRs eine schnelle Reaktion auf Abweichungen oder Marktveränderungen.
> **OKRs fördern die Transparenz**, was die Zusammenarbeit und Selbstorganisation von Teams unterstützt. Die klare Definition von Zielen und messbaren Ergebnissen hilft Teams, sich auf das Wesentliche zu konzentrieren und eigenständig Entscheidungen zu treffen, die zur Zielerreichung beitragen. Dies fördert die **Autonomie** und **Verantwortungsübernahme** der Teammitglieder, was wiederum Kernelemente agiler Arbeitsweisen sind. Darüber hinaus unterstützen OKRs die kontinuierliche Verbesserung, indem sie regelmäßige Reflexionen und Anpassungen ermöglichen. Dies passt gut zum agilen Prinzip der iterativen Entwicklung und des kontinuierlichen Lernens. Die Kombination von OKRs mit agilen Methoden wie Scrum oder Kanban kann zu einer effektiven Verbindung von strategischer Ausrichtung und operativer Umsetzung führen, wodurch Teams flexibler und reaktionsfähiger werden.
> Ein **OKR-Dashboard** ist ein visuelles Instrument zur Verfolgung und Darstellung von Fortschritten bei der Erreichung von Objectives and Key Results (OKRs). Es präsentiert relevante Metriken in verschiedenen Formaten wie Diagrammen, Grafiken oder Tabellen, um eine übersichtliche Analyse zu ermöglichen. Dieses Tool erfüllt mehrere wichtige Funktionen: Es bietet einen Überblick über die Ziele und Fortschritte des Teams oder Unternehmens, ermöglicht die Identifikation von Problemen und unterstützt datenbasierte Entscheidungsfindung. Es erleichtert die Erstellung von Managementberichten durch die strukturierte Darstellung der gesammelten Daten und fördert Transparenz und Verantwortlichkeit im Team, indem es den Fortschritt öffentlich zugänglich macht.

Vertrauen fördern durch Fairness

Die Wahrnehmung von Fairness spielt im virtuellen Arbeitskontext eine herausragende Rolle, da sie maßgeblich das Vertrauen, die Motivation und die Zusammenarbeit der Teammitglieder beeinflusst. Fairness, insbesondere im Umgang der Führungskraft mit dem Team, ist ein zentraler Faktor für Effizienz im Remote Office und damit den Teamerfolg. Unterschiedliche Arten von Fairness spielen eine Rolle, darunter:

1. **Distributive Fairness**: bezieht sich auf die gerechte Verteilung von Ressourcen und Ergebnissen, z. B. von Gehalt, Prämien oder Beförderungen.
2. **Prozedurale Fairness**: bezieht sich auf die Transparenz und Gerechtigkeit von Entscheidungsprozessen.
3. **Interaktionale Fairness**: bezieht sich auf den Umgang mit Personen, z. B. die faire Beurteilung von Leistung.

Die Leistungsbeurteilung, eine Form der interaktionalen Fairness, stellt das Konstrukt der Fairness regelmäßig auf die Probe, wenn Mitarbeitende „unsichtbar" im Remote Office arbeiten. Leistungsbeurteilung ist der Prozess, mit dem **Ergebnisse** bewertet werden sollten. Sie dient dazu, die Qualität, Effizienz und Effektivität einer Person oder eines Teams zu messen. Grundvoraussetzung für die Leistungsbeurteilung sind

- klar kommunizierte Ziele und Erwartungen,
- transparente Beurteilungskriterien,
- regelmäßiges Feedback und Bewertungsgespräche.

Diese strukturelle Form der Unterstützung muss von der Führungskraft gewährleistet werden. Studien[4] zeigen, dass in virtuellen Teams die strukturelle Unterstützung durch die Führungskraft weitaus wichtiger ist als in traditionellen Präsenzteams. Zur strukturellen Unterstützung gehören auch Maßnahmen wie der Aufbau einer zuverlässigen tech-

---

[4] Z. B. Hoch und Kozlowski (2014) „Leading Virtual Teams: Hierarchical Leadership, Structural Supports, and Shared Team Leadership".

nischen Infrastruktur, klare Kommunikationsrichtlinien und transparente Prozesse, die auf die Herausforderungen der virtuellen Zusammenarbeit abgestimmt sind. In der Praxis bedeutet das, dass Teams besser arbeiten, wenn sie sich auf klar geregelte und nachvollziehbar faire Strukturen verlassen können, die alle Mitglieder gleichermaßen einbinden und unterstützen. Für Führungskräfte bedeutet dies, dass sie nicht nur die richtigen Tools und Prozesse bereitstellen, sondern auch monitoren und eingreifen, wenn Prozesse ins Stocken geraten und die Ergebnisse gefährden.

Faires Homeoffice?
Fairness im Homeoffice geht weit über die bloße Einhaltung von Arbeitszeiten hinaus. Es ist ein komplexes Zusammenspiel aus Selbstmanagement, Kommunikation, Vertrauen und gegenseitigem Respekt.

Skepsis von Führungskräften gegenüber der Produktivität im Homeoffice ist ein anhaltendes Thema in der modernen Arbeitswelt. Obwohl Homeoffice inzwischen weit verbreitet ist, bestehen bei vielen Führungskräften noch immer Zweifel an der Effektivität dieser Arbeitsform. Die physische Abwesenheit der Mitarbeitenden führt dazu, dass Führungskräfte weniger Einblick in deren tägliche Arbeit haben. Dies kann zu Unsicherheiten bezüglich der tatsächlichen Arbeitsleistung führen.

> **Beispiel**
>
> Tom, Leiter eines mittelständischen Unternehmens, gestattet seinem Team, vollständig remote zu arbeiten. Eine Mitarbeiterin, Anna, arbeitet offiziell in Vollzeit im Homeoffice. Allerdings kommt es immer wieder zu Situationen, die Tom irritieren. An einem Dienstag verrät ein Kalendereintrag, dass sie zwischen 9 und 11 Uhr beim Friseur ist. Tom ist frus-

triert, weil er nicht weiß, wann und wie viel tatsächlich gearbeitet wird und er fürchtet, dass Ergebnisse auf der Strecke bleiben.

Anna hat einen privaten Termin in ihren Kalender integriert und damit signalisiert, wann sie nicht verfügbar ist. Damit hat sie Transparenz über ihre Abwesenheit geschaffen. Was insbesondere bei jenen Teammitgliedern auf Zustimmung stoßen dürfte, die selbst die Flexibilität des Homeoffice schätzen. Einige Mitarbeitende könnten Annas Verhalten dennoch als unfair empfinden. Sie könnten der Meinung sein, dass Anna einfach nur versucht, ihre Zeit effizient zu nutzen und die Freiheit des Homeoffice auslebt, ohne klare Rückmeldungen oder Ergebnisse zu liefern. Sie könnten das Gefühl haben, dass sie die zusätzliche Last tragen müssen, während Anna ihre Arbeitszeit nicht voll nutzt. Dies könnte das Vertrauen und die Zusammenarbeit im Team beeinträchtigen.

In der beschriebenen Situation mangelt es an Strukturen und Regeln für das Homeoffice-Modell, was sowohl bei Anna als auch bei Tom zu Missverständnissen und Konflikten führen kann, die das Teamklima und die Produktivität beeinträchtigen. Toms Frustration zeigt, dass er das Homeoffice mit Präsenzarbeit gleichsetzt und möglicherweise die speziellen Anforderungen der virtuellen Führung nicht berücksichtigt. Ohne Regeln und Zielvorgaben wird das Homeoffice-Modell ineffektiv. Tom sollte transparente Strukturen wie Wochenziele, Ergebnis-Updates, verbindliche Verfügbarkeitszeiten und Zeiten für Feedback-Gespräche einführen, um Vertrauen und Produktivität zu sichern. Zudem wäre es sinnvoll, die Kommunikation zu verbessern und die Teamkultur durch virtuelle Treffen zu stärken.

Lösungsvorschlag
Fairness im Homeoffice schaffen durch:

1. **Ergebnisorientierung:** Nicht Wann, sondern das Was steht bei dem Konzept Homeoffice im Vordergrund. **Der Fokus sollte auf Ergebnissen liegen und nicht auf Anwesenheit.** Jedem Teammitglied werden Wochenziele zugewiesen, Ziele sollte spezifisch, messbar, akzeptabel, realistisch und transparent sein (SMART). Je präziser die

> Kriterien der Leistungsbeurteilung formuliert sind, desto einfacher und transparenter ist die Erfolgskontrolle in Bezug auf das abgelieferte Ergebnis.
> 2. **Verfügbarkeitsregel:** Anstatt die Abwesenheit zu dokumentieren, könnte die Verfügbarkeit dokumentiert werden: **Jeder Mitarbeitende markiert Zeitblöcke im Kalender, in denen er für Meetings oder Rückfragen verfügbar ist.** (Die nicht verfügbaren Stunden könnten für ungestörtes Arbeiten genutzt werden und bei Bedarf für private Termine.)
> 3. **Ergebnis-Update:** Am Ende einer Arbeitswoche sollte Tom prüfen, ob die Ergebnisse erreicht worden sind. Einfach und zeitsparend für die Führungskraft funktioniert das mit einem Prozessmanagement-Tool. Auf MS-Teams kann leicht der Status einer Aufgabe eingesehen werden. Ist der Haken auf grün, gilt die Aufgabe erledigt. Im Bearbeitungsstatus ist sie orange, rot, wenn sie überfällig ist. Es ist sinnvoll, die Gründe für Verzögerungen in Erfahrung zu bringen, z. B. in wöchentlichen Feedback-Gesprächen.

Das Beispiel macht deutlich: Ergebnisorientierung ist in virtuellen Teams unvermeidlich. Eine Führung, die auf Zeiterfassung und Anwesenheit setzt, ist schlicht aus der Zeit gekommen. In der digitalen Arbeitswelt steht Flexibilität im Vordergrund. Dazu müssen Ziele, Prozesse, Erwartungen und Ergebnisse eindeutig im Vorfeld geklärt sein.

Mitarbeitende schätzen die Freiheit, produktive Arbeitsphasen selbst zu wählen. Sofern die Ergebnisse passen, eine Win-win-Situation für beide Seiten.

Fairness im Homeoffice

Sie haben das Gefühl, dass einige Mitarbeitende im Homeoffice Mehrarbeit leisten, um die Fehlzeiten der anderen Teammitglieder auszugleichen?

Wenn einige Mitarbeitende Mehrarbeit leisten, um die liegengebliebene Arbeit anderer auszugleichen, kann das als unfair erlebt werden und das Vertrauensverhältnis im Team nachhaltig stören. Daher ist es wichtig, den Ursachen auf den Grund zu gehen.

Analyse:

Ein fehlender Teamgeist kann dazu führen, dass sich Mitarbeitende im Homeoffice nicht **verantwortlich** fühlen. Möglich ist aber auch, dass es an **Kompetenzen, Selbstorganisation, Motivation mangelt** oder dass **Erwartungen nicht klar kommuniziert** sind.

Homeoffice eignet sich nicht für jeden. Es setzt einerseits voraus, dass fachliche Kompetenzen und ein ausgeprägtes Maß an Selbstorganisation vorhanden sind und andererseits, dass Erwartungen, Aufgaben und Ziele geklärt sind.

Berufsanfänger und Neueinsteiger profitieren zunächst von Präsenzarbeit, weil sie hier Kompetenzen, Arbeitsschritte und Ansprechpartner kennenlernen.

Achten Sie daher insbesondere beim **Onboarding** darauf, dass Aufgaben zu den Kompetenzen des jeweiligen Mitarbeitenden passen. Neue Mitarbeitende sollten eine **sorgfältige Einführung in Prozesse und das Dokumentenmanagement** erhalten und von erfahrenen Kollegen eingearbeitet werden, die gerne als Mentor zu Verfügung stehen.

Homeoffice ist nur dann eine echte Option, wenn Mitarbeitende auch in der Lage sind, im Homeoffice produktiv zu sein – was Fachkompetenz, Erfahrung sowie Selbstorganisation und Motivation voraussetzt.

Hinzu kommt die Notwendigkeit von absoluter Transparenz seitens des Arbeitgebers in Bezug auf die Erwartungen, Ziele und Ergebnisse. Fehlen diese Voraussetzungen, aufseiten der Arbeitnehmer und/oder des Arbeitgebers, dürfte es schwierig werden, den Erwartungen gerecht zu werden und das Potenzial zum Produktivitätsgewinn im Homeoffice voll auszuschöpfen. Es liegt auf der

Hand, dass Unterschiede in der Produktivität und der Qualität der geleisteten Arbeit das Empfinden von Fairness beeinträchtigen und zu Konflikten im Team führen können, die dann aufgrund der räumlichen Distanz schwieriger zu erkennen und zu lösen sind.

Fazit: Wenn Mitarbeitende ihre Führungskraft als fair erleben, wächst das Vertrauen in die Führungskraft. Klar kommunizierte Ziele und Erwartungen, transparente Beurteilungskriterien und die faire Verteilung von Ressourcen und Projekten begünstigen die Wahrnehmung von Fairness.

Vertrauen oder Kontrolle: Als Führungskraft die Balance finden

Vertrauen stellt die Basis für eine effektive Zusammenarbeit dar. Vertrauen ermöglicht offene, ehrliche und transparente Kommunikation und fördert darüber hinaus den Zusammenhalt, auch wenn Teammitglieder geografisch verteilt sind oder remote arbeiten. Vertrauen fördert die Effizienz, da es zur Verantwortungsübernahme führt. Wenn sich Mitarbeitende verantwortlich fühlen und einen klar definierten Verantwortungsbereich haben, handeln sie selbstständiger und engagierter. Damit steigert Vertrauen die Motivation und steht in einem positiven Zusammenhang mit der Arbeitszufriedenheit.

Führungskräfte sollten Vertrauen in ihre Mitarbeitenden haben und dies regelmäßig zum Ausdruck bringen.

Zwischenmenschliches Vertrauen ist die Bereitschaft, Verletzbarkeit zu akzeptieren. Es beruht auf der Erwartung, dass andere das Vertrauen nicht ausnutzen und der Überzeugung, dass das Gegenüber ehrlich, zuverlässig und wohlwollend handelt. In dieser Form erfordert Vertrauen Mut, da es das Risiko beinhaltet, enttäuscht oder verletzt zu werden. Gleichzeitig schafft es die Grundlage für tiefere Beziehungen und eine effektive Zusammenarbeit.

3 Vertrauen statt Kontrolle: Ein Kulturwandel …

Führungskräfte spielen eine zentrale Rolle im Aufbau einer vertrauensvollen Teamkultur. Vor allem aber müssen sie bereit sein, einen Vertrauensvorschuss zu gewähren. Indem sie den ersten Schritt machen und ihren Mitarbeitenden Vertrauen entgegenbringen, schaffen sie ein Umfeld, in dem sich Teammitglieder sicher fühlen, Verantwortung zu übernehmen und sich aktiv einzubringen. Ein solcher Vertrauensvorschuss zeigt Wertschätzung und signalisiert, dass die Führungskraft an die Kompetenzen und Integrität des Teams glaubt.

Ein Vertrauensvorschuss erfordert die grundlegende Fähigkeit, anderen zu vertrauen – und damit auch die Bereitschaft, Unsicherheit auszuhalten.

Vertrauen ist zukunftsgerichtet und basiert auf der Erwartung, dass sich eine andere Person in einer bestimmten Weise verhält. Diese Erwartung ist jedoch keine Garantie. Damit macht Vertrauen verletzlich, insbesondere wenn es um wichtige oder sensible Angelegenheiten geht. Trotz der Risiken ist Vertrauen unverzichtbar für soziale Interaktion und Zusammenarbeit. Es ermöglicht Kooperation, Engagement und Innovation und nicht zuletzt sorgt es für seelisches Wohlbefinden und Arbeitszufriedenheit.

Eine Führungskraft, die Vertrauen als Chance begreift, kann ein inspirierendes Vorbild für ihr Team sein.

Die Fähigkeit, Vertrauen zu gewähren, ist eine wesentliche Voraussetzung für gute Führung, da sie die Grundlage für eine gesunde und produktive Beziehung zwischen Führungskräften und ihren Teams bildet. Führungskräfte, die Vertrauen in andere zeigen, fördern Eigenverantwortung, Motivation und Zusammenarbeit. Vertrauen erfordert jedoch auch, dass Führungskräfte ein klares Verständnis der Fähigkeiten und Potenziale ihres Teams entwickeln.

Wer als Führungskraft Verantwortung übertragen bekommt, verspürt möglicherweise verstärkt den Drang,

Kontrolle auszuüben. Das kommt nicht immer gut an und kann die Motivation im Team beeinträchtigen.

Ein verstärktes Kontrollbedürfnis resultiert aus dem Wunsch, Unsicherheit zu reduzieren und ein Gefühl von Sicherheit und Vorhersehbarkeit zu schaffen. Doch geht es auch oft mit einer Kontrollillusion einher, wobei der eigene Einfluss überschätzt wird. Es ist eine Illusion zu glauben, dass durch engmaschige Überwachung und Einmischung Fehler verhindert werden. Das führt nur zu erhöhtem Druck bei allen Beteiligten. Kontrolle und Einmischung durch die Führungskraft wirken nicht nur demotivierend auf die Mitarbeitenden, sie sind auch mental und emotional belastend. Abgesehen davon ist in einem digitalen Arbeitskontext die Fähigkeit, andere zu überwachen, technisch und rechtlich eingeschränkt (und ethisch fragwürdig) und allein damit die Notwendigkeit gegeben, die inhärente Unsicherheit zu akzeptieren.

Führungskräfte sollten sich idealerweise auf Ergebnisse und Meilensteine konzentrieren.

Das Bedürfnis nach Kontrolle und Einbindung kann als Mikromanagement missverstanden werden und sich negativ auf das Engagement der Mitarbeitenden auswirken. Vertrauensbasierte Führung setzt auf die Eigenverantwortung und Kompetenz der Mitarbeitenden. Vertrauen orientiert sich an Ergebnissen, damit erlaubt es eine größere Flexibilität, was insbesondere in dynamischen Umgebungen von Vorteil ist. Diese Flexibilität drückt sich beispielsweise darin aus, dass Mitarbeitende zügig Entscheidungen innerhalb ihres Verantwortungsbereichs treffen. Somit fördert Vertrauen lösungsorientiertes Handeln sowie persönliches und berufliches Wachstum der Mitarbeitenden – und gleichzeitig die Kooperation im Team.

Forschende der Universität Amsterdam (de Jong et al., 2016) haben in einer Metaanalyse mit mehr als 112 unabhängigen Studien und insgesamt 7763 Arbeitsteams herausgefunden, dass Vertrauen teamorientiertes Verhalten in hohem Maße fördert. Umgekehrt führt ein Mangel an Vertrauen dazu, dass der Austausch von Informationen und Ressourcen behindert wird.

Kontrolle und Vertrauen sind zwei zentrale Aspekte der Führung, die oft in einem Spannungsverhältnis stehen.

Vertrauen fördert Kreativität, Eigeninitiative und eine positive Teamdynamik, während übermäßige Kontrolle das Gegenteil bewirkt – indem sie Engagement und Motivation der Mitarbeitenden bremst und sie daran hindert eigenverantwortlich zu handeln. Mit dem Ergebnis, das die Abhängigkeit von der Führungskraft steigt: Das Team wird passiv und verlässt sich zunehmend auf die Führungskraft – ,selbstverstärkender Kreislauf.

Eine reflektierte Führungskraft versteht, dass Vertrauen nicht blind gewährt wird, sondern auf klaren Erwartungen, konsistenter Kommunikation und gegenseitiger Wertschätzung basiert.

Gleichzeitig gilt, dass gerade bei anspruchsvollen Projekten oder Neueinsteigern regelmäßige Feedback-Gespräche und Leistungsbeurteilungen notwendig zur weiteren Entwicklung sind. Vertrauen bildet dabei die Basis für psychologische Sicherheit und eigenverantwortliches Handeln.

Selbstreflektion als Schlüssel für Vertrauen

„Die größte Tugend besteht darin, seine Fehler zu erkennen."
(Plutarch, ca. 45–120 n. Chr.)

Hätten Sie als Führungskraft gedacht, dass nahezu jeder zweite Mitarbeitende Angst vor seiner Führungskraft hat? Und aus diesem Grund, Probleme und Fehler lieber verutscht, anstatt sie offen anzusprechen. Eine Umfrage im Auftrag des Deutschen Gewerkschaftsbundes (DGB) aus dem Jahr 2019 kommt nicht nur zu diesem bemerkenswerten Ergebnis, sondern zeigt auch, dass jeder Zehnte aus diesem Grund sogar bereit wäre, das Team oder Unternehmen wechseln würde. Es kommt häufiger vor, dass die Fremdwahrnehmung eine andere ist als die Selbstwahrnehmung. Was dies bedeutet, erfahren Sie an folgendem Beispiel:

> Anne ist Projektleiterin in einem Softwareunternehmen. Sie ist überzeugt, dass sie eine unterstützende und vertrauensvolle Führungskraft ist, da sie regelmäßig mit ihrem Team kommuniziert, bei Problemen sofort verfügbar ist und detaillierte Rückmeldungen zu Arbeitsergebnissen gibt. Sie betrachtet ihr hohes Engagement als Zeichen dafür, dass sie ihre Teammitglieder bestmöglich unterstützt. Aus der Sicht ihres Teams zeigt sich jedoch ein anderes Bild. Anne hinterfragt die kleinsten Entscheidungen, verlangt tägliche Statusmeldungen und möchte in jeder E-Mail in Kopie stehen, was dazu führt, dass sich Teammitglieder kaum noch trauen, Ideen oder Bedenken frei zu äußern. Ihre ständige Kontrolle und Einmischung vermitteln den Mitarbeitenden das Gefühl, dass sie ihnen nicht zutraut, selbstständig zu arbeiten. Dies führt zu Frustration und dem Eindruck von Mikromanagement.

Ungewollte Realität: Die Führungskraft sieht sich unterstützend und vertrauensvoll, das Team nimmt Mikromanagement wahr.

Das Missverständnis entsteht, weil Anne glaubt, ihre detaillierte Überwachung sei hilfreich, während das Team dies als Einschränkung der Autonomie und Kreativität empfindet. Dieses Szenario zeigt, wie wichtig Selbstreflexion für Führungskräfte ist, um sicherzustellen, dass ihre Absichten und ihr Verhalten mit der Wahrnehmung des Teams übereinstimmen. Eine effektive und unmittelbare Variante, Selbst- und Fremdbild abzugleichen, stellt das Feedback dar. Nur ist es ein Irrtum anzunehmen, dass Führungskräfte automatisch und unaufgefordert Feedback bekommen, insbesondere wenn es sich um heikle Themen handelt.

Es gibt eine einfache Methode, Feedback zu bekommen und die ist, es von Zeit zu Zeit einfach einzufordern. Anne könnte ihre Mitarbeitenden einzeln oder im Team um ehrliches Feedback bitten und zusichern, dass es keine negativen Konsequenzen haben wird, sollte es negativ ausfallen. Feedback bietet ihr in jedem Fall eine Lernchance. Niemand wünscht sich negatives Feedback, noch dazu, wenn die eigene Absicht eine positive ist. Nur zählt eben nicht allein die Absicht, sondern das konkrete Verhalten und wie es vom Umfeld wahrgenommen wird.

Eine Feedbackkultur ist keine Selbstverständlichkeit, sondern beruht auf psychologischer Sicherheit und Vertrauen – beides beeinflusst die Führungskraft.

Mittlerweile existiert eine Reihe digitaler Feedback-Tools, die ein anonymisiertes Feedback oder einfach ein Abfragen der allgemeinen Stimmung erlauben. Indem Anne als Vorbild vorangeht, ehrliches Feedback begrüßt und Strategien zu Verbesserung ihres Verhaltens daraus ableitet, fördert sie eine positive Feedbackkultur.

Folgende digitale Feedback-Tools eignen sich als Stimmungsbarometer: *Officevibe, Culture Amp, Peakon*. Wenn es wichtig ist, dass Feedback anonym bleibt, eignet sich *Mentimeter* als Echtzeit-Feedback, z. B. während Präsentationen und Meetings. Ein weiteres Tool ist die *Suggestion Box*, die ein digitales Äquivalent zur physischen Feedback-Box darstellt und *Thought Exchange* zum anonymen Austausch und Priorisierung von Rückmeldungen.

Selbstreflektion ist eine gute Möglichkeit, das Verhältnis von Vertrauen/Kontrolle besser zu verstehen. Folgende Strategien helfen dabei:
herauszufinden, ob ein Team Vertrauen wahrnimmt oder sich kontrolliert fühlt. Diese Strategien sind **Feedback einholen, Verhaltensanalyse im Team** und **Selbstwahrnehmung**.

1. In Bezug auf Feedback könnte Anne ihr Team fragen: *„Wie nehmt Ihr meinen Führungsstil wahr, und was könnte ich verbessern?"*

Um ehrliche Antworten auf diese Frage zu erhalten, sollte Anne zunächst eine vertrauensvolle Atmosphäre schaffen, beispielsweise indem sie durch eigene Offenheit den Weg bereitet. Sie könnte ein konkretes Beispiel nennen, bei dem sie selbst Verbesserungspotenzial sieht und breit ist, an sich zu arbeiten. Ebenfalls hilfreich sind präzisierende Fragen, Anne sollte Vorschläge aufgreifen und möglichst konkrete Maßnahmen daraus ableiten. Sie könnte sich erkundigen, was sie konkret tun kann, damit die positive Absicht hinter ihrem Verhalten in Zukunft auch gesehen wird. Sie sollte zusammenfassen, was sie aus dem Gespräch mitgenommen hat und daraus Schritte ableiten. Wenn das Feedback zu keinem Ergebnis geführt oder negativ verlaufen ist, sollte sie dennoch auf Rechtfertigungen verzichten. Gegebenenfalls kann es hilfreich sein, das Gespräch unter Hinzunahme einer neutralen dritten Person fortzusetzen.

Eine weitere Möglichkeit wäre, dass Anne das *Verhalten der Mitarbeitenden* beobachtet und dabei besonders auf subtile Hinweise achtet, beispielsweise zögerliche Vorschläge, mangelnde Eigeninitiative oder mangelnde Begeisterung im Team, da solche Verhaltensweisen oft auf das Gefühl von Überwachung und Misstrauen hinweisen.

2. Anne könnte ihr *Team beobachten* und sich fragen, welche Verhaltensweisen nehme ich in meinem Team wahr, die auf Vertrauen oder Misstrauen hinweisen (siehe Tab. 3.5).

Tab. 3.5 Anzeichen für Vertrauen/Misstrauen im Team

Verhalten bei Vertrauen	Verhalten bei Misstrauen
Das Team • teilt freiwillig Ideen und Bedenken • trifft Entscheidungen und übernimmt Verantwortung • gibt Fehler zu und sucht gemeinsam nach Lösungen • arbeitet effektiv zusammen und unterstützt sich gegenseitig • fragt bei Unklarheiten sofort nach • zeigt Bereitschaft sich zu engagieren • gibt konstruktives Feedback • ist kreativ und bringt Ideen ein	Das Team: • kommuniziert nur das Nötigste • wartet auf detaillierte Anweisungen • holt bei jeder Kleinigkeit die Zustimmung der Führungskraft ein • rechtfertigt Verhalten oder beschuldigt sich gegenseitig • verheimlicht und vertuscht Fehler • beschränkt sich auf das Notwendigste • reagiert zögerlich auf Rückfragen • vermeidet Interaktionen mit der Führungskraft

3. Eine dritte Möglichkeit wäre, als Führungskraft das *eigene* Verhalten zu reflektierten (siehe Tab. 3.6).

Nutzen Sie die folgenden Schnellcheck, um zu reflektieren, inwieweit Sie Ihrem Team vertrauen.

1. **Delegation und Eigenverantwortung**

   – Ich bin bereit, auch größere Aufgaben an mein Team zu delegieren und gehe davon aus, dass sie sorgfältig und termingerecht erledigt werden.
   – Ich kann meinen Mitarbeitenden Freiraum bei der Erledigung ihrer Aufgaben gewähren.
   – Ich gebe meinen Mitarbeitenden die Freiheit, Entscheidungen innerhalb ihres Verantwortungsbereichs selbst zu treffen.

Tab. 3.6 Selbstwahrnehmung in Bezug auf gezeigtes Vertrauen/Misstrauen

Verhaltensweisen, die Vertrauen fördern	Verhaltensweisen, die Misstrauen fördern
Die Führungskraft: • hört aufmerksam zu • ermutigt zu ehrlichem Feedback • macht Entscheidungsprozesse transparent • bezieht Mitarbeitende ein • delegiert Verantwortung • kennt die individuellen Stärken und fördert Kompetenzerwerb • ermutigt zum Lernen aus Fehlern • gibt Fehler zu und bittet um Unterstützung bei der Lösungssuche • fördert selbstständiges Arbeiten • lässt Raum für kreative Lösungsansätze • ist konsistent in ihrem Verhalten, • verhält sich allen gegenüber fair • ist ein Vorbild und lebt die gemeinsamen Werte.	Die Führungskraft: • meidet persönliche Gesprächen und ist gedanklich oft schon bei der nächsten Aufgabe • meidet Feedback – aus Zeitmangel oder Interesse • erledigt Aufgaben selbst, vor allem zeitkritische oder anspruchsvolle • verteilt Aufgaben, ohne sich im Klaren darüber zu sein, ob Mitarbeitende in der Lage sind, sie zu lösen • vertuscht eigene Fehler und hält bewusst Informationen zurück • vergewissert sich engmaschig nach dem Status einer Aufgabe • lässt Mitarbeitende Konsequenzen bei vermeintlichem Fehlverhalten spüren • bevorzugt einzelne Teammitglieder • handelt offensichtlich nach anderen Werten als das Team

2. **Kommunikation und Offenheit**

   – Ich höre aktiv zu und schätze die Ideen und Beiträge meiner Mitarbeitenden, auch wenn sie anderer Meinung sind als ich.
   – Ich teile Informationen mit meinem Team und mache Entscheidungen transparent.
   – Ich bin sicher, dass mein Team Aufgaben auch in meiner Abwesenheit sorgfältig und fristgerecht erledigt.

3. Fehlerkultur

- Ich betrachte Fehler als Lernchancen und traue meinem Team zu, an ihnen zu wachsen.
- Ich bin offen für Feedback und Verbesserungsvorschläge.
- Ich bin sicher, dass meine Mitarbeitenden offen mit mir über Probleme oder Herausforderungen sprechen.
- Ich kenne und vertraue den Kompetenzen und Talenten jedes Teammitglieds.

4. Kontrolle und Sicherheit

- Ich habe Prozesse und Tools installiert, die dabei helfen, vereinbarte Ziele zu erreichen.
- Ich gebe genügend Spielraum im Rahmen von Projekten und größeren Aufgaben.
- Ich habe Vertrauen, dass mein Team auch unter Zeitdruck und hoher Arbeitsbelastung zuverlässig arbeitet.

5. Emotionale Intelligenz

- Ich höre aktiv zu und zeige echtes Interesse an meinen Mitarbeitenden.
- Ich bleibe auch unter Druck besonnen und offen für Lösungsvorschläge aus dem Team.
- Ich fördere eine Kultur des Miteinanders. Und lege Wert darauf, alle im Team fair zu behandeln.

Fazit: Eine Führungskraft sollte eine Kultur schaffen, in der Mitarbeitende ihr Potenzial entfalten können. Dies stärkt nicht nur das Team, sondern auch die Führungskraft selbst. Regelmäßige Selbstreflektion ist ebenso sinnvoll wie Feedback, um herauszufinden, ob das eigene Verhalten wie beabsichtigt wahrgenommen wird.

Ursachen für mangelndes Vertrauen und Wege, Vertrauen aufzubauen

Sollte sich nach dem Lesen des vorangegangenen Abschnitts das Gefühl bei Ihnen eingestellt haben, dass es Ihnen schwerfällt, anderen zu vertrauen, nehmen Sie sich einen Moment Zeit, legen Sie das Buch zur Seite und stellen Sie sich folgende Frage: *„Was hindert mich daran, meinem Team oder einzelnen Mitgliedern zu vertrauen?"* Machen Sie sich einige Notizen und spüren Sie in sich hinein, bei welchen Stichpunkten die innere Resonanz besonders ausgeprägt ist. Lesen Sie im Anschluss daran die untenstehenden Gründe für mangelndes Vertrauen und gleichen Sie diese mit Ihren Notizen ab.

Gründe für mangelndes Vertrauen können sein:

1. **Perfektionismus:** Der Wunsch, dass jede Aufgabe genau nach den eigenen Standards ausgeführt wird, kann mit einem verstärkten Kontrollbedürfnis einhergehen.
2. **Verantwortungsbewusstsein:** Diese eigentlich sehr positive Eigenschaft kann dazu führen, dass Führungskräfte nur schwer loslassen können und sich häufig vergewissern müssen, dass alle Bereiche effizient laufen.
3. **Fehlende Transparenz im Team:** Wenn das Team nicht ausreichend kommuniziert oder Informationen teilt, kann dies Misstrauen und verstärkte Kontrolle auslösen.
4. **Mangelnde Kompetenzwahrnehmung:** Zweifel an den Fähigkeiten oder der Zuverlässigkeit einzelner Teammitglieder können das Vertrauen beeinträchtigen.
5. **Reputationsangst:** Die Sorge, dass Fehler des Teams auf die eigene Person zurückfallen könnten, kann dazu führen, dass Verantwortung nicht delegiert wird.
6. **Macht- und Statusunsicherheit:** Erfolgreiche und kompetente Mitarbeitende können als Bedrohung wahrgenommen werden. Kontrolle dient in diesem Fall dem

Machterhalt. Sie wird eingesetzt, um das eigene Ansehen zu wahren und Ambitionen anderer im Zaum zu halten.

Wenn es der Führungskraft schwerfällt, ihren Mitarbeitenden zu vertrauen und sie aus diesem Grund das verstärkte Bedürfnis nach Kontrolle verspürt, kann das verschiedene Ursachen haben – *biologische, psychologische* und *soziale*.

Vorhersehbarkeit und Kontrolle haben evolutionär dazu beigetragen, das Überleben zu sichern. Das hat sich auch auf biologischer Ebene verankert: Negative Erfahrungen können das Stresssystem aktivieren. Eine Schlüsselrolle spielt hier die Amygdala, eine Gehirnregion, die für die Verarbeitung von Emotionen zuständig ist und die in bestimmten Situationen aktiviert wird. Was wiederum eine hormonelle Stressreaktion in Gang setzt. Die Aktivierung soll Handlungsbereitschaft aktivieren, der Körper wird in einen Zustand versetzt, in dem er Gefahren beseitigen kann und die Kontrolle über die Situation zurückgewinnt. Unter einem biologischen Gesichtspunkt könnte das Grundbedürfnis nach Sicherheit und Vorhersehbarkeit auch als eine Art angeborenes Kontrollbedürfnis betrachtet werden, in individuell unterschiedlichen Ausprägungen.

Auf sozialer Ebene spielen vergangene Vertrauensbrüche eine entscheidende Rolle. Wer in der Vergangenheit negative Erfahrungen mit Mitarbeitenden oder Vorgesetzten gemacht hat, neigt eher dazu, Misstrauen zu entwickeln und Kontrolle als Schutzmechanismus einzusetzen. Auch der hohe Erwartungsdruck durch Vorgesetzte, Kollegen oder externe Stakeholder verstärkt das Bedürfnis, Fehler zu vermeiden und Prozesse eng zu überwachen. Zudem beeinflusst die Unternehmenskultur das Kontrollverhalten:

In hierarchischen Organisationen wird Kontrolle oft als notwendig angesehen.

Konkurrenz und das Bedürfnis, die eigene Position zu sichern, können ebenfalls dazu führen, dass Führungskräfte Kontrollmechanismen verstärken, um ihren Status nicht zu gefährden.

Psychologische Faktoren spielen eine nicht weniger große Rolle. Beispielsweise ist Reputationsangst ein häufiger Grund für ein ausgeprägtes Kontrollverhalten. Führungskräfte fürchten, dass Fehler ihres Teams auf sie zurückfallen und ihrer Karriere schaden.

Die Angst vor negativer Wahrnehmung durch Vorgesetzte, Mitarbeitende oder externe Stakeholder verstärkt den Wunsch, Risiken zu minimieren und die Kontrolle über Prozesse und Ergebnisse zu behalten, indem Prozesse und Entscheidungen enger überwacht oder Aufgaben selbst erledigt werden. Diese Dynamik ist jedoch problematisch: Eine übermäßige Kontrolle signalisiert dem Team Misstrauen, was wiederum die Eigenverantwortung und Motivation der Mitarbeitenden hemmt. Langfristig wird die Führungskraft dadurch noch stärker in operative Details verwickelt, was den Stress und das Kontrollbedürfnis weiter erhöht – ein selbstverstärkender Kreislauf.

Auch die Angst vor Machtverlust kann Kontrolle begünstigen, insbesondere wenn Erfolg als begrenzte Ressource betrachtet wird. Dem zugrunde liegt das Nullsummendenken (Zero-Sum-Thinking) mit der Annahme, dass Ressourcen oder Positionen begrenzt sind und der Gewinn der einen Person zwangsläufig Verluste für die andere bedeutet. Ein Weg heraus wäre die Kooperation und strategische Allianz. Statt in dem begrenzten System von Gewinnen und Verlieren zu denken, können Führungskräfte Raum für gemeinsame Erfolge schaffen.

Ein weiteres psychologisches Muster ist die erlernte Unsicherheit: Negative Erfahrungen können zu einem generalisierten risikoaversem Verhalten führen, das durch

Perfektionismus nochmals verstärkt wird. Kontrolle wird dann als notwendig empfunden, um Fehler zu vermeiden.

Es zeigt sich, dass Kontrollverhalten oft auf tief verwurzelten sozialen und psychologischen Mustern beruht. Ein bewusster Umgang mit diesen Mechanismen kann helfen, Kontrolle dort loszulassen, wo sie langfristig mehr Schaden als Nutzen bringt. Sollten Sie persönlich negative Erfahrungen gemacht und den Verdacht haben, dass diese in Zusammenhang mit mangelndem Vertrauen in Ihr Team eine Rolle spielen könnten, stellen Sie sich folgende Frage:

„Welche Erfahrung in der Vergangenheit könnte sich auf meine Fähigkeit, anderen zu vertrauen, bis heute auswirken?"

Notieren Sie, wann diese Erfahrung stattgefunden hat und wie Sie sich dabei gefühlt haben. Schreiben Sie auch auf, ob Sie in dieser Situation in irgendeiner Form Unterstützung erhalten haben, sei es, dass Sie sich jemandem anvertrauen konnten oder dass jemand proaktiv auf Sie zugekommen ist, um Ihnen Unterstützung anzubieten. Insbesondere, wenn Sie häufiger die Erfahrung gemacht haben, dass Sie schwierige Situationen allein bewältigen mussten, fällt es Ihnen möglicherweise schwer sich mitzuteilen und um Unterstützung zu bitten. Doch genau das ist es was uns menschlich macht – und Vertrauen entstehen lässt.

Faktoren, die Vertrauen am Arbeitsplatz auf die Probe stellen können:

1. **Frühere Enttäuschungen:** Fälle von verpassten Deadlines, schlechter Leistung oder gebrochenen Vereinbarungen können das Vertrauen langfristig schädigen.
2. **Fehlkommunikation:** Missverständnisse oder unklare Absprachen in früheren Projekten könnten die Wahrnehmung beeinflusst haben, dass andere nicht zuverlässig sind.

3. **Manipulative Beziehungen:** Erfahrungen mit Mitarbeitenden oder Kollegen, die ihre Position ausgenutzt oder Unwahrheiten verbreitet haben, können das Vertrauen nachhaltig erschüttern.
4. **Kulturelle oder teamdynamische Konflikte:** Negative Gruppenerfahrungen wie Spannungen oder Mobbing könnten die Bereitschaft zu vertrauen, verringert haben.
5. **Mangelndes eigenes Selbstvertrauen:** Persönliche Unsicherheiten oder Zweifel an der eigenen Führungsfähigkeit könnten es erschweren, anderen zu vertrauen.
6. **Persönliche, familiäre Erfahrungen:** Unbewältigte und nicht aufgearbeitete private und familiäre Erfahrungen können unbewusst Vertrauen beeinflussen.

> **Beispiel 1**
>
> Ben ist seit einem Jahr Führungskraft. Sein Team besteht aus Mitgliedern, die von unterschiedlichen Standorten aus arbeiten, weshalb persönliche Treffen entsprechend selten sind. Bei seinem Team ist Ben beliebt. Er hat einen offenen und lockeren Führungsstil und verzichtet bewusst auf engmaschige Kontrolle. Zudem gewährt er jedem im Team die Freiheit, bei Bedarf Ausgleichstage und zusätzlichen Urlaub zu nehmen. Allerdings ist ihm wichtig, dass alle im Team zu den wenigen Präsenztreffen erscheinen. Zunehmend wird esschwieriger, gemeinsame Termine zu finden. Stehen Termine schließlich fest, kommt es oft zu kurzfristigen Absagen aus unterschiedlichen privaten Gründen. Auf der Weihnachtsfeier des Unternehmens steht Ben schließlich ohne sein Team da. Seinen Vorgesetzten und zahlreichen Kollegen anderer Abteilungen fällt das auf und sie sprechen ihn darauf an. Ben weiß, dass er etwas ändern muss und er fragt sich, wie es ihm gelingt, mehr Verbindlichkeit in sein Team zu holen.
>
> Ben steht vor einer herausfordernden Situation, die viele Führungskräfte in modernen, dezentralen Arbeitsumfeldern kennen. Er hat ein Team, das ihn schätzt und den Freiraum

genießt, den er gewährt, gleichzeitig fehlt es an Verbindlichkeit und die ständigen Absagen bei wichtigen Teamereignissen belasten das Vertrauensverhältnis zwischen Führungskraft und Team.

Bens Führungsstil ist grundsätzlich positiv, da er auf Vertrauen und Eigenverantwortung setzt, was den Mitarbeitenden viel Freiheit gibt. Diese Art von Führung kann zu einem hohen Maß an Motivation und Engagement führen, besonders in einem kreativen oder dynamischen Arbeitsumfeld.

Trotz der Freiheit und des Vertrauens, das Ben seinen Mitarbeitenden entgegenbringt, scheint sich das Team aus der Verantwortung zu ziehen, wenn es um gemeinsame Events geht.

Der Vorfall auf der Weihnachtsfeier verstärkt Bens Vermutung, dass sein Vertrauen ausgenutzt wird.

Lösungsvorschlag

Damit jedes Teammitglied versteht, warum seine Teilnahme an Präsenztreffen und Firmenfeiern wichtig ist, sind folgende Punkte zu beachten.

1. **Klarheit über Erwartungen schaffen**: Ben sollte sicherstellen, dass seine Erwartungen bezüglich der Teilnahme an Teamveranstaltungen klar und verbindlich sind. Etwa in dem er betont: „Ich weiß, dass es schwierig sein kann, gemeinsame Termine zu finden, aber diese Treffen sind wichtig, um uns als Team weiterzuentwickeln und unsere Ziele effektiv zu verfolgen. Ich erwarte daher, dass jeder mindestens bei einer gewissen Anzahl von Präsenzmeetings dabei ist, um diese Ziele zu unterstützen."
2. **Flexibilität und Fairness gewährleisten**: Es sollte frühzeitig eine Tabelle mit allen wichtigen Terminen erstellt und eine Mindestzahl von verbindlichen Teilnahmen festgelegt werden. Damit wird die Flexibilität gewährleistet vorauszuplanen und gleichzeitg in Einzelfällen begründet abzusagen.
3. **Integration von Teamzielen in die Treffen**: Wenn Mitarbeitende sehen, dass ihre Teilnahme an den Treffen einen direkten Einfluss auf die Erreichung gemeinsamer Ziele hat, kann das ihre Motivation zur Teilnahme erhöhen. Ben könnte darauf hinweisen, dass jedes Treffen mit einem klaren Ziel verbunden sein wird – sei es die Be-

sprechung neuer Projekte oder die Planung von langfristigen Zielen. Oder, wie im Fall der Weihnachtsfeier, die verbesserte Sichtbarkeit des Teams im Unternehmenskontext sowie die Netzwerkpflege mit anderen Abteilungen.
4. **Teamzusammenhalt durch digitale Tools stärken**: Wenn persönliche Treffen schwer zu organisieren sind, könnte Ben verstärkt auf digitale Kommunikations- und Kollaborationstools setzen. Neben wöchentlichen Teammeetings oder kurzen täglichen Stand-ups könnte Ben spezielle Slack- oder Teams-Kanäle für informellen Austausch einrichten. Im Hinblick auf eine aktive abteilungsübergreifende Netzwerkpflege könnte Ben überlegen, eine Person im Team gezielt damit zu beauftragen. Indem er diese Aufgabe als ergebnisrelevant definiert, unterstreicht er nicht nur deren strategische Bedeutung, sondern stärkt zugleich die Motivation und das Verantwortungsbewusstsein der beauftragen Person.

Beispiel 2

Judith ist in Teilzeit in einem Unternehmen angestellt und leitet als Führungskraft ein Team, das sich stetig vergrößert. Es wird zunehmend schwieriger, das Team zu koordinieren und gleichzeitig inhaltlich gute Arbeit zu leisten. Daher ist Judith zunächst erleichtert, als sie eine erfahrene und hoch qualifizierte Mitarbeiterin hinzugewinnen konnte. Nach wenigen Monaten macht die Mitarbeiterin jedoch den Vorschlag, sich die Führungsposition aufzuteilen und begründet dies damit, dass sie ohnehin in alle wichtigen Entscheidungen einbezogen ist und als Vollzeitkraft in Judiths teilzeitbedingter Abwesenheit die Verantwortung für laufende Projekte trägt. Judith findet den Vorschlag unangemessen und legt fortan großen Wert darauf, die vormals gewährte Mitbestimmung und Einflussnahme der Mitarbeiterin auf ein Minimum zu reduzieren.

Judiths Haltung könnte darauf hinweisen, dass sie Schwierigkeiten hat, eine moderne Führungsweise zu entwickeln, die Mitbestimmung und Selbstverantwortung im Team fördert. Im digitalen Zeitalter und in modernen

3 Vertrauen statt Kontrolle: Ein Kulturwandel ... 83

Arbeitsumfeldern ist Führung oft weniger hierarchisch und mehr auf Zusammenarbeit und Empowerment ausgerichtet.

Judiths Entscheidung, die Einflussnahme der Mitarbeiterin zu verringern, könnte aus einer tief verwurzelten Angst vor dem Verlust von Kontrolle resultieren. Den Vorschlag der geteilten Führungsposition könnte Judith als eine Bedrohung ihrer Führungsposition und ihres Status erlebt haben. Judith reagiert möglicherweise aus einem Bedürfnis heraus, ihre (Macht-)Position als alleinige Führungskraft zu sichern, um nicht als schwach oder unsicher wahrgenommen zu werden.

Die Mitarbeiterin könnte das Gefühl bekommen, dass ihre Beiträge nicht gewürdigt oder anerkannt werden, was das Vertrauen und die Zusammenarbeit im Team beeinträchtigen könnte. Judith riskiert, eine wertvolle Ressource in ihrem Team zu verlieren.

Lösungsvorschlag

1. **Reflexion und Selbstbewusstsein stärken**: Judith sollte zunächst ihre Ängste vor Kontroll- und Machtverlust erkennen und reflektieren. Ein besseres Bewusstsein darüber, warum diese Ängste bestehen, ist der erste Schritt, um diese zu überwinden. Sie könnte sich fragen: Was habe ich zu verlieren, wenn ich auf das Angebot der geteilten Verantwortung eingehe? Was befürchte ich konkret? Welche Auswirkungen hätte es auf mich, wenn mein Team mehr Einfluss hätte? Diese Fragen helfen Judith, ihre eigene Unsicherheit und die damit verbundenen Ängste zu verstehen. Ein klareres Bild ihrer eigenen Ängste kann helfen, diese besser einzuordnen und langfristig zu überwinden.
2. **Vertrauen in das Team aufbauen**: Judith sollte erkennen, dass eine starke Führungskraft auch in der Lage ist, Verantwortung zu delegieren. Sie sollte mit Empathie auf ihre Mitarbeitenden reagieren können, deren Stärken anerkennen und andere ermutigen, sich weiterzuentwickeln und neue Aufgaben zu übernehmen.
3. **Verantwortung klar und strukturiert teilen**: Ein gesunder Umgang mit der Angst vor Kontrollverlust erfordert, dass Judith eine klare Struktur für das Teilen von Verantwortung entwickelt. Sie könnte *Rollen und Zuständigkeiten klar definieren*, sodass jeder im Team weiß, wer

> für was verantwortlich ist. Zudem könnte sie Verantwortung in bestimmten Bereichen oder Projekten teilen, anstatt die gesamte Führungsposition aufzugeben. Delegation sollte als eine Form des Vertrauens und der Weiterentwicklung verstanden werden. Judith sollte den Mut aufbringen, Verantwortung gezielt zu delegieren, ohne dabei das Gefühl zu haben, die Kontrolle zu verlieren.
> 4. **Coaching oder Mentoring in Betracht ziehen:** Judith könnte von einem Coaching profitieren, um ihre eigenen Ängste vor Macht- und Kontrollverlust zu adressieren. Es könnte ihr helfen, einen objektiven Blick auf ihre Führungskompetenz zu entwickeln und Werkzeuge an die Hand geben, um als Führungskraft flexibler und souveräner mit diesen Ängsten umzugehen. Auf diese Weise entsteht die Erkenntnis, dass wahre Führung darin besteht, andere zu befähigen und zu inspirieren, ohne dabei an eigener Bedeutung zu verlieren.

Vert Zusammenfassung Selbstreflexion

Selbstreflexion ist die bewusste Auseinandersetzung mit den eigenen Gedanken, Gefühlen, Verhaltensweisen und Entscheidungen. Sie hilft, eigene Verhaltensmuster zu erkennen und daraus zu lernen. Führungskräfte tragen Verantwortung für ihr Team, Projekte und die Unternehmenskultur. Die Fähigkeit zur Selbstreflexion ist essenziell, um erfolgreich und effektiv zu führen. Wer sich selbst gut kennt, kann authentisch führen und Vertrauen aufbauen.

Selbstreflexion hilft, mangelndes Vertrauen und verschiedene Ursachen dafür zu erkennen, beispielsweise negativen Erfahrungen in der Vergangenheit. Ist dies der Fall, kann es hilfreich sein, sich diese Erfahrungen bewusst zu machen und zu analysieren, insbesondere auch in Bezug auf das eigene Verhalten. Versuchen Sie die Situation aus unterschiedlichen Perspektiven zu betrachten. Wie hätte sich ein anderer an Ihrer Stelle verhalten?

Vertrauen erfordert den Mut, alte Muster zu durchbrechen und neuen Erfahrungen offen gegenüberzutreten.

Oft spielen verdrängte Emotionen eine Rolle bei mangelndem Vertrauen. Wenn diese unausgesprochen bleiben, kann dies Misstrauen fördern, da Teammitglieder Unaufrichtigkeit oder emotionale Distanz wahrnehmen. Emotionale Intelligenz hilft, alte Muster zu erkennen und zu verändern. Wenn sich Führungskräfte Unsicherheit und Verletzlichkeit zugestehen, wächst auch ihre Toleranz für die Emotionen anderer. Das bleibt nicht unbemerkt. Eine authentische und empathische Haltung hat eine starke Vorbildwirkung auf das Team.

Führungskräfte, die Unsicherheiten kommunizieren, senden ein starkes Signal an ihr Team: Es ist okay, Zweifel zu haben. Aber es ist auch wichtig, mutig zu sein und zwischenmenschliche Risiken einzugehen.

Erfolgreiche Führungskräfte erkennen, dass ihre Rolle nicht nur darin besteht, Anweisungen zu geben, sondern auch, das Team aktiv zu unterstützen, sie können sich mit den Erfolgen *und* Misserfolgen ihres Teams identifizieren. Der Fußballtrainer Jürgen Klopp hat mehrfach öffentlich gemacht, dass sowohl Siege als auch Niederlagen als Lernchancen zu betrachten sind. Er sagt: „Natürlich waren die Nächte nach den Niederlagen nicht immer ganz so angenehm, doch schon am nächsten Morgen blicke ich auf den fantastischen Weg, den wir zuvor zurückgelegt haben."[5] Diese ermutigende Einstellung zeigt, dass ein Team aus jeder Erfahrung lernen und gemeinsam wachsen kann. Wenn Erfolge gefeiert und Herausforderungen gemeinsam bewältigt werden, stärkt das den Teamgeist und das gegenseitige Vertrauen.

---

[5] Quelle: https://www.dvag-karriere.de/teamblog/2023/niederlagen-in-positive-energie-umwandeln.html.

Maßnahmen für den Aufbau von Vertrauen

Wenn Sie Vertrauen in Ihr Team aufbauen wollen, beginnen Sie mit kleinen Schritten, etwa indem Sie gezielt Verantwortung delegieren und das Team selbstständiger arbeiten lassen. Wenn Sie denken, dass Perfektionismus ein persönliches Thema ist, können Sie zunächst Bereiche Ihres Arbeitslebens auswählen, in denen es weniger darauf ankommt, perfekt zu sein und in diesen Bereichen Verantwortung delegieren. Damit ermutigen Sie Ihre Mitarbeitenden, selbstständig zu arbeiten und aus Fehlern zu lernen. Sorgen Sie darüber hinaus für Transparenz im Team, kommunizieren Sie deutlich und nachvollziehbar Erwartungen, legen Sie Standards fest und helfen Sie Mitarbeitenden, diese Standards einzuhalten. Stellen Sie sicher, dass alle im Team das gemeinsame Ziel und die notwendigen Schritte dahin kennen. Legen Sie gleichzeitig Verantwortungsbereiche fest sowie Aufgabe und Ziele innerhalb dieser Bereiche. Ermöglichen Sie Kompetenzerwerb und persönliche Weiterentwicklung. Es ist wichtig, dass Kernkompetenzen gesehen werden und zum Einsatz kommen. Feedback stärkt das Vertrauen in die Fähigkeiten des Teams und ermöglichen es zudem, Missverständnisse aus der Welt zu räumen und zu erfahren, wie Maßnahmen im Team wahrgenommen werden. Vor allem hilft Feedback dabei, gemeinsam Lösungen eine gemeinsame Vertrauensbasis zu finden.

Folgende Maßnahmen fördern Vertrauen:

1. **Klare Erwartungen formulieren**: Legen Sie Verantwortungsbereiche fest, definieren Sie Ziele und Meilensteine. So wissen die Teammitglieder, worauf sie

hinarbeiten, und haben gleichzeitig die Freiheit, ihre eigenen Methoden zu wählen.

2. **Delegation fördern**: Delegieren Sie Verantwortung gezielt auf der Basis von Stärken, Erfahrung und Kompetenzen.
3. **Feedback statt Kontrolle**: Planen Sie regelmäßige Feedback-Runden. So bleiben Sie informiert, ohne das Team zu überwachen. Achten Sie in diesen Runden darauf, dass jedes Teammitglied einen Wortbeitrag leistet.
4. **Fehlerkultur etablieren**: Machen Sie deutlich, dass Fehler erlaubt sind und als Lernchance gesehen werden. Dies lässt dem Team Handlungsspielraum und ermutigt, Entscheidungen zu treffen, ohne Nachteile befürchten zu müssen.
5. **Vertrauen aktiv kommunizieren**: Sprechen Sie offen aus, dass Sie Vertrauen in die Fähigkeiten Ihrer Mitarbeitenden haben. Durch positive Verstärkung bei gut erledigten Aufgaben stärken Sie das Selbstbewusstsein des Teams.
6. **Reflexion des Führungsstils**: Holen Sie sich regelmäßig Feedback von Ihrem Team, um die eigene Wahrnehmung mit der Teamwahrnehmung abzugleichen und mögliche Anpassungen vorzunehmen.
7. **Kultur der Wertschätzung fördern**: Würdigen Sie die Entwicklungen aller Teammitglieder, dazu zählen auch kleine Fortschritte, das nimmt den Druck von Perfektionismus und ermutigt dazu, kontinuierlich zu lernen.
8. **Fair bleiben**: Achten Sie auf Fairness bei der Verteilung von Projekten, Ressourcen und Urlaubstagen. Eine Führungskraft, die alle Teammitglieder gleich wertschätzt, stärkt das gegenseitige Vertrauen und den Teamgeist.

Indem Sie diese Maßnahmen umsetzen, fördern Sie ein vertrauensvolles Umfeld, in dem sich Mitarbeitende unterstützt fühlen und gerne Verantwortung übernehmen.

Fazit: Führungskräfte sollten sich auf Ergebnisse und Meilensteine konzentrieren und daran den Erfolg des Teams messen. Ein Führungsstil, der auf Vertrauen und Teamgeist basiert, bewährt sich auch in der Abwesenheit der Führungskraft. Das ist ein entscheidender Vorteil für Führungseffektivität im digitalen Zeitalter.

4

Virtuelle Teams erfolgreich managen

Zusammenfassung In der heutigen Arbeitswelt setzen immer mehr Teams umfassend auf technologische Hilfsmittel – ein Trend, der sie in unterschiedlichem Maße zu virtuellen Teams macht. Mit steigendem Grad der Virtualität wächst auch die Bedeutung wirksamer Führung. Insbesondere zwei Aspekte rücken dabei in den Fokus: Zum einen die technische Dimension – also die Bereitstellung geeigneter Tools sowie entsprechender Schulungen – und zum anderen die zwischenmenschliche Dimension, die den Aufbau von Teamidentität und Vertrauen umfasst. Dieses Kapitel beleuchtet, wie Führungskräfte Technologien gezielt einsetzen können, um die Zusammenarbeit zu optimieren, den Teamzusammenhalt zu stärken und Engagement auch über räumliche Distanz hinweg zu fördern.

„Wir sind so gebaut, dass wir immer wieder viele Signale brauchen. Das ist der Grund, warum ein Gefühl der Zugehörigkeit leicht zu zerstören und schwer aufzubauen ist." (Daniel Coyle)

Wer heute in die Arbeitswelt eintritt, mag sich kaum vorstellen, wie es sich anfühlt, täglich acht Stunden und mehr Büroalltag miteinander zu verbringen. The Office, eine preisgekrönte Sitcom, ausgestrahlt in den Jahren 2005–2013, vermittelt einen Eindruck davon. Die Serie spielt im Büro einer fiktiven Papierfabrik und lebt von den Interaktionen der Angestellten. Kurze, mitunter energische Wortwechsel, Händeschütteln, Schulterklopfen, Umarmungen, Humor und kleine Sticheleien – Büroalltag eben, indem sich auch scheinbar nebensächliche kleine Aufmerksamkeiten abspielen, etwa in Form einer aufgehaltenen Tür, eines schlichten Dankeschöns oder einem spontanen Kompliment für geleistete Arbeit.

Auch geht es in der Serie um Führung, wenn auch nicht auf die beste Art. Die Entertainment-Versuche des Büroleiters Michael Scott scheitern regelmäßig an fehlendem Taktgefühl, sodass er regelmäßig mit Augenrollen, Stöhnen und verschränkten Armen konfrontiert wird. Immerhin hätte er reichlich (nonverbales) Feedback, das ihm helfen könnte, eine bessere Führungskraft zu werden.

In der digitalen Arbeitswelt ist es weitaus schwieriger, am Verhalten der Mitarbeitenden zu erkennen, ob ein Führungsstil auf positive Resonanz stößt oder das Ziel verfehlt.

Hier verbirgt sich auch schon eine der größeren Herausforderungen für Führung in der digitalen Arbeitswelt. Mit der Verlagerung von Präsenz-Arbeit hin zur Remote-Arbeit verringern sich Gelegenheiten für spontanes Feedback und persönlichen Austausch. Im Büro entstehen informelle Gespräche in der Kaffeeküche oder auf den Fluren, hier festigen sich Beziehungen, werden kleinere Probleme zügig geklärt, Informationen unkompliziert geteilt. Im Remote-Kontext hingegen müssen Feedback-Gespräche und Abstimmungen vorausgeplant werden, was zu inhaltlichen Missverständnissen und Verzögerungen von Projekten führen kann.

Bei allen Nachteilen der Remote-Arbeit, tägliche Präsenz existiert spätestens seit der Covid-19-Pandemie nur noch auf den Führungsetagen – obwohl Unternehmen nach Kräften versuchen, ihre Angestellten zurück ins Büro zu holen. Mit mäßigem Erfolg. Jeder vierte deutsche Arbeitsnehmende arbeitet vollständig oder überwiegend remote (Statistisches Bundesamt, 2024). In Zukunft erwartet sogar jeder Dritte, vollständig aus der Ferne zu arbeiten (Saad & Wigert, 2021). Zwei Drittel der Beschäftigten sind für einen gesetzlichen Anspruch auf Homeoffice, jeder Zweite würde eher kündigen, als vollständig ins Büro zurückkehren.[1]

Ein Team kann somit aus Mitgliedern bestehen, die sich nie oder selten persönlich begegnen und primär Technologien nutzen, um miteinander zu kommunizieren und zu arbeiten. Um es kurz zu machen: Obwohl Büroarbeit mehr denn je auf Teamarbeit basiert, werden aus den klassischen Büroteams zunehmend virtuelle Teams.

Virtuelle Teams bestehen aus mehreren Personen, die teilweise oder vollständig auf die Nutzung technischer Mittel angewiesen sind, um ihre arbeitsrelevanten Interaktionen zu bewerkstelligen.

Die rasanten Entwicklungen im Bereich der Informations- und Kommunikationstechnologien haben die Arbeitswelt im digitalen Zeitalter grundlegend verändert. Sie haben nicht nur physische und zeitliche Barrieren überwunden, sondern auch die Entstehung virtueller Teams ermöglicht. Führungskräfte sehen sich heute zunehmend mit projektbezogener Zusammenarbeit in interdisziplinären und multinationalen Teams konfrontiert, die durch moderne Kommunikationstechnologien wie E-Mail, Chat-Programme sowie Audio- und Videokonferenzen unterstützt wird. Der Begriff „virtuelles Team" ist mittlerweile

---

[1] https://www.bdu.de/fachthemenportal/markttrends/digitalisierungskrise-nach-corona/.

weit verbreitet, doch die Grenzen zwischen traditionellen Face-to-Face-Teams und virtuellen Teams verschwimmen zunehmend. Immer mehr Teams nutzen digitale Tools zur Aufgabenbewältigung und Kommunikation, wodurch Virtualität zu einer Eigenschaft geworden ist, die jedes Team im digitalen Zeitalter prägt. Für Führungskräfte bedeutet dies, dass sie ihre Führungsansätze und -fähigkeiten an diese neue Realität anpassen müssen.

Virtualität ist kein statischer Zustand, sondern ein Kontinuum, dass die Zusammenarbeit in Abhängigkeit von verwendeten Technologien prägt.

Mit der Virtualität gehen zahlreiche Phänomene einher, die Einfluss auf die Zugehörigkeit und die Qualität der Arbeit nehmen. Individuelle Leistungen können leicht übersehen werden. Ohne direkte Kommunikation und persönliche Rückmeldungen fehlt oft die Bestätigung und Wertschätzung der eigenen Arbeit. Das Gefühl, irrelevant oder entbehrlich zu sein, kann die soziale Bindung zum Team schwächen und zu einem Gefühl der Isolation führen. Die gefühlte Distanz kann wiederum durch die Verwendung von Kommunikationstechnologie verstärkt werden, da hier soziale Hinweise wie Blickkontakt, Höflichkeitsgesten und unmittelbares Feedback zusätzlich eingeschränkt sind und persönliche Bindungen eine eher oberflächliche Qualität entwickeln. Virtualität in der Kommunikation kann zu einer verstärkten Wahrnehmung von Anonymität führen, was wiederum den Aufbau von Vertrauen erschwert (Jarvenpaa & Leidner, 1999). Fehlt zudem Verantwortungsbewusstsein und Identifikation mit gemeinsamen Zielen, kann Anonymität opportunistisches Verhalten hervorrufen, bei dem private Ziele über Teamzielen stehen.

Anonymität im virtuellen Team kann opportunistisches Verhalten verstärken.

Opportunistische Teammitglieder können Informationen zurückhalten, Fehler vertuschen und Entscheidungen bevorzugt im Eigeninteresse treffen. Handlungen sind im virtuellen Kontext schwerer nachverfolgbar, Konsequenzen für Fehlverhalten oft unklar. Es kann der Eindruck von „Unsichtbarkeit" entstehen, die fehlende Präsenz der Führungskraft kann einhergehen mit einer Verringerung der wahrgenommenen Verpflichtung, sich für gemeinsame Ziele zu engagieren.

> **Beispiele für opportunistisches Verhalten in virtuellen Teams**
>
> **Leistung zurückhalten:** Ein Teammitglied in einem virtuellen Team leistet absichtlich weniger Arbeit, in der Hoffnung, dass das Fehlen individueller Beiträge nicht auffällt.
> **Informationen zurückhalten:** Wenn niemand nachvollziehen kann, wer welche Informationen erhalten oder weitergegeben hat, könnten kritische Informationen bewusst zurückgehalten werden, um sich selbst einen Vorteil zu verschaffen.
> **Zeitmanagement täuschen:** Teammitglieder könnten ihre Arbeitszeiten manipulieren, etwa indem sie behaupten, länger gearbeitet zu haben, als tatsächlich der Fall war.
> **„Ghosting" bei Meetings:** Jemand nimmt an virtuellen Meetings teil, um den Anschein der Anwesenheit zu erwecken, schaltet jedoch Kamera und Mikrofon aus und beteiligt sich nicht.
> **Unklare Verfügbarkeit:** Ein Mitglied behauptet, es sei ständig überlastet oder schwer verfügbar, um zusätzliche Arbeit fernzuhalten.
> **Technische Probleme vorschützen:** Verbindungs- oder Softwareprobleme werden vorgeschoben, um nicht an Meetings teilzunehmen oder Aufgaben rechtzeitig erledigen zu müssen.
> **Überbeanspruchung von Tools:** Ein Teammitglied könnte ein Kollaborationstool manipulieren, z. B. Aufgabenstatus auf „in Bearbeitung" lassen, ohne tatsächlich daran zu arbeiten.

Opportunistisches Verhalten Einzelner kann in virtuellen Teams erhebliche Auswirkungen auf das Teamklima und Arbeitsergebnisse haben. Insbesondere dann, wenn die Führungskraft davon keine Kenntnis hat oder das Verhalten bewusst ignoriert.

Unfair wahrgenommenes Verhalten der Führungskraft oder anderen Teammitgliedern kann Opportunismus verstärken. Es sollte transparent sein, nach welchen Kriterien Entscheidungen getroffen und Leistungen bewertet werden.

Und darüber hinaus sollte allen im Team bewusst sein, warum der Beitrag eines jeden Einzelnen bedeutsam für die Erreichung der Teamziele ist. Nur so kann der Eindruck von Fairness entstehen und die Bereitschaft wachsen, sich im Sinne der gemeinsamen Ziele zu engagieren. Alle Teammitglieder sollten das Gefühl haben, dass ihre Arbeit wertgeschätzt wird. Gerade im virtuellen Team kann es passieren, dass Leistungen nicht gesehen werden, etwa bei Mitarbeitenden, die häufiger im Homeoffice arbeiten oder denjenigen, die sich inhaltlich oder kreativ mit der Produktentwicklung auseinandersetzen und deren Ergebnisse weniger an objektiven Zahlen ablesbar sind. Während Leistungen in Bereichen wie Vertrieb oder Marketing tendenziell leichter nachvollziehbar sind und aus diesem Grund möglicherweise überbewertet werden. Das kann zu Unzufriedenheit und dem Gefühl der Benachteiligung bei einzelnen Teammitgliedern führen, wenn sie das Gefühl haben, zu wenig Anerkennung für ihre Leistung zu erhalten. Führungskräfte sollten Prozesse und Strukturen schaffen, die Verantwortlichkeiten sichtbar machen und transparente Leistungsmessung ermöglichen. Tab. 4.1 zeigt effektive Gegenmaßnahmen bei opportunistischem Verhalten im virtuellen Team.

Tab. 4.1 So schützen Sie sich und Ihr Team vor opportunistischem Verhalten

---

Rollen und Verantwortlichkeiten klären: Indem Rollen und Aufgaben jedes Teammitglieds eindeutig geklärt sind, wird es schwieriger, Verantwortung zu vermeiden oder Fehler auf andere abzuschieben.
Gemeinsame Zielsetzung: Das Team sollte gemeinsame Ziele aufstellen und jedem im Team sollte klar sein, welchen Beitrag er oder sie zur Erreichung des Ziels leistet.
Muster aufdecken: Wiederkehrende Verhaltensweisen, beispielsweise häufiges Vermeiden von Meetings, Verzögerungen von Aufgaben oder selektives Teilen von Informationen sollte erkannt und angesprochen werden.
Förderung von Sichtbarkeit: Regelmäßige Updates und gezielte Einbindung aller Mitglieder helfen, Unsichtbarkeit zu reduzieren.
Anerkennung und Wertschätzung: Führungskräfte sollten Erfolge und Beiträge aller Teammitglieder sichtbar machen und anerkennen sowie regelmäßig Feedback geben.
Richtlinien und Standards aufstellen: Verbindliche Standards und Richtlinien für die Zusammenarbeit sollten für alle gelten, hierdurch wird opportunistisches Verhalten schneller bemerkt und kann gezielt angesprochen und aufgeklärt werden.
Vorbildfunktion der Führungskraft: Indem die Führungskraft selbst transparent und verantwortungsbewusst handelt, lebt sie vor, was es bedeutet, Standards einzuhalten und im besten Sinne des Teams zu handeln.
Fairness der Führungskraft: In Bezug auf die Vergabe von Projektmitteln, der Gewährung von Urlaubs- und Ausgleichstagen sowie die faire Anerkennung einzelner Beiträge stärkt das Vertrauen in die gemeinsamen Teamziele. Fairness fördert die Bereitschaft, sich zu engagieren.

Soziale Hinweise und Vertrauensaufbau

Stellen Sie sich vor, jemand bietet Ihnen eine Beteiligung an einem interessanten Projekt an. Ihr Gegenüber spricht enthusiastisch und detailliert über das Projekt, zeigt aber in seiner Körpersprache Ihnen gegenüber widersprüchliches Verhalten – ausweichender Blickkontakt, körperliche Distanz. Es könnte sein, dass Sie dieser Person nicht sofort vertrauen, weil die Körpersprache widersprüchliche Signale aussendet. Umgekehrt könnte eine Person, die freundlich und aufgeschlossen ist, mit direktem Blickkontakt und einer offenen und entspannten Körperhaltung, eher Ihr Vertrauen gewinnen.

Sogenannte **soziale Hinweise**[2] wie Gestik, Mimik, Tonfall oder kleine Aufmerksamkeiten spielen eine zentrale Rolle für die zwischenmenschliche Wahrnehmung und die Beziehungsgestaltung in Teams. Sie spielen eine Schlüsselrolle für die Vertrauensbildung, weil sie es ermöglichen, die Absichten, Authentizität und Verlässlichkeit einer Person einzuschätzen, oft sogar, bevor ein Wort gesagt wurde. Damit bieten soziale Hinweise eine tiefere, intuitive Ebene der Kommunikation.

Computervermittelte Kommunikation in Form von E-Mail, Chat oder Videokonferenzen verringert nonverbal wahrnehmbare soziale Hinweisreize und führt damit zu einer verstärkten Anonymität der Interaktion mit unterschiedlichen nachteiligen Auswirkungen.

> **Das Prinzip der sozialen Hinweise**
>
> Das Konzept der „Social Cues" (soziale Hinweise) bezieht sich auf Signale, die Menschen während sozialer Interaktionen senden, um Informationen zu vermitteln und das Verhalten anderer zu beeinflussen. Diese Hinweise können verbal, wie der Tonfall, oder nonverbal sein, einschließlich Gesichtsausdrücken, Körperhaltung und Gesten. Sie sind essenziell für das Verständnis von Emotionen, Absichten und Reaktionen in zwischenmenschlichen Beziehungen. Körper-

---

[2] Das Konzept der Social Cues geht unter anderem auf Charles Darwin zurück (The Expression of the Emotions in Man and Animals, 1872) und wurde unter anderem von Albert Mehrabian und Paul Ekman weitergeführt.

sprache, Mimik, Gestik und Tonalität spielen eine zentrale Rolle in der Kommunikation, da sie oft mehr über die wahre Bedeutung einer Nachricht verraten als die gesprochene Sprache selbst. Historisch gesehen wurde die Bedeutung sozialer Hinweise bereits von Charles Darwin betont, der in seinem Werk *The Expression of the Emotions in Man and Animals* (Darwin, 1872) die Bedeutung emotionalen Ausdrucks als universelles Kommunikationsmittel beschrieb. Später trugen Forschende wie Erving Goffman zur Entwicklung des Verständnisses bei, indem sie auf die Bedeutung der Inszenierung der eigenen Person in sozialen Interaktionen hinwiesen. In seiner Arbeit *The Presentation of Self in Everyday Life* (Goffman, 1959) erläuterte er, wie Menschen durch ihre nonverbalen Signale und die Art, wie sie sich präsentieren, soziale Eindrücke vermitteln.

Ein weiterer wichtiger Beitrag kam in den 1960er-Jahren von Albert Mehrabian, der in seinen Studien die Bedeutung der Körpersprache und der Tonalität in der Kommunikation untersuchte. Er stellte fest, dass bei der zwischenmenschlichen Kommunikation 55 % der Bedeutung aus der Körpersprache, 38 % aus der Stimme und nur 7 % aus den gesprochenen Worten stammen, was den enormen Einfluss sozialer Hinweise auf den kommunikativen Prozess unterstreicht. Schließlich erweiterte Paul Ekman (1934–2021) das Verständnis sozialer Hinweise durch seine Arbeiten zu universellen Gesichtsausdrücken und Mikroexpressionen. Er zeigte, dass Menschen weltweit ähnliche emotionale Zustände anhand von Gesichtsausdrücken erkennen können, was die Rolle der nonverbalen Kommunikation in interkulturellen und zwischenmenschlichen Interaktionen weiter verdeutlichte.

Zusammengefasst verdeutlichen diese Erkenntnisse, dass soziale Hinweise nicht nur ein Ausdruck von Gefühlen und Absichten sind, sondern auch tief in sozialen Normen und kulturellen Kontexten eingebettet sind. Sie ermöglichen eine genauere Interpretation von Botschaften und sind essenziell für den Aufbau von Vertrauen, das Verstehen von Intentionen und die erfolgreiche Navigation durch soziale Interaktionen.

Soziale Hinweise in der virtuellen Welt

In der virtuellen Welt sind soziale Hinweise oft eingeschränkt oder verzerrt, was die Interpretation von Emotionen und Absichten erschwert. In Videogesprächen, deren Qualität dem direkten persönlichen Austausch von allen Tools am nächsten ist, ist lediglich ein Ausschnitt der interagierenden Personen sichtbar und damit entsteht ein unvollständiges Bild, das durch Multitasking oder technische Hürden möglicherweise zusätzlich eingeschränkt ist. Hinzukommt, dass sich die Gesprächspartner selbst beobachten können, als würden sie durch einen Spiegel hindurch mit einer anderen Person kommunizieren. Studien (Kuhn, 2022) zeigen, dass die Selbstwahrnehmung in Videogesprächen von nonverbalen Signalen des Gegenübers ablenkt und dass die Aufmerksamkeit insgesamt sinkt, wenn sich die Informationsverarbeitung auf das eigene Erscheinungsbild konzentriert. Die Selbstbeobachtung erfordert zusätzliche mentale Ressourcen, was zu einer schnelleren Ermüdung führen kann, auch bekannt geworden als „Zoom-Fatigue". Eine weitere Ablenkung stellen die unterschiedlichen Hintergrundeinstellungen dar. Während sich in der Kommunikation von Angesicht zu Angesicht Gesprächspartner in derselben Situation befinden, kommen im Videogespräch unterschiedliche Kontexte zusammen. Die Wahl des Hintergrundbildes oder der Einblick in die räumliche Umgebung des Gegenübers kann irritierend sein und die Aufmerksamkeit zusätzlich beanspruchen. Das Gegenüber hat im Videogespräch also nicht nur nonverbale soziale Hinweise des Gegenübers zu interpretieren, sondern auch die Eigenwirkung und zusätzlich kontextuelle Schlüsselreize. Vor diesem Hintergrund fachliche oder zwischenmenschliche Informationen zu bewerten und darauf basierend Entscheidungen zu treffen, erfordert beträchtliche kognitive Kapazitäten. Verglichen mit dem informellen Flurfunk im Büro eine regelrechte Meisterleistung.

In Textnachrichten fehlen nonverbale Hinweise wie Mimik und Gestik gleich vollständig. Hier müssen sich Menschen auf Worte verlassen, um die Absichten und Emotionen des Gesprächspartners zu interpretieren. Dies kann zu Missverständnissen führen, nicht nur, da es vielen Menschen trotz virtueller Assistenten wie ChatGPT oder MS-Copilot immer noch schwerfällt, Kernbotschaften klar und einfach zu formulieren, sondern weil zusätzliche subtile Anmerkungen, die Ironie, Sarkasmus oder Emotionen vermitteln sollen, nicht immer als solche erkennbar sind. Um die Lücke zu füllen und Emotionen auch in Textbotschaften transportierbar zu machen, haben sich in der virtuellen Kommunikation neue Formen der sozialen Hinweise entwickelt, die Vertrauen schaffen, Intentionen vermitteln und soziale Bindungen fördern sollen. Zunehmend übernehmen Textformationen und Emojis die Rolle der nonverbalen Kommunikationsmittel.

Überraschenderweise gelingt es auch in Abwesenheit physischer Präsenz, komplexe emotionale Nuancen und soziale Kontexte effektiv zu vermitteln.

Textformatierungen wie Großbuchstaben, Wiederholungen oder der gezielte Einsatz von Satzzeichen („!!!") dienen dazu, Betonung oder Emotionen auszudrücken. Ebenso funktionieren Emojis als visuelle Symbole, die Gefühle wie Freude 😊, Überraschung 😮 oder Ironie 😏 mit einem einzigen Zeichen transportieren können. Das Erstaunliche daran ist, wie intuitiv und universell diese neuen Formen der nonverbalen Kommunikation genutzt werden.

Studien[3] zeigen, dass Menschen Emojis ähnlich wie Gesichtsausdrücke interpretieren und sogar neurologische Reaktionen darauf zeigen, die denen realer emotionaler Hinweise ähneln. Die Art und Weise, wie Teams interagieren, hat sich damit an die Anforderungen der digitalen Welt angepasst. Kurze, prägnante Nachrichten werden durch den gezielten Einsatz von Symbolen oder Formatierungen emotional angereichert. Diese Entwicklung zeigt einerseits, wie flexibel und anpassungsfähig der Mensch in seiner Kommunikation ist. Was einst nur in physischen Interaktionen möglich war, wird heute durch kreative digitale Ausdrucksformen ersetzt, die soziale Nähe auch in der virtuellen Welt aufrechterhalten. Andererseits wird auch der enorme Handlungsbedarf im Zusammenhang mit Führung sichtbar.

Denn sicher ist, Emojis allein schaffen keinen Zusammenhalt.

Dazu sind sie auch zu sehr abhängig vom Kontext und der Interpretation ihrer Nutzer. Studien[4] machen deutlich, wie sehr die Beliebtheit von Emojis dem Zeitgeist unterworfen ist. Derzeit am beliebtesten ist das Gesicht mit Freudentränen, gefolgt von einem lachenden Gesicht. Der Favorit der Gen Z ist allerdings das melodramatisch heulende Gesicht 😭, mit dem eine ganze Bandbreite von Emotionen ausgedrückt wird, durchaus auch positive. Das bei älteren Generationen beliebte Zwinkersmiley kann von Jüngeren als herablassend wahrgenommen werden – und der Daumen hoch als irritierend, weil er das Gespräch abrupt beendet. Wenn sie Ironie ausdrücken will, verwendet

---

[3] Bai et al. (<CitationRef aid:cstyle="CitationRef" 2019) haben eine aufschlussreiche Metaanalyse zur Verwendung von Emojis verfasst.
[4] Fricke L, Grosz PG, Scheffler T. Semantic differences in visually similar face emojis. *Language and Cognition*. 2024;16(4):1433–1447. doi:10.1017/langcog.2024.12.

die GenZ das auf den Kopf gestellte Smiley, was im professionellen Kontext von der älteren Generation als unangemessene Albernheit missverstanden werden kann.

Zurückhaltung ist im Zweifel auch bei den beliebten kurzen animierten Bildern, Graphics Interchange Formate, kurz GIF, geboten. Viele GIFs haben einen humorvollen Charakter, sie transportieren Emotionen oder Botschaften durch Animation, die oft besser wahrgenommen werden als reiner Text. Sie lassen sich leicht in Chats, E-Mails oder Präsentationen einfügen, z. B. ein „High-Five"-GIF nach einer erfolgreichen Präsentation. GIFs können die Teamkommunikation bereichern, besonders in virtuellen Arbeitsumgebungen, da sie emotionale Nuancen vermitteln und die Arbeitsatmosphäre auflockern können, aber sie können auch das Gegenteil bewirken. Personen können sich ausgeschlossen fühlen oder GIFs als unangemessen empfinden.

Emojis und GIFs sind in einen kulturellen Kontext eingebettet und lassen damit eine Bandbreite an Interpretationsmöglichkeiten zu.

Problematisch wird die Verwendung von GIFs und Emojis, wenn Teams von Vielfalt geprägt sind, z. B. in Bezug auf Alter, Herkunft, Persönlichkeit oder Lebensumstände. Konfusion und Missverständnisse sind hier vorprogrammiert.

Emojis und GIFs können Sprachbarrieren überwinden und Menschen einander näherbringen, doch es gibt kulturelle und individuelle Unterschiede in der Präferenz für visuelle Symbole und Bilder.

Somit kann die Verwendung von Emojis und anderen nichtsprachlichen Zeichen Mehrdeutigkeit fördern und zu Missverständnissen führen. Im interkulturellen Kontext kann das Führungskräfte vor unterschiedliche Herausforderungen stellen, wie folgendes Beispiel verdeutlichen soll.

Die Kommunikation im virtuellen Team erfordert ein hohes Maß an Ausdruckskompetenz und zusätzlich inter-

> **Beispiel: Nonverbale soziale Hinweise im Chat**
>
> Ein globales Vertriebsteam, mit Mitgliedern aus Deutschland, den USA, Japan und Brasilien, arbeitet gemeinsam an der Planung einer Markteinführungsstrategie. Der Austausch erfolgt hauptsächlich über einen gemeinsamen Teamchat, ergänzt durch gelegentliche Videokonferenzen.
> Im Chat schreibt Thomas, der deutsche Teamleiter: „Bitte sendet eure Statusberichte bis morgen 17:00 Uhr." Die klare und direkte Formulierung entspricht der deutschen Kommunikationskultur, die häufig Wert auf Effizienz und Sachlichkeit legt.
> Ana aus Brasilien antwortet: „Ich schicke es gerne bis morgen! 😊" Ihr Tonfall ist enthusiastisch und enthält ein Emoji, was typisch für die brasilianische Kommunikationsweise ist, die oft Wärme und emotionale Verbundenheit betont.
> Hiroshi aus Japan hingegen reagiert mit: „In Ordnung, ich werde mich bemühen, es rechtzeitig zu liefern." Die vorsichtige und zurückhaltende Formulierung spiegelt die japanische Tendenz wider, Höflichkeit und Harmonie zu priorisieren. Dieser Kommentar könnte jedoch von Thomas als Unsicherheit oder mangelndes Engagement interpretiert werden.
> Steve aus den USA schreibt: „Got it! 👍" Die kurze, informelle Antwort ist typisch für die amerikanische Kommunikationskultur, die oft direkt und pragmatisch ist. Während dies für Steve selbstverständlich ist, könnte es für Hiroshi als zu locker oder unhöflich erscheinen.

4 Virtuelle Teams erfolgreich managen

Diese kurze Sequenz aus einem Teamchat zeigt typische Herausforderungen:

1. **Missverständnisse durch kulturelle Direktheit**: Thomas' knappe und direkte Anweisung könnte von Teammitgliedern aus Kulturen, die Wert auf Höflichkeit oder indirekte Kommunikation legen (z. B. Japan), als unpersönlich oder zu fordernd wahrgenommen werden.
2. **Interpretation von Höflichkeit**: Hiroshis vorsichtige Formulierung „Ich werde mich bemühen" könnte von Thomas als Unsicherheit interpretiert werden, obwohl sie aus japanischer Sicht eine höfliche und angemessene Antwort darstellt.
3. **Unterschiede in der Nutzung von sozialen Hinweisen**: Ana nutzt Emojis, um Verbundenheit zu schaffen, während Hiroshi und Thomas eher sachlich bleiben. Solche Unterschiede können dazu führen, dass manche Teammitglieder als wärmer oder engagierter wahrgenommen werden, obwohl dies kulturell bedingt ist.

Lösungsvorschlag:
Als Führungskraft sollte Thomas darauf achten, dass kein Mitglied durch unterschiedliche Kommunikationsstile benachteiligt wird. Dies könnte durch **Richtlinien** für die Verwendung von Emojis und die Interpretation von Antworten unterstützt werden. Zudem könnte er ein **Bewusstsein schaffen für kulturelle** Unterschiede in der Verwendung von Zeichen, z. B. wird ein Daumen hoch in manchen Kulturen als Zustimmung, in anderen als abwertend interpretiert. Sämtliche Teammitglieder sollten ermutigt werden, **bei Unsicherheit nachzufragen** bezüglich der Bedeutung der Botschaft. Um Missverständnisse zu vermeiden, könnte Thomas als Vorbild vorangehen und **klare einfache Worte bevorzugen**, anstatt Emojis oder GIFs zu verwenden. Statt: 🙌 „Danke für die tolle Arbeit, Leute! 🎉👏" könnte er schreiben „Vielen Dank für eure großartige Arbeit an diesem Projekt. Euer Einsatz hat den Erfolg möglich gemacht!" Statt: 👏✋„Super gemacht, Anna! ✋" „Anna, tolle Arbeit! Deine Lösung hat uns wirklich geholfen, die Herausforderung zu meistern." Statt: 🤔„Hmmm, das könnte besser sein …☺" besser: „Das Konzept ist schon ein guter Ansatz. Ich denke, wir könnten noch an der Struktur arbeiten, um es klarer zu machen."

kulturelles Bewusstsein. Da Mimik, Gestik und Tonfall oft eingeschränkt oder nicht optimal übertragen werden, sind klare und eindeutige Formulierungen entscheidend, um Inhalte allgemein verständlich zu vermitteln. Empathie und emotionale Intelligenz spielen eine zunehmend größere Rolle, weil Stimmungen und Bedürfnisse schwerer wahrnehmbar sind als im direkten Gespräch. Wenn die zwischenmenschliche Nähe fehlt, ist es wichtig, mögliche Gefühle und Bedürfnisse gezielt anzusprechen. Sensibilität für kulturelle Unterschiede in Kommunikationsstilen oder Umgangsformen hilft, Missverständnisse zu vermeiden. Führungskräfte sollten die Vielfalt der Kommunikationsstile erkennen und aktiv darauf eingehen. Nicht jedem liegt die Verwendung von Emojis und es bleibt ein Vakuum, das durch andere Formen der zwischenmenschlichen Interaktion ausgeglichen werden sollte, z. B. durch Feedback und aktives Zuhören. Hier wird deutlich, wie wichtig es ist, als Führungskraft mit positivem Beispiel voranzugehen.

Feedback und aktives Zuhören sind für effektive Führung essenziell.

Feedback und aktives Zuhören beugt Missverständnissen vor und stellt sicher, dass alle im Team die gleichen Informationen haben. Eine bewusste und konsistente Kommunikation wirkt professionell und schafft Vertrauen. Im Zweifel ist Sprache nichtsprachlichen Zeichen vorzuziehen. Respektvolle und zielführende Kommunikation der Führungskraft inspiriert das Team, ihrem Beispiel zu folgen.

Fazit: Das Konzept der sozialen Hinweise wird an die digitale Kommunikation angepasst, indem neue, nonverbale Formen sozialer Interaktion integriert werden. Emojis und GIFs sind nur dann sinnvoll, wenn sie von allen Teammitgliedern eindeutig interpretiert werden und die Vorliebe für diese nichtsprachlichen Mittel gleichermaßen von allen geteilt wird. Vor allem im interkulturellen Kontext sollte die Kommunikation einfach, klar und zielführend sein.

E-Mail, Videokonferenz oder Chat: Die Wahl des passenden Tools im virtuellen Team

Ein virtuelles Team unterscheidet sich von einem Präsenzteam durch einige wesentliche Merkmale, die vor allem auf die räumliche Trennung der Teammitglieder und den Einsatz digitaler Technologien zurückzuführen sind. Die Mitglieder eines virtuellen Teams können an unterschiedlichen Standorten arbeiten, müssen dies aber nicht. Ausschlaggebend für die Virtualität ist, dass die Teammitglieder über digitale Kommunikations- und Kollaborationstools miteinander kommunizieren und an gemeinsamen Projekten arbeiten. Dabei kommen Technologien wie Videokonferenzen, Messaging-Plattformen und Projektmanagement-Tools zum Einsatz, die physische Treffen ersetzen und den Austausch von Informationen sowie die Koordination von Aufgaben sicherstellen. Unterschiedliche Kommunikationskanäle wie Video, Audio, Chat oder E-Mail unterscheiden sich in ihrer Reichhaltigkeit, mit der sie in der Lage sind, verbale und nichtverbale Informationen zu vermitteln (siehe Abb. 4.1). So gelten persönliche Interaktion und Videogespräche tendenziell als reichhaltig, da sie über soziale Hinweise wie Mimik und Gestik Rückschlüsse auf das Befinden des Gesprächspartners zulassen. Telefonanrufe verfügen über eine mittlere Reichhaltigkeit, da trotz fehlender visueller Informationen das Sprechtempo, die Stimmhöhe und Gesprächspausen Hinweise auf das Befinden des Gegenübers geben können. Chats und E-Mails sind hingegen ärmer an sozialen Hinweisen

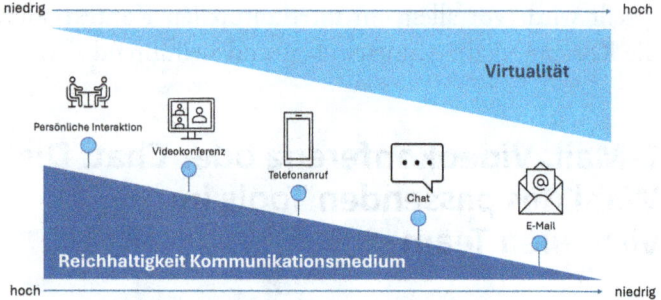

Abb. 4.1 Medienreichhaltigkeit und Virtualität

und damit von begrenzter Reichhaltigkeit. Für Führungskräfte bedeutet dies, dass in jeder Konstellation gesonderte Maßnahmen erforderlich sind, um die Produktivität und die Zufriedenheit im Team aufrechtzuerhalten.

Ein Team, das vorwiegend per E-Mail oder Chat kommuniziert, ist virtueller als ein Team, das sich regelmäßig persönlich begegnet oder Videokonferenzen durchführt.

Mit dem Abnehmen der Reichhaltigkeit des Kommunikationsmediums steigt die Virtualität. Bildquelle: Diana von Kopp

Ein weiteres Merkmal der Virtualität ist die **Synchronizität**. Der Unterschied zwischen synchronen und asynchronen Kommunikationsmitteln liegt in der Art und Weise, wie und wann die Kommunikation zwischen den Beteiligten stattfindet. Synchrone Kommunikation, wie Telefonanrufe, Videokonferenzen (z. B. Zoom, Microsoft Teams), Live-Chats und persönliche Gespräche, ermöglicht den direkten Austausch und Kommunikation in Echtzeit, setzt aber voraus, dass alle Beteiligten gleichzeitig anwesend und aktiv sind. Synchrone Kommunikation hat klare Vorteile in Bezug auf Schnelligkeit, Interaktivität und Beziehungsaufbau. Der unmittelbare Dialog fördert kreative Problemlösungen, da Teammitglieder direkt aufeinander reagieren und ihre Ideen in Echtzeit miteinander teilen und weiterentwickeln können. Dies ist besonders wertvoll bei Brainstorming-Sitzungen oder komplexen Entscheidungen. Missverständnisse können in synchroner Kommunikation direkt angesprochen und geklärt werden, ohne dass auf eine verzögerte Antwort gewartet werden muss. Dies führt zu schnelleren Entscheidungen und einer zügigeren Bearbeitung von Aufgaben. Bei dringenden oder zeitkritischen Aufgaben ist synchrone Kommunikation daher oft unverzichtbar. Wenn eine schnelle Antwort erforderlich ist, ist ein direkter Austausch die effizienteste Lösung.

Insbesondere in Teams, die sich häufig virtuell austauschen, ist der regelmäßige synchrone Kontakt wichtig, um soziale Bindungen zu fördern.

Allerdings kann eine übermäßige Nutzung von Videokonferenzen auch dazu führen, dass Teammitglieder ihre Arbeit häufiger unterbrechen müssen, was zusätzlichen Zeitaufwand bedeutet. Zudem existieren häufig Barrieren, etwa unterschiedliche Zeitzonen, die synchrone Kommunikation erschweren. In internationalen virtuellen Teams, in denen nicht alle Beteiligten gleichzeitig verfügbar sind, oder wenn Teammitglieder unterschiedliche Arbeitszeiten haben, wird im Alltag häufig auf asynchrone Mittel zurückgegriffen, bei denen Nachrichten oder Informationen auch in Abwesenheit der beteiligten Personen und zeitversetzt übermittelt werden können. Asynchrone Kommunikation (E-Mails, Chat-Nachrichten in Teams oder Slack) ermöglicht es den Teammitgliedern, Nachrichten zu beantworten oder Aufgaben zu bearbeiten, wann es für sie am besten passt. Dies unterstützt eine höhere Flexibilität und sorgt dafür, dass Arbeit auch außerhalb der Bürozeiten erledigt werden kann.

Ein großer Vorteil der asynchronen Kommunikation ist, dass sie konzentriertes Arbeiten fördert.

Teammitglieder können sich auf ihre Aufgaben konzentrieren und Informationen gezielt in ihrem eigenen Tempo verarbeiten. Bei asynchroner Kommunikation haben Teammitglieder die Möglichkeit, in Ruhe über Antworten nachzudenken und detailliertere, durchdachtere Rückmeldungen zu geben. Dies ist besonders wichtig, wenn anspruchsvolle und komplexe Aufgaben gelöst oder schwierige Entscheidungen zu treffen sind. Asynchrone Kommunikation bietet zudem die Möglichkeit, auf Fragen und Anforderungen nicht sofort, sondern nach einer angemessenen Recherche zu reagieren. Teammitglieder können auf Inhalte zugreifen, sich in Ruhe vorbereiten und darauf basierend ihre Antwort verfassen, was oft zu qualitativ hochwertigeren Ergebnissen führt. Asynchrone Kommunikation kann zudem helfen, die Zahl der Meetings zu reduzieren. Das erlaubt es Teammitgliedern, sich auf eine Nachricht oder Aufgabe in ihrer vollen Aufmerksamkeit zu konzentrieren, ohne unterbrochen oder abgelenkt zu werden. Asynchrone Kommunikation vereinfacht die Dokumentation und Speicherung von Inhalten. So können Teammitglieder jederzeit auf vergangene Dokumente zurückgreifen und nachverfolgen, welche Informationen zu welchem Zeitpunkt geteilt wurden. Dies ist besonders nützlich bei der Überprüfung von Fortschritten oder dem Aufarbeiten von Projekten. Durch den effizienten Informationsfluss kann asynchrone Kommunikation die Produktivität und Qualität der Arbeit, aber auch die Gesundheit und Zufriedenheit der Teammitglieder verbessern.

Allerdings kann auch das Gegenteil zutreffen, wenn der Informationsfluss durch verzögerte Bearbeitungszeiten ins Stocken kommt. Diese Verzögerung kann in zeitkritischen Situationen den Arbeitsfluss erheblich stören und als frustrierend wahrgenommen werden, insbesondere, wenn wichtige Informationen von mehreren Teammitgliedern oder

Abteilungen benötigt werden. Entscheidungen können verlangsamen, Aufgaben nicht beendet werden und Lösungen von Problemen hinausgezögert werden, wenn E-Mails ungeöffnet bleiben. Wenn relevante Informationen zudem in verschiedenen Kanälen gleichzeitig versendet werden, kann es sein, dass Teammitglieder den Überblick verlieren und nur selektiv antworten. Dies führt zu Informationslücken und kann den reibungslosen Ablauf von Projekten und Entscheidungen behindern. Tatsächlich ist dies eine der größeren Herausforderungen in virtuellen Teams.

Hier zeigt sich, wie wichtig Regeln und Normen in Bezug auf die Zusammenarbeit sind. Es sollte so konkret wie möglich festgelegt sein, wie, wann und mit welchem Tool Informationen geteilt werden!

Klare Kommunikationsrichtlinien und Erwartungen sowie regelmäßige Updates helfen, den Informationsfluss aufrechtzuerhalten.

Durch die richtige Balance zwischen asynchroner und synchroner Kommunikation, strukturierten Prozessen und regelmäßigem Feedback können Führungskräfte sicherstellen, dass Informationen effizient und kontinuierlich weitergegeben und bearbeitet werden.

In der täglichen Zusammenarbeit ergänzen sich synchrone und asynchrone Kommunikationsformen und sollten je nach Teamanforderung und Kontext ausgewogen eingesetzt werden. Die Media Synchronicity Theory[5] (MST) liefert eine wertvolle Grundlage, um die Effektivität von Kommunikation in verschiedenen Kontexten zu verbessern. Im Kern geht es darum, wie gut ein Medium die Synchronizität, also die Gleichzeitigkeit und Abstimmung in der Kommunikation, unterstützt. Dabei betont die

---

[5] Die MST wurde von Dennis, Fuller und Valacich (2008) entwickelt und legt den Fokus darauf, wie gut ein Medium die **Synchronizität**, also das Gleichzeitigkeitsempfinden, unterstützt.

MST, dass die Wahl des richtigen Mediums entscheidend von der Art der Aufgabe abhängt. Für konvergente Aufgaben, wie Entscheidungsfindung oder Konsensbildung, sind Medien mit hoher Synchronizität besser geeignet, da sie direkte Rückmeldungen und spontane Interaktionen ermöglichen. Für divergente Aufgaben, wie die Sammlung oder Analyse von Informationen sowie komplexere Aufgaben mit hohem Informationsaufwand, bieten Medien mit niedriger Synchronizität Vorteile, da sie eine gründliche Vorbereitung und Dokumentation unterstützen.

Die Theorie hebt folgende Auswahlkriterien für geeignete Tools hervor:

- die Möglichkeit für direktes Feedback
- die Vielfalt an Ausdrucksmöglichkeiten
- die Parallelität der Interaktion mit mehreren Personen gleichzeitig
- Möglichkeit der zeitverzögerten Bearbeitung und Aufbewahrung von Informationen

Die Berücksichtigung dieser Faktoren hilft, die passenden Kommunikationsmittel zu wählen. Praktisch rät die MST dazu, sowohl synchrone als auch asynchrone Medien je nach Situation und Teamkonstellation flexibel zu kombinieren (siehe Tab. 4.2). Beispielsweise könnte ein Team ein synchrones Meeting nutzen, um Ziele zu besprechen, und anschließend ein asynchrones Dokument für die weiterführende Analyse verwenden. Durch die gezielte Anwendung der MST können Teams nicht nur ihre Kommunikationsprozesse optimieren, sondern auch die Effizienz und das Vertrauen in die Zusammenarbeit stärken.

Die sorgfältige Auswahl der passenden Kommunikationstools ist entscheidend, um die Zusammenarbeit optimal zu fördern. Tools wie **Microsoft Teams**, **Slack** oder **Zoom** bieten nicht nur Möglichkeiten für direkte Kommunikation, sondern fördern auch die Integration von kolla-

4 Virtuelle Teams erfolgreich managen

Tab. 4.2 Synchrone und asynchrone Medien

Medien	Synchron	Asynchron
Beispiele	Persönliche Gespräche, Videokonferenzen (z. B. Zoom, Microsoft Teams), Telefonanrufe, Live-Chats, Kollaborationstools wie SharePoint mit Kommentarfunktion	E-Mails, Foren, Messaging-Apps (z. B. Slack, WhatsApp), Dokumentenfreigabe-Plattformen (z. B. Google Drive, Notion).
Vorteile	• Schnelle Reaktionen und unmittelbares Feedback • Engagement durch direkte Beteiligung • Vielfalt von Ausdrucksmöglichkeiten • Zusätzliche Informationen durch nonverbale Signale • Mehrere Personen können gleichzeitig interagieren • Stärkung der persönlichen Ebene • Ideal für schnelle Entscheidungen, Informationsbeschaffung	• Teammitglieder können unabhängig voneinander Beiträge leisten • Antworten können nachgelesen, reflektiert und überarbeitet werden • Zeitlich und inhaltlich flexible Planung der Bearbeitung • Prozesse können dokumentiert und nachvollzogen werden • Wiedervorlage von Informationen möglich • Ideal für flexibles und zeitunabhängiges Arbeiten • Für strategische Entscheidungen und Ideensammlungen • Dokumentation und Speicherung über einen längeren Zeitraum

borativen Arbeitsprozessen, die den Austausch zwischen Teammitgliedern erleichtern.

Wichtig ist, dass die gewählten Plattformen die Bedürfnisse des Teams widerspiegeln.

Während einige Teams von asynchronen Kommunikationsmethoden wie E-Mail oder Plattformen wie Notion profitieren, benötigen andere Echtzeitkommunikation, um schnelle Entscheidungen zu treffen. Die Tools sollten intuitiv zu bedienen und barrierefrei zugänglich sein, um sicherzustellen, dass sich alle Mitglieder problemlos einbringen können. Darüber hinaus ermöglichen strukturierte Kommunikationskanäle, wie themenspezifische Channels in Slack oder virtuelle Projekträume, eine klare und organisierte Zusammenarbeit, was Missverständnisse minimiert und den Zusammenhalt stärkt. Ein weiteres wichtiges Element ist die Integration von Feedback-Mechanismen, die es den Teammitgliedern erlauben, offen Meinungen auszutauschen und so ein Gefühl von Wertschätzung und Zugehörigkeit zu schaffen. Schließlich sollte die Wahl der Tools auch Aspekte wie Datenschutz und Verlässlichkeit berücksichtigen, da Vertrauen in die genutzte Technologie den Teamzusammenhalt zusätzlich unterstützt. Bei der Auswahl von Kommunikationstools kann die passende Mischung aus Funktionalität, Nutzerfreundlichkeit und Teamkultur wesentlich zur Stärkung des Teamgefühls beitragen.

Forschungsansätze in Bezug auf virtuelle Teams

Obwohl das virtuelle Team als die „neue Normalität" angesehen wird, steckt die Forschung in Bezug auf diese Normalität noch in ihren Anfängen und kommt darüber hinaus zu widersprüchlichen Ergebnissen. Einerseits zeigen Metaanalysen, die Dutzende Einzelstudien umfassen, z. B. von Gilson et al. (2015), dass virtuelle Teams ebenso produktiv oder sogar produktiver sein können als traditionelle Teams – wenn bestimmte Bedingungen erfüllt sind. Dazu gehören klare und **messbare Ziele**, **Klarheit über die eigenen Aufgaben** und Verantwortung, **geeignete Technologien** und eine **gute Führung**. Gerade bei Aufgaben, die Autonomie und geringe Abhängigkeit zwischen den Teammitgliedern voraussetzen, sind virtuelle Teams nachweislich effektiver.

> **Beispiel für Autonomie und geringe Aufgabenabhängigkeit im virtuellen Team**
>
> **Modulare Entwicklung einer neuen Software:** Mitglieder eines globalen Teams von Softwareentwicklern arbeiten autonom an verschiedenen Teilprojekten, ohne ständig mit anderen Teammitgliedern synchronisieren zu müssen. Die Zusammenarbeit erfolgt über Code-Repositorys wie GitHub oder GitLab und die Kommunikation findet asynchron über Foren, Issue-Tracker oder Pull-Requests statt. Da es geringe Abhängigkeiten zwischen den Entwicklern gibt und jeder eigenverantwortlich an bestimmten Modulen arbeitet, kann das virtuelle Team sehr effektiv sein.

Das Gegenteil ist der Fall, wenn komplexe Aufgaben die ständige Abstimmung mehrerer Personen erfordern (Gajendran & Joshi, 2012). Die fehlende unmittelbare (synchrone) Kommunikation könnte in einem virtuellen Team zu Verzögerungen, Missverständnissen oder ineffizienten Entscheidungsprozessen führen.

> **Beispiel für geringe Autonomie und hohen Abstimmungsbedarf**
>
> **Entwicklung einer neuen Unternehmensstrategie in einem Führungsteam.** Hier müssen verschiedene Abteilungen (z. B. Marketing, Finanzen, Produktentwicklung) eng zusammenarbeiten, um eine einheitliche Strategie zu entwickeln. Da jede Entscheidung Auswirkungen auf andere Bereiche hat, ist eine kontinuierliche Abstimmung notwendig. Spontane Diskussionen, direkte Rückfragen und schnelles Feedback sind entscheidend, um Missverständnisse zu vermeiden und effiziente Entscheidungen zu treffen, weshalb eine Zusammenarbeit im direkten Kontakt oder, wenn dies nicht möglich ist, über geteilte SharePoint-Dokumente und Videoabsprachen effektiv ist.

Virtuelle Teams benötigen insbesondere **in der Anfangsphase mehr Zeit**, um Vertrauen und effektive Zusammenarbeit aufzubauen, da informelle Interaktionen fehlen, die normalerweise helfen, eine schnelle Arbeitsdynamik und gegenseitiges Vertrauen aufzubauen (Martins et al., 2004). Das ist insbesondere dann ein Nachteil, wenn schnelle Entscheidungen und eine enge Zusammenarbeit von Beginn an erforderlich sind. Konkret wäre das beispielsweise in einem Krisenmanagementteam der Fall, das in einer akuten Situation, wie einem Cyberangriff oder einem Produktionsstopp, sofort effektiv handeln muss. Wenn das Team neu zusammengestellt wurde und virtuell arbeitet, könnten Missverständnisse auftreten, sich Entscheidungsprozesse verzögern und Unklarheiten in Bezug auf Verantwortlichkeiten entstehen. Weshalb in solchen Situationen **Checklisten** und **klar geregelte Prozesse** und Abläufe besonders wichtig sind.

In Bezug auf die relative Anonymität in Computer vermittelter Kommunikation (CMC) und ihre negativen oder positiven Auswirkungen auf den Zusammenhalt im Team konnte sich die Wissenschaft bis heute noch nicht gänzlich einigen. Während einige Theorien (dargestellt in Tab. 4.3), wie die *Media Richness Theory* (Daft et al., 1986) und das *Reduced Social Cues Model* (Kiesler et al., 1984) davon ausgehen, dass der Mangel an persönlicher Interaktion den Aufbau sozialer Bindungen erschwert, argumentiert das *Social Identity Model of Deindividuation Effects* (SIDE, Lea & Spears, 1995; Postmes SIDE, Lea & Spears, 1998) mit dem Gegenteil. Vermutlich ist Folgendes der Fall:

Anonymität kann Teambindungen schwächen, wenn sie persönliche Kontakte seltener oder oberflächlicher macht. Gleichzeitig kann sie Bindungen auch stärken – etwa dann, wenn virtuelle Kommunikation Hierarchien und Statusunterschiede abmildert.

Tab. 4.3 Theorien zur Virtualität

Theorie	Annahme
Medienreichhaltigkeitstheorie, MRT (Daft et al., 1986)	Die Medienreichhaltigkeitstheorie (Media Richness Theory) wurde von Richard L. Daft und Robert H. Lengel entwickelt. Sie beschäftigt sich mit der Effektivität verschiedener Kommunikationsmedien bei der Übertragung von Informationen, insbesondere in Organisationen. Die zentrale Idee ist, dass unterschiedliche Medien unterschiedlich „reich" an Informationen sind, was ihre Eignung für verschiedene Kommunikationssituationen bestimmt. Reichhaltige Medien wie Video-Anrufe oder persönliche Gespräche sind besonders geeignet für persönliche Themen sowie vielschichtige und mehrdeutige Aufgaben, da sie nonverbale Signale und direkte Rückmeldungen ermöglichen. Weniger reichhaltige Medien wie E-Mails sind effizienter für einfache, klare Botschaften und dem Zusammenfassen komplexer Themen. Die Theorie der Medienreichhaltigkeit hilft, das passende Medium für unterschiedliche Kommunikationssituationen zu wählen, wird aber für ihre Starrheit und mangelnde Berücksichtigung neuer Technologien kritisiert.

(Fortsetzung)

Tab. 4.3 (Fortsetzung)

Theorie	Annahme
Theorie der Synchronizität von Medien, MST (Dennis et al., 2008)	Die Media Synchronicity Theory (Theorie der Synchronizität von Medien, MST) entwickelt von Robert M. Fuller und Joseph S. Valacich, ist eine Erweiterung der Reichhaltigkeitstheorie, die sich mit der Wahl geeigneter Kommunikationsmedien befasst. Sie unterscheidet Medien anhand des Grades ihrer Synchronizität, also dem Ausmaß, in dem Personen gleichzeitig und koordiniert an einer Aufgabe arbeiten können. Die Synchronizität eines Mediums wird durch Faktoren wie Parallelität (Möglichkeit, mehrere Kommunikationsstränge gleichzeitig zu führen) und die Geschwindigkeit von Rückmeldungen bestimmt. Medien wie Telefon oder Videoanrufe bieten **hohe Synchronität**, weil sie Echtzeitinteraktionen ermöglichen, während **asynchrone Medien** wie E-Mail oder Textnachrichten eine Verzögerung in der Kommunikation haben. Die Theorie betont, dass die Wahl des Mediums von der Art der Aufgabe und den spezifischen Kommunikationsanforderungen abhängt. Zum Beispiel: Komplexe Aufgaben mit hohem Informationsaustausch erfordern in der Regel hohe Synchronität, wie sie durch Videoanrufe oder Face-to-Face-Kommunikation geboten wird. Einfachere Aufgaben oder solche, bei denen die Kommunikation weniger interaktiv und zeitkritisch ist, können gut mit asynchronen Medien wie E-Mails oder Textnachrichten bearbeitet werden.

Ein weiteres Merkmal ist die Meinungskonvergenz, bei der sich die Meinungen oder Ansichten von Individuen durch den Austausch von Informationen in einer Kommunikation annähern und harmonisieren. Die MST beeinflusst, wie schnell und effektiv dieser Prozess stattfindet. Wenn ein Medium eine hohe Synchronität bietet, wie z. B. Echtzeitkommunikation (Videoanrufe, Telefongespräche), ermöglicht es eine **direkte Rückmeldung** und eine schnelle Klärung von Missverständnissen, was zu einer rascheren Konvergenz der Meinungen führen kann. Das bedeutet, dass synchroner Austausch schnellere Konsensbildung fördert, während dieser Prozess im asynchronen Austausch langsamer vonstattengeht.

Ein Vorteil gegenüber der MRT ist, dass die MST nicht nur die Eigenschaften des Mediums betrachtet, sondern auch die Kommunikationsziele und Aufgabenart stärker einbezieht, was eine differenziertere Medienwahl ermöglicht. Dadurch ist die MST flexibler und besser auf moderne, technologiegestützte Kommunikation anwendbar.

(Fortsetzung)

Tab. 4.3 (Fortsetzung)

Theorie	Annahme
Reduced Social Cues Model (RSCM, Kiesler et al., 1984; Sproull & Kiesler, 1986)	Der Reduced-Social-Cues-Ansatz, entwickelt von Kiesler et al. (1984) und Sproull und Kiesler (1986), geht davon aus, dass computervermittelte Kommunikation im Vergleich zur Face-to-Face-Kommunikation defizitär ist, da wichtige soziale Hinweisreize wie nonverbale Signale – insbesondere in rein textbasierter Kommunikation – fehlen. Das Fehlen dieser sozialen Hinweisreize erhöht die Anonymität und führt zu einer unvollständigen Wahrnehmung der Kommunikationspartner, was Missverständnisse und opportunistisches Verhalten zur Folge haben und sich negativ auf die Vertrauensbildung auswirken kann. Auf der anderen Seite wird auch ein positiver Effekt angenommen, etwa dass Statusunterschiede zwischen den Kommunikationspartnern verborgen bleiben könnten, was zu einer Demokratisierung und Egalisierung der Kommunikation beitragen soll. Die empirische Unterstützung für diese Annahmen ist jedoch uneinheitlich. Differenziertere Perspektiven zu den sozialen Auswirkungen der computervermittelten Kommunikation finden sich in der Theorie der sozialen Informationsverarbeitung und im SIDE-Modell.

| Social Identity Theory of Deindividuation Effects ((SIDE), Lea & Spears, 1995; Postmes & Spears, 1998) | Die SIDE-Theorie (Social Identity Model of Deindividuation Effects) erklärt, wie soziale Identität und Anonymität in Gruppen die Kommunikation und das Verhalten von Individuen beeinflussen, insbesondere in computervermittelter Kommunikation (CMC). Die Theorie wird häufig genutzt, um Verhalten in Online-Foren, sozialen Netzwerken oder in virtuellen Teams zu erklären, wo Anonymität und soziale Identität eine zentrale Rolle spielen. Kerngedanke ist, dass Anonymität oder fehlende persönliche Interaktionen in einer Gruppe dazu führen, dass die persönliche Identität in den Hintergrund tritt (Depersonalisierung) und die soziale Identität (Zugehörigkeit zur Gruppe) an Bedeutung gewinnt. Die SIDE-Theorie zeigt, dass Anonymität nicht automatisch zu Chaos führt, sondern das Verhalten stark von den Normen der jeweiligen Gruppe abhängt. Für die Führung virtueller Teams ergibt sich die praktische Relevanz, dass eine positive Teamidentität, klare Normen und ein gestärkter sozialer Zusammenhalt dazu beitragen können, produktive und kooperative Dynamiken zu fördern. Neu gegründete virtuelle Teams sollten zunächst mit der Stärkung der Teamidentität beginnen, z. B. durch gemeinsame Erlebnisse. |

So könnten beispielsweise Ideen und Feedback in einem anonymeren Kontext unabhängig von der sozialen Stellung bewertet werden. Allerdings muss erwähnt werden, dass die SIDE-Theorie vorwiegend Interaktionen in sozialen Online-Netzwerken untersucht hat und dass sich **Anonymität auch nur dann verstärkend auf das Miteinander auswirkt, wenn bereits eine gemeinsame Identität vorhanden ist**. Praktische Relevanz ergibt sich aus der SIDE-Theorie insofern, dass sie betont, dass es gerade am Anfang einer Initiative (wie der Bildung eines Teams) darauf ankommt, den Teamgeist zu stärken und eine gemeinsame Identität zu entwickeln.

Soziale Identifikation ist ein Schlüsselfaktor für die Interaktionsbereitschaft im digitalen Kontext.

Die Identifikation mit gemeinsamen, gelebten Werten und Normen ist die Grundvoraussetzung für die Interaktionsbereitschaft des Einzelnen. Die soziale Identifikation beruht unter anderem auf Ähnlichkeiten, die Menschen untereinander empfinden. Ähnlichkeit erzeugt Nähe und stärkt den Wunsch, sich für eine gemeinsame Sache zu engagieren.

Wie wird aus Individuen ein Team? Zahlreiche Studien aus der Sozialpsychologie belegen, dass das Gefühl der Gruppenzugehörigkeit eng mit geteilten Werten, Normen und Zielvorstellungen verknüpft ist. Wird eine solche geteilte soziale Identität erlebt, entsteht ein Gefühl der Verbundenheit, das nicht nur die Interaktion innerhalb der Gruppe stärkt, sondern auch das individuelle Verhalten maßgeblich beeinflussen kann. In bestimmten Kontexten führt diese kollektive Identifikation sogar dazu, dass eigene Bedürfnisse oder persönliche Ziele zugunsten des Gruppenerhalts und -wohls nachrangig behandelt werden – ein Mechanismus, der das soziale Miteinander stabilisiert, aber auch gezielt gestaltet werden muss.

In virtuellen Teams sollte der Teamgeist von Anfang an gefördert werden.

Nach dem Ansatz der identitätsbasierten Führung wird die Identifikation des Einzelnen mit dem Team beschleunigt, wenn die Führungskraft als Vorbild agiert und prototypisch für die Werte und Normen des Teams steht. Der Fußballbundestrainer Julian Nagelsmann formulierte es einmal so: „Als Nationaltrainer sind das Team, das Gefüge, die Stimmung und die Herzensverbundenheit zur Mannschaft das Wichtigste (…), wenn ich die Bilder der EM-Doku sehe, spüre ich extrem, dass die Spieler genau das Gleiche verkörpern und fühlen, was ich verkörpere und fühle."[6]

Eine gemeinsame Identität schafft ein Zugehörigkeitsgefühl, das Individuen motiviert, sich für die gemeinsamen Ziele des Teams zu engagieren.

Umgekehrt kann das Fehlen einer gemeinsamen Identität dazu führen, dass sich Individuen verstärkt aus der Gruppe oder dem Team zurückziehen und sich auf eigene Ziele oder andere Gruppen fokussieren. In virtuellen Teams kann dieser Rückzug durch reduzierte Kontakte und relative Anonymität noch verstärkt werden. Gleichzeitig kann eine gemeinsame Teamidentität die negativen Auswirkungen der Anonymität auffangen und auch ohne persönlichen Kontakt dafür sorgen, dass sich Teammitglieder verbunden fühlen und an einem gemeinsamen Ziel arbeiten.

Regelmäßige Kommunikation, der Einsatz von Videoanrufen (um visuelle Hinweise zu integrieren) und Team-Building-Aktivitäten können Verbundenheit und gemeinsame Verantwortung stärken. Gleichzeitig ist es wichtig, dass die Führungskraft als Vorbild für das Team dient und die Interessen des Teams vertritt und verteidigt, insbesondere in einer virtuellen Umgebung.

---

[6] Interview mit Julian Nagelsmann am 11. März 2025 in der Frankfurter Allgemeinen Zeitung, Nr. 59, S. 27.

Virtuelle Teams – die Chancen für Teams und Führungskräfte

Virtuelle Teams bieten sowohl Führungskräften als auch ihren Teams zahlreiche Chancen. Einer der größeren Vorteile liegt in den flexiblen Arbeitszeiten und -orten, die es ermöglichen, Talente unabhängig vom geografischen Standort einzubinden. Führungskräfte können somit auf ein breiteres Spektrum an Fähigkeiten und Perspektiven zugreifen, was Innovationen und Problemlösung fördert. Virtuelle Teams ermöglichen zudem eine effizientere Ressourcennutzung, da Reisezeiten und -kosten entfallen und Arbeit oft asynchron gestaltet werden kann.

Für Führungskräfte bietet die virtuelle Zusammenarbeit die Chance, moderne Führungskompetenzen zu entwickeln, wie etwa die Förderung von Selbstorganisation und Vertrauen. Der Einsatz digitaler Tools kann die Transparenz in Prozessen erhöhen und eine klare Kommunikation sicherstellen, was die Teamkoordination erleichtert. Virtuelle Teams ermöglichen zudem eine bessere Work-Life-Balance, was die Motivation, das Wohlbefinden und langfristige Jobzufriedenheit steigern kann.

Die digitale Umgebung bietet zahlreiche Möglichkeiten, um Zusammenhalt und Engagement gezielt zu fördern, beispielsweise durch interaktive Meetings oder virtuelle Team-Events. Führungskräfte können durch gezielte Maßnahmen die Eigenverantwortung und Kreativität der Teammitglieder stärken. Gleichzeitig stärken Führungskräfte durch die Leitung von globalen Teams und die Zusammenarbeit mit internationalen Partnern ihr kulturelles Verständnis und ihre interkulturelle Kompetenz. Diese Fähigkeit ist in einer zunehmend globalisierten Arbeitswelt von unschätzbarem Wert, da sie es ermöglicht, verschiedene Kommunikationsstile und Arbeitsweisen zu verstehen und effektiv zu integrieren. Darüber hinaus werden Führungskräfte im digitalen Umfeld verstärkt dazu herausgefordert, ihre virtuellen Führungsfähigkeiten zu verbessern. Die Notwendigkeit, Teams aus der Ferne zu motivieren, Vertrauen aufzubauen und Ergebnisse zu erzielen, fördert die Entwicklung von Kompetenzen im Bereich der digitalen Kommunikation. Cloudbasierte kollaborative Tools wie Slack, Microsoft Teams oder Trello ermöglichen die nahtlose Zusammenarbeit und Kommunikation in virtuellen Teams, sie unterstützen den Ideenaustausch und geben die Möglichkeit zu anonymisiertem Feedback.

Technologien haben es Einzelpersonen ermöglicht, von überall und jederzeit zusammenzuarbeiten und nun ermöglichen sie es Teams, sich zu immer größeren Netzwerken zu erweitern.

Teams, die früher auf lokale Kommunikation und physische Treffen angewiesen waren, können nun nahtlos global zusammenarbeiten, Informationen austauschen und Projekte koordinieren. Darüber hinaus können sie sich über geografische Grenzen hinweg vergrößern, indem sie Netzwerke bilden und Experten, Partner oder Freiberufler aus verschiedenen Teilen der Welt einbeziehen. Das ist eine enorme Chance, da Unternehmen auf ein breiteres Spektrum an Fachwissen und innovativen Ideen zugreifen können.

Die globale Vernetzung ermöglicht es, schneller auf Trends zu reagieren, vielfältige Perspektiven zu integrieren und Problemlösungsfähigkeiten zu erweitern, was wiederum die Wettbewerbsfähigkeit verbessert.

Die Flexibilität, die virtuelle Zusammenarbeit bietet, schafft Raum für eine vielfältigere Arbeitsumgebung, in der unterschiedliche Kulturen und Arbeitsweisen zusammenkommen. Das kreative Potenzial und die Innovationskraft können sich auf diese Weise enorm vergrößern. Darin liegen Chancen, Organisationen insgesamt agiler, inklusiv und zukunftsfähig zu gestalten. Mit der richtigen Strategie, geeigneten Kollaborations-Tools und Teamgeist können Führungskräfte gemeinsam mit ihrem Team das Potenzial der virtuellen Zusammenarbeit entdecken und nutzen.

5

Technische Kompetenzen als Schlüsselqualifikation

Zusammenfassung Dieses Kapitel zeigt, dass digitale Kompetenzen heute essenziell für wirksame Führung sind. Sie erweitern klassische Führungsfähigkeiten um den sicheren Umgang mit digitalen Tools, virtueller Kommunikation und datenbasierter Entscheidungsfindung. Im Mittelpunkt stehen die passende Auswahl digitaler Medien, die Vorbildrolle beim Kompetenzerwerb im Team sowie eine offene Haltung gegenüber technologischen Neuerungen. Durch datenbasierte Entscheidungen werden fundiertes Handeln und strategische Weitsicht ermöglicht. So steigern digitale Kompetenzen Effizienz, Vertrauen und Teamzusammenhalt und gelten als Schlüsselqualifikation moderner Führung.

Überblick

Die Zusammenarbeit über computervermittelte Kommunikationsmedien und die damit einhergehende Entstehung virtueller Teams gewinnt stetig an Bedeutung. Führungskräfte und ihre Teammitglieder sind auf Technologien angewiesen, um erfolgreich zusammenzuarbeiten. Diese Abhängigkeit birgt unterschiedlichste Herausforderungen. Zum einen geht sie mit einem Verlust an zwischenmenschlicher Interaktion einher, die eine wesentliche Rolle spielt bei der Vermittlung von Informationen und dem Aufbau von Vertrauen. Während traditionell der Flurfunk als informelles Stimmungsbarometer und reiche Informationsquelle diente, müssen im digitalen Zeitalter neue Kanäle gefunden und etabliert werden. Die Installation dieser informellen und auch formalen Kanäle ist noch längst nicht abgeschlossen. Das Angebot an Kollaborationstools, Plattformen und KI-Anwendungen vergrößert sich in rasantem Tempo und erfordert eine enorme Anpassungsleistung ihrer Nutzer. Von Führungskräften wird aktives Digitalmanagement erwartet, in dem Sinn, dass sie Orientierung geben, Technologien und Softwarelizenzen bereitstellen, als Vorbild kompetent mit unterschiedlichsten Technologien umgehen und Entscheidungen auf der Grundlage von Daten treffen.

Digitalität managen

In Zeiten der Covid-19-Pandemie wurde rasch deutlich, dass die im Offline-Kontext ermittelten Führungskompetenzen nicht ohne Weiteres auf die virtuelle Führung übertragbar sind. Indem technische Innovationen, wie z. B. Plattformen für Videokonferenzen, die zuvor nur von einer kleinen Gruppe von Menschen genutzt worden sind,

Mainstream wurden, ging das mit einer Reihe unerwarteter Konsequenzen einher. Rasch etablierten sich Symptome für die erlebte Überforderung: „Zoom-Fatigue" (Ermüdung durch Reizüberflutung in Videogesprächen), „Video Call Anxiety" (Unwohlsein oder Stress vor und während Videogesprächen), **„Virtual Disconnection"** (Gefühl der sozialen Isolation, obwohl man durch digitale Tools ständig verbunden ist). „Always-on Culture" (stressauslösende Erwartung, ständig erreichbar und online zu sein), „Digital Burnout" (Erschöpfung durch übermäßige Nutzung digitaler Technologien).

Führungskräfte mussten sich quasi über Nacht psychologische und technische Kompetenzen für die digitale Zusammenarbeit aneignen. Zusätzlich dazu sollten sie ihre Teams mit geeigneten Technologien ausstatten, die Zusammenarbeit sicherstellen und Enthusiasmus in Bezug auf die verborgenen Chancen verbreiten. Eine in Pandemie-Zeiten durchgeführte Umfrage der Bertelsmann Stiftung (2020) mit mehr als 1000 Teilnehmenden ergab, dass mehr als die Hälfte der befragten Führungskräfte (64,5 %) eine wachsende Bedeutung ihrer Rolle sahen und dass sie verstärkt auf kooperative Führungsmethoden setzten. In Bezug auf Technologien waren die Rückmeldungen überwiegend positiv, wenn auch mit anfänglichen Herausforderungen verbunden. Die große Mehrheit der Führungskräfte berichtete von einer stark beschleunigten digitalen Transformation. Drei Viertel der Befragten zeigten sich positiv überrascht von der Eigenständigkeit ihrer Mitarbeitenden im Umgang mit den neuen technischen Möglichkeiten. Viele Führungskräfte zeigten sich bereit, neue technische Fähigkeiten zu erlernen, um virtuelle Teams effektiv zu leiten. Insgesamt wurde die technologische Umstellung trotz anfänglicher Schwierigkeiten als Chance für Innovation und verbesserte Effizienz in der virtuellen Zusammenarbeit gesehen.

Die adäquate Nutzung und der Einsatz von Technologien sind zu einer Schlüsselkompetenz für Führungskräfte geworden.

Das Konzept der „Digitalen Medienkompetenz der Führungskraft" (op 't Roodt et al., 2025) ist die wissenschaftliche Antwort auf die fortschreitende Integration von Technologien in den Arbeitsalltag von Führungskräften und ihren Teams. Es ergänzt bestehende essenzielle Führungskompetenzen um weitere Faktoren in Bezug auf dem kompetenten Umgang mit Technologien in der virtuellen Zusammenarbeit. Hierzu gehören drei Kernkompetenzen.

1. **Digitale Interaktion fördern:** Die Führungskraft sollte in der Lage sein, digitale Medien (E-Mail, Chat oder Instant Messaging, Videokonferenzen oder Online-Kollaborationsplattformen) effektiv in die Zusammenarbeit zu interagieren, wobei das digitale Medium entsprechend den Anforderungen der jeweiligen Situation ausgewählt werden sollte (*Digital Interaction*).
2. **Vorbild für Kompetenzerwerb**: Zudem sollte die Führungskraft ihre Kompetenzen in Bezug auf die Nutzung digitaler Medien erfolgreich an ihre Mitarbeitenden weitergeben, indem sie Unterstützung und einen gut funktionierenden Rahmen für die Nutzung von Technologie und digitalen Medien bietet (*Digital Role Model*).
3. **Offenheit gegenüber neuen Technologien**: Insgesamt sollte die Führungskraft aufgeschlossen gegenüber der Digitalisierung und den einhergehenden Veränderungen sein sowie Begeisterung teilen und Offenheit gegenüber der Nutzung von neuen Technologien und Medien unter den Mitarbeitenden fördern (*Digital Openness*).

Die angemessene und kompetente Nutzung neuer Technologien kann als Voraussetzung für den Aufbau von Vertrauen (Norman et al., 2019) und einer gemeinsamen Identität (Sivunen, 2006) angesehen werden.

Ein effizientes Management digitaler Tools ist für ein effektives Projekt- oder Aufgabenmanagement und eine reibungslose Interaktion unerlässlich. Führungskräfte sollten sicherstellen, dass virtuelle Teammitglieder an Diskussionsrunden oder Entscheidungsprozessen teilnehmen können, indem sie geeignete Plattformen für den sozialen Austausch bereitstellen (Sivunen, 2006). Die Art und Weise, wie Führungskräfte digitale Medien nutzen, erweist sich als wichtiger Faktor für den Aufbau von Vertrauen in die Führungskraft.

Digitale Schlüsselkompetenzen für Führungskräfte

Als Führungskraft sollten Sie:

1. **Kompetent im Umgang mit digitalen Tools sein**, das heißt in der Lage sein, für die jeweilige Interaktion geeignete Kommunikationsmedien zu nutzen und neue Technologien in den Arbeitsalltag zu integrieren.
2. **Rahmenbedingungen für die erfolgreiche Nutzung von Technologien schaffen**, sprich Tools und Lizenzen zur Verfügung stellen, Normen und Absprachen in Bezug auf die digitale Interaktion aufstellen und digitale Prozesse integrieren.
3. **Offenheit für neue Technologien signalisieren** und die digitale Transformation als Chance betrachten. Mitarbeitende ermutigen, sich mit neuen Technologien auseinanderzusetzen, z. B. KI-Modelle auszuprobieren und in die Arbeit zu integrieren.

Führungskräfte brauchen im digitalen Zeitalter Kernkompetenzen vor allem in zwei Bereichen: Zum einen sind das zwischenmenschliche Kompetenzen, die es ihnen ermöglichen, eine gemeinsame Teamidentität zu schaffen und auf der Basis von Vertrauen und gegenseitigem Respekt mit ihrem Team zusammenzuarbeiten. Zum anderen sind Kompetenzen im Umgang mit Technologien notwendig, um effektiv und erfolgreich zu sein. Somit ist die virtuelle Führungskraft verantwortlich für die Steuerung, Organisation und Unterstützung von Teams, die räumlich getrennt arbeiten und vorwiegend über digitale Kanäle miteinander kommunizieren. Die Herausforderung besteht darin, das Team trotz räumlicher Distanz und kultureller Unterschiede bestmöglich zu leiten, zu motivieren und zu unterstützen.

Eine zentrale und mitunter herausfordernde Rolle dabei spielt die virtuelle Kommunikation. Während die persönliche Kommunikation den Austausch nonverbaler Signale und unmittelbares Feedback erlaubt, sind diese Kernelemente zwischenmenschlicher Interaktion in der digitalen Kommunikation eingeschränkt. Es wächst die Gefahr von Missverständnissen, Informationsverlusten und Falschinformationen. Sätze, die in einer E-Mail formuliert wurden, lassen sich nicht ohne Weiteres korrigieren – die Informationen bleiben „in der Welt" und werden möglicherweise verbreitet, obwohl sie unvollständige Informationen enthalten oder schlichtweg falsch sind.

Nachrichten, die einmal verschickt wurden, lassen sich nicht zurückholen – sie existieren dauerhaft in E-Mail-Postfächern, Chatverläufen oder Projektmanagement-Tools. Schnell formulierte Aussagen können unklar, missverständlich oder fehlerhaft sein, was zu Missinterpretationen führt, die nicht nur den Arbeitsfluss erheblich stören, sondern auch den Verlust an Vertrauen bedeuten können. Harmlose Bemerkungen können schnell als Kritik oder Abwertung aufgefasst werden, was die Stimmung im

Team belastet. Hinzu kommt, dass einmal verbreitete Fehlinformationen mitunter schwer einzufangen sind. Besonders heikel wird es, wenn sensible Informationen betroffen sind – ein unbedachter Klick auf „Antwort an alle" kann ungewollte Konsequenzen haben. Gleichzeitig verleitet die ständige Verfügbarkeit digitaler Kanäle dazu, überhastet zu kommunizieren, ohne ausreichend zu reflektieren, wie die Nachricht auf andere wirken könnte. Ein weiterer Aspekt ist die Gefahr des Informationsüberflusses. Virtuelle Kommunikation erzeugt oft ein chaotisches Netz aus E-Mails, Chats und Notizen, in dem wichtige Informationen untergehen. Teammitglieder können dadurch den Überblick verlieren oder widersprüchliche Angaben erhalten, was zu Frustration und Fehlern führt. Auch die Tendenz, Konflikte per E-Mail oder Chat zu klären, statt das Gespräch zu suchen, verschärft Spannungen, da schriftliche Auseinandersetzungen meist wenig lösungsorientiert sind. Letztlich zeigt sich, dass digitale Kommunikation zwar schnell und praktisch ist, jedoch sorgfältig gehandhabt werden muss, um negative Auswirkungen auf die Zusammenarbeit zu vermeiden

Fallstricke der virtuellen Kommunikation:

1. **Nachrichten sind dauerhaft:** Virtuelle Kommunikation ist schwer rückgängig zu machen, Fehlinformationen verbreiten sich leicht.
2. **Missverständnisse durch fehlende nonverbale Signale:** Gestik und Mimik fehlen, was zu Fehlinterpretationen führen kann.
3. **Gefahr von Fehlinformationen:** Fehlerhafte Inhalte oder Missverständnisse sind schwer zu korrigieren und können sich unkontrolliert verbreiten.
4. **Sensible Informationen:** Unbedachtes Handeln, z. B. „Antwort an alle", kann schwerwiegende Folgen haben.
5. **Informationsüberfluss:** Zu viele Kanäle erschweren die Übersicht, wichtige Infos können verloren gehen.

6. **Ungeeignete Konfliktlösung:** Digitale Diskussionen sind oft weniger lösungsorientiert als persönliche Gespräche.
7. **Erfordert bewusste Nutzung:** Sorgfalt und Reflexion sind notwendig, um negative Auswirkungen auf die Teamarbeit zu vermeiden.

Um die Herausforderungen virtueller Kommunikation in Arbeitsteams zu meistern, sind klare Strategien und möglichst standardisierte Verhaltensweisen entscheidend. Der erste Schritt ist, die gesamte Teamkommunikation präzise zu strukturieren. Sprich Prozesse, Kommunikationsmittel und Standards festzulegen und möglichst effektive Routinen daraus abzuleiten.

Textnachrichten sollten sorgfältig formuliert und auf den Punkt gebracht werden.

Hier zeigt sich der große **Vorteil von Standardisierung**. Diese Standards legt das Team selbst fest. Beispielsweise kann die Nutzung von Emojis und Daumenhoch-Zeichen effektiv schnelle Zustimmung oder Ablehnung ausdrücken. Aber auch Dokumente, an denen mehrere Mitarbeitende gleichzeitig arbeiten, können effektiv kommentiert werden, beispielsweise durch die Nutzung von Namenskürzeln und standardisierten Abkürzungen. Zudem kann es hilfreich sein, wichtige Informationen *hervorzuheben* und Zusammenfassungen zu geben, insbesondere bei komplexen Themen. In der Dokumentenablage sind Standards unerlässlich, insebsondere wenn Teammitglieder gemeinsam über SharePoint oder vergleichbaren Kollaborationstools gemeinsam an Dokumenten arbeiten.

Drei wesentliche Dinge sind in der digitalen Kommunikation von Bedeutung: Erstens sollten Nachrichten präzise und strukturiert sein. Zweitens sollte der Kommunikationskanal mit Bedacht gewählt sein. Drittens sollten Teams gemeinsame Kommunikationsrichtlinien entwickeln, wie z. B. die Verwendung einheitlicher Betreffzeilen in E-Mails, das Vermeiden unnötiger „Antwort an alle"-Funktionen oder das Festlegen von Reaktionszeiten. Solche Regeln schaffen Verlässlichkeit und vermeiden Überkommunikation. Darüber hinaus ist es wichtig, digitale Kommunikation durch geeignete Tools zu unterstützen. Moderne Plattformen ermöglichen es, Informationen übersichtlich zu organisieren und leicht zugänglich zu machen. Ein zentrales, gut gepflegtes System verhindert Informationsverlust und sorgt dafür, dass alle Teammitglieder auf demselben Stand bleiben.

Strategien für erfolgreiche virtuelle Kommunikation:

1. **Präzise Informationen:** Klare, strukturierte und leicht verständliche Formulierungen mit hervorgehobenen Kerninformationen.
2. **Passende Kanäle wählen:** Sensible oder komplexe Themen per Video oder Telefon besprechen; Routinekommunikation per E-Mail oder Chat.
3. **Gemeinsame Regeln:** Einheitliche Standards für Betreffzeilen, Reaktionszeiten und den Einsatz von Kommunikationsfunktionen wie „Antwort an alle".
4. **Konflikte identifizieren und klären:** Persönliche Gespräche bevorzugen, um Missverständnisse und Eskalationen zu vermeiden.
5. **Effiziente Tools nutzen:** Digitale Plattformen einsetzen, um Informationen zentral und übersichtlich zu organisieren.
6. **Zwischenmenschliche Bindung stärken:** Regelmäßiger informeller Austausch fördert offenes Feedback und Teamzusammenhalt.

Strategische Toolauswahl und Datenkompetenz Führungskraft

In der modernen Arbeitswelt sind digitale Kompetenzen eine Schlüsselqualifikation. Die Digitalisierung und Prozessautomatisierung haben die Art, wie Unternehmen arbeiten, grundlegend verändert. Führungskräfte, die mit Technologien vertraut sind, können ihre Teams nicht nur effizienter führen, sondern auch die Innovationskraft ihrer Organisationen steigern. Technische Kompetenzen ermöglichen es Führungskräften, Prozesse zu verstehen und zu optimieren. Sie können fundierte Entscheidungen über den Einsatz von Tools und Plattformen treffen, die Arbeitsabläufe automatisieren und Teams entlasten. Außerdem können sie technische Probleme besser einschätzen und Lösungen gemeinsam mit IT-Experten entwickeln, was Zeit und Ressourcen spart. Technologisches Verständnis hilft Führungskräften, Trends frühzeitig zu erkennen und ihre Organisationen zukunftsfähig zu machen. Sie können die Integration neuer Technologien wie Künstliche Intelligenz (KI), Big Data oder Cloud-Lösungen strategisch steuern und innovative Geschäftsmodelle entwickeln.

Technisch versierte Führungskräfte setzen ein Zeichen für Lernbereitschaft und Anpassungsfähigkeit.

Sie motivieren ihre Teams, neue Fähigkeiten zu erlernen und technologische Entwicklungen aktiv zu nutzen. Dies schafft eine Kultur des kontinuierlichen Lernens und der Offenheit gegenüber Veränderung. Kurz, um in der heutigen Arbeitswelt erfolgreich zu sein, brauchen Führungskräfte Kompetenzen im Umgang mit Technologien (Klein, 2020).

Führungskräfte müssen sicherlich nicht alle Technologien ins Detail kennen, aber ein grundlegendes Verständnis für digitale Tools, Plattformen und deren verantwortungsbewusste Nutzung ist unverzichtbar. Dazu gehört:

Strategische Toolauswahl: Die Identifikation von passenden Technologien, die den Arbeitsalltag erleichtern und die Kollaboration fördern, ist entscheidend für die effektive Zusammenarbeit und den Teamerfolg. Es geht nicht nur darum, das „modernste" oder „beliebteste" Tool zu wählen, sondern dasjenige, das am besten zu den **Zielen, Prozessen und Menschen** im Unternehmen passt. Bevor man sich auf konkrete Produkte oder Anbieter konzentriert, sollte zunächst geklärt werden, welche Prozesse digitalisiert oder verbessert werden sollen und welche Herausforderungen aktuell bestehen. Dabei lohnt es sich, verschiedene Abteilungen oder Nutzergruppen einzubeziehen, um ein umfassendes Bild der tatsächlichen Bedürfnisse zu erhalten. Oft zeigen sich durch Gespräche mit Mitarbeitenden konkrete Probleme und sogenannte „Pain Points", die durch digitale Lösungen behoben werden können. Im nächsten Schritt sollten klare Ziele definiert werden: Geht es darum, die Effizienz zu steigern, Kosten zu senken, die Qualität von Prozessen zu verbessern oder Daten besser nutzbar zu machen? Diese Zielsetzung bildet die Grundlage für die Bewertung potenzieller Tools und hilft dabei, die Auswahl strategisch auszurichten. Darauf aufbauend folgt die **Erstellung eines Anforderungsprofils**. Hierbei gilt es, Muss- und Kann-Kriterien zu formulieren. Dazu zählen beispielsweise technische Anforderungen wie Cloud- oder On-Premise-Lösungen, Datenschutzkonformität (insbesondere in Bezug auf die DSGVO), Schnittstellen zu bestehenden Systemen, Benutzerfreundlichkeit, Skalierbarkeit oder auch das Kostenmodell. Eine strukturierte Anforderungsliste oder sogar eine Entscheidungsmatrix ist in dieser Phase sehr hilfreich, um den Überblick zu behalten und Anbieter objektiv vergleichen zu können. Im Anschluss erfolgt eine gezielte Marktrecherche. Dabei werden potenzielle Tools identifiziert – etwa durch Fachartikel, Vergleichsportale, Empfehlungen aus dem Netzwerk oder Messen. Anbieter sollten zu Präsentationen oder Web-Demos eingeladen werden, um einen ersten Eindruck von Funktionalität, Benutzeroberfläche und Service zu bekommen. Wenn möglich, sollten Testversionen genutzt werden, um das Tool im Alltag zu erproben. Besonders wertvoll ist eine Pilotphase mit einem kleinen Nutzerkreis. Diese erlaubt es, erste Erfahrungen mit dem Tool zu sammeln und direktes Feedback einzuholen. So lässt sich frühzeitig erkennen, ob das Tool den Anforderungen tatsächlich gerecht wird und ob es sich gut in bestehende Strukturen integrieren lässt. Die Einführung des Tools sollte sorgfältig geplant werden – mit klar definierten Zuständigkeiten, Zeitrahmen und Supportstrukturen. Dabei empfiehlt es sich, den Roll-out in Etappen zu gestalten, um auf mögliche Probleme flexibel reagieren zu können. Auch nach der Einführung ist es wichtig, das Tool regelmäßig zu evaluieren. Was funktioniert gut? Welche Funktionen werden tatsächlich genutzt? Gibt es Erweiterungsbedarf? So wird sichergestellt, dass das Tool langfristig einen echten Mehrwert liefert und sich weiterentwickeln kann. **Bereitstellung von Tools:** Digitale Werkzeuge fördern die Kommunikation, optimieren Prozesse und ermöglichen datenbasierte Entscheidungen. Es gibt vielfältige digitale Werkzeuge, die zur kostenlosen Nutzung zur Verfügung stehen. Andere Tools erfordern Lizenzen oder spezielle Hardware. Wichtig ist, dass jedes Teammitglied über eine grundlegende Ausstattung verfügt und dass diese benutzerfreundlich ist. Dabei hilft es abzuwägen, wie oft und in welcher Dauer diese Tools genutzt werden und was aus ergonomischer oder gesundheitlicher Perspektive die beste Lösung ist. Die Bereitstellung geeigneter Tools ist nicht nur eine Frage der Technologie, sondern auch ein Ausdruck der Wertschätzung gegenüber Mitarbeitenden, indem ihre Arbeit erleichtert und ihre Effizienz gesteigert wird. **Tipp:** Lassen Sie sich von Ihren Mitarbeitenden Vorschläge in Bezug auf Anschaffungen von digitalen Werkzeugen und Lizenzen unterbreiten und lassen Sie sich im nächsten Schritt von einem Experten in Bezug auf das Kosten-Nutzen-Verhältnis beraten. Berücksichtigen Sie hierbei Lizenzkosten, Schulungsaufwand und den Nutzen für die Produktivität. In Tab. 5.1 finden Sie zusammengefasste Leitlinien zur Einführung neuer Technologien.

Tab. 5.1 Leitlinien zur effektiven Einführung neuer Technologien

---

Leitlinien zur effektiven Einführung neuer Technologien:
1. **Aufgaben klar definieren**: Bestimmen Sie, wofür das Tool genutzt werden soll (z. B. Projektmanagement, Kommunikation, Datenspeicherung oder Kreativarbeit).
2. **Mehrwert im Fokus**: Setzen Sie ausschließlich Tools ein, die einen klaren Nutzen bieten, vermeiden Sie Überschneidungen zwischen Tools mit ähnlichen Funktionen.
3. **Testphase einplanen**: Lassen Sie neue Tools zunächst von einem kleinen Team testen und bewerten, bevor sie eingeführt werden.
4. **Nutzung standardisieren**: Legen Sie Regeln für die Anwendung der Tools fest (z. B. Dateibenennung oder Priorisierung von Aufgaben).
5. **Datensilos vermeiden**: Bündeln Sie Prozesse auf zentralen Plattformen wie Microsoft Teams, Notion oder Asana.
6. **Automatisierung nutzen**: Verwenden Sie Workflows, Vorlagen und Integrationen, um manuelle Aufgaben zu minimieren.
7. **Klare Workflows definieren**: Stellen Sie sicher, dass alle Teammitglieder mit den Prozessen und Anforderungen vertraut sind.
8. **Kommunikation strukturieren**: Definieren Sie, welches Tool für welche Kommunikationsart geeignet ist (z. B. E-Mail für formelle Nachrichten, Slack für schnelle Abstimmungen, Teams und SharePoint für kollaborative Prozesse).
9. **Cloud-basierte Dienste einsetzen**: Nutzen Sie Google Drive, Dropbox oder OneDrive, um Dokumente gemeinsam zu bearbeiten.
10. **Schulungen integrieren**: Sorgen Sie dafür, dass alle Teammitglieder die Tools verstehen, und bieten Sie strukturierte Schulungen im Rahmen des Onboardings an.
11. **Regelmäßige Evaluierung**: Überprüfen Sie regelmäßig, ob die eingesetzten Tools den aktuellen Anforderungen entsprechen, und ziehen Sie Alternativen in Betracht.
12. **Nutzerfeedback einholen**: Passen Sie Workflows und Prozesse basierend auf den Erfahrungen des Teams kontinuierlich an.
13. **Mobilität sicherstellen**: Gewährleisten Sie, dass die Tools auf verschiedenen Geräten und unterwegs verfügbar sind.
14. **Benachrichtigungen anpassen**: Aktivieren Sie nur wichtige Benachrichtigungen, um Ablenkungen zu reduzieren.
15. **Bewusster Umgang**: Fördern Sie eine reflektierte Nutzung, um ständige Erreichbarkeit und Tool-Overload zu vermeiden.

Präferenzen in der digitalen Kommunikation berücksichtigen

Die strategische Auswahl von Kommunikationstools spielt eine entscheidende Rolle für die Effizienz und Qualität virtueller Zusammenarbeit. In einer zunehmend digitalisierten Arbeitswelt stehen Führungskräfte vor der Herausforderung, Werkzeuge zu wählen, die sowohl den technischen Anforderungen als auch den Bedürfnissen der Mitarbeitenden gerecht werden. Dabei geht es nicht nur um Funktionalität, sondern auch um Benutzerfreundlichkeit, Sicherheit und Integration in bestehende Systeme.

Ein zentraler Aspekt der Toolauswahl ist die Berücksichtigung individueller und teambezogener Präferenzen.

Unterschiedliche Kommunikationsstile und Arbeitsweisen erfordern flexible Lösungen, die sowohl synchrone als auch asynchrone Kommunikation unterstützen. Während Videokonferenz-Tools wie Zoom oder Microsoft Teams den direkten Austausch fördern, bieten Plattformen wie Slack oder Microsoft 365 Raum für strukturierte, schriftliche Kommunikation. Die Wahl des richtigen Werkzeugs sollte daher nicht allein von technischen Spezifikationen abhängen, sondern auch davon, wie es die Produktivität und Zufriedenheit der Nutzer beeinflusst.

Eine strategische Herangehensweise bedeutet zudem, klare Kriterien für die Toolauswahl zu definieren. Aspekte wie Datenschutz, Skalierbarkeit und Integrationsmöglichkeiten mit anderen Anwendungen spielen eine wesentliche Rolle. Ebenso sollten Unternehmen regelmäßig Feedback einholen und prüfen, ob die eingesetzten Tools den aktuellen Anforderungen noch gerecht werden. Letztlich ist eine durchdachte Toolauswahl ein Schlüsselfaktor für eine effektive virtuelle Kommunikation. Indem Unternehmen die Präferenzen ihrer Mitarbeitenden berücksichtigen und gleichzeitig auf strategische Anforderungen achten, können sie eine Arbeitsumgebung schaffen, die den digitalen Austausch effizient, nahtlos und nutzerfreundlich gestaltet.

Kommunikationswerkzeuge wie E-Mail, Chat, Telefon und Videokonferenzen bieten unterschiedliche Vor- und Nachteile, die je nach Ziel und Kontext genutzt werden sollten. Dabei spielen auch Faktoren wie Alter, Position und Berufserfahrung eine Rolle, da verschiedene Personengruppen unterschiedliche Präferenzen und Gewohnheiten bei der Nutzung dieser Kanäle haben. Dieser Abschnitt zeigt, wie die verschiedenen Medienkanäle in Bezug auf Medienreichhaltigkeit und die Auswirkungen auf Teamkommunikation und Teamdynamik genutzt werden und wie verschiedene demografische und kulturelle Faktoren (darunter auch Alter und Berufserfahrung) die Wahl des Kommunikationskanals beeinflussen können. So lässt sich erkennen, wie Führungskräfte ihre Kommunikation gezielt anpassen können, um effektivere und zielgerichtetere Interaktionen zu fördern.

1. Alter
Jüngere Generationen (Millennials und Generation Z) haben oft eine Präferenz für Chat und Messaging-Tools. Sie tendieren dazu, eher über schnelle, informelle Kanäle wie Slack, Teams oder WhatsApp zu kommunizieren. Diese Tools bieten sofortige Kommunikation und sind weniger formal als E-Mail. Auch Videokonferenzen werden von jüngeren Mitarbeitenden häufig und gern genutzt, diese Generation ist mit digitalen Kommunikationsformen aufgewachsen und bevorzugt oft den direkten visuellen Austausch. Telefonanrufe werden jedoch von der jüngeren Generation häufiger als unangenehm empfunden und nach Möglichkeit vermieden. Ältere Generationen (Boomer und Generation X) können die Abneigung für Telefonate oft nicht nachvollziehen. Sie sind den schnellen Kontakt per Telefon gewohnt. Kommunikationsformen wie das Telefo-

nat haben den Vorteil, in Echtzeit Informationen zu teilen einschließlich zusätzlicher Zwischentöne, die ein umfassenderes Stimmungsbild liefern als textbasierte Nachrichten. Obwohl sich Mitarbeitende älterer Generationen mit Videokonferenzen angefreundet haben, kann es hier dennoch zu einer höheren Zurückhaltung kommen, insbesondere bei Personen, die weniger technikaffin sind oder jenen, die lieber zu effizienteren und zeitsparenderen Methoden des Informationsaustauschs greifen, z. B. eine E-Mail schreiben.

2. Position im Unternehmen

Führungskräfte und Manager bevorzugen oft E-Mail oder Telefonate, da diese Kommunikationsmittel es ihnen ermöglichen, strukturierte, formelle und detaillierte Nachrichten zu übermitteln. E-Mails sind außerdem leicht dokumentierbar, was für die Nachverfolgung von Entscheidungen und Informationen von Vorteil ist. Für Besprechungen sind Videokonferenzen häufig der bevorzugte Kanal, vor allem, wenn mehrere Abteilungen oder geografisch verteilte Teams involviert sind. Mitarbeitende und operative Ebenen bevorzugen oft die schnelle, informelle Kommunikation über Chat-Tools, insbesondere in dynamischen Arbeitsumfeldern. Diese Tools fördern eine zügige Klärung von Fragen und ermöglichen eine schnelle Abstimmung. Bei komplexeren, detaillierteren oder formellen Informationen bevorzugen auch Mitarbeitende häufig den Austausch per E-Mail.

3. Berufserfahrung

Die Berufserfahrung hat einen erheblichen Einfluss auf die Wahl eines digitalen Tools. Personen mit langjähriger Berufserfahrung haben oft eine Vielzahl von Technologien kennengelernt und bevorzugen möglicherweise Tools, die sie gut kennen und mit denen sie effizient arbeiten können. Sie tendieren dazu, etablierte, bewährte Lösungen zu bevorzugen, die ihre Arbeit bereits über Jahre hinweg unterstützt haben. Erfahrene Mitarbeitende könnten zudem aufgrund ihres tieferen Verständnisses für Prozesse und Arbeitsabläufe auch spezifischere, funktionsreichere Tools bevorzugen, die für komplexere Aufgaben besser geeignet sind.

Einsteiger oder weniger erfahrene Mitarbeitende sind hingegen oft offener für neue, innovative Tools und Technologien, da sie weniger an bestimmte Arbeitsweisen gebunden sind. Sie haben möglicherweise weniger Hemmungen, neue Software auszuprobieren, und sind daher eher geneigt, modernere, agilere Lösungen zu nutzen. Chats bieten eine flexible Alternative zur E-Mail und sind daher ideal für schnelle Absprachen. Ihr informeller Character wird von Einsteigern bevorzugt, um kurz und effizient Rückfragen zu stellen. In Teams, die eine Mischung aus erfahrenen und weniger erfahrenen Mitgliedern umfassen, muss die Führungskraft sicherstellen, dass die Wahl der Tools sowohl die Bedürfnisse der verschiedenen Erfahrungsstufen als auch die Teamdynamik berücksichtigt.

4. Technikaffinität

Technikaffinität bestimmt die Bereitschaft und Fähigkeit einer Person, verschiedene digitale Tools und Plattformen effektiv zu nutzen. Personen mit hoher Technikaffinität neigen dazu, fortschrittlichere Kommunikationsmittel wie Instant Messaging, Videokonferenzen oder kollaborative Plattformen bevorzugt zu nutzen, da sie sich mit diesen Technologien vertraut fühlen und ihre Vorteile erkennen. Diese Menschen sind oft schneller bereit, neue Tools auszuprobieren und anzuwenden, um die Effizienz und Flexibilität der Kommunikation zu steigern. KI-basierten Funktionen wie automatische Protokollerstellung, Echtzeitübersetzungen oder smarte Agenda-Tools sind für technikaffine Mitarbeitende höchst attraktiv.

Im Gegensatz dazu könnten Personen mit geringerer Technikaffinität eher traditionelle Kommunikationsmittel wie Telefon oder E-Mail bevorzugen, da sie mit diesen vertrauter sind und sich weniger in die Bedienung neuer Tools einarbeiten möchten. Diese Unterschiede in der Technikaffinität können zu Herausforderungen in der Teamkommunikation führen, insbesondere in interdisziplinären oder internationalen Teams, in denen unterschiedliche Kompetenzniveaus und Vorlieben aufeinandertreffen. Eine Führungskraft muss daher die Technikaffinität ihrer Teammitglieder berücksichtigen, um die geeignetsten Kommunikationsmittel zu finden.

5. Kulturelle und organisatorische Unterschiede

In internationalen Teams oder global tätigen Unternehmen können die Präferenzen für Kommunikationskanäle stark variieren, je nach kulturellen Normen und Arbeitsgewohnheiten. In Ländern mit einer stark hierarchischen Unternehmenskultur, wie etwa Japan, Deutschland oder Frankreich, wird oft großer Wert auf **formelle Kommunikation** gelegt. Hier sind E-Mails das bevorzugte Medium, da sie eine klare Struktur und Dokumentation bieten und den Respekt gegenüber Hierarchien und Formalitäten betonen. Die Kommunikation ist in diesen Kulturen häufig zurückhaltender und durchdachter, was sich in längeren Bearbeitungszeiten und einer präzisen Ausdrucksweise zeigt.

In Ländern mit flacheren Hierarchien und einer stärker informellen Unternehmenskultur, wie in den USA, Skandinavien oder den Niederlanden, werden **Chat-Tools** und **Videokonferenzen** häufiger eingesetzt. Diese Kanäle unterstützen eine schnelle und direkte Kommunikation, die kollaborativ und flexibel ist. Sie passen gut zu einem agilen Arbeitsstil und fördern den offenen Austausch, bei dem Statusunterschiede weniger im Vordergrund stehen (Hofstede, 2001).

In Asien, insbesondere in Ländern wie Indien oder den Philippinen, ist die Wahl des Kommunikationskanals oft kontextabhängig: Während E-Mails für offizielle Mitteilungen bevorzugt werden, sind Chats oder Messaging-Apps wie WhatsApp oder WeChat für alltägliche und informelle Absprachen üblich (Luo & Hancock, 2020). In den USA oder Großbritannien hingegen wird der Einsatz von Videokonferenzen besonders geschätzt, da diese persönlichen Kontakt ermöglichen und durch nonverbale Signale den Aufbau von Vertrauen erleichtern (Jarvenpaa & Leidner, 1999).

Diese kulturellen Unterschiede zeigen, wie wichtig es ist, die Kommunikationspräferenzen im Team zu kennen und die Kanäle bewusst an die jeweilige Situation und die kulturellen Besonderheiten anzupassen. Führungskräfte in internationalen Teams profitieren davon, flexible und hybride Kommunikationsstrategien zu entwickeln, die sowohl formelle als auch informelle Aspekte berücksichtigen.

Kommunikation per Videokonferenz

In der heutigen Arbeitswelt sind Videokonferenzen ein unverzichtbares Werkzeug für die Kommunikation und Zusammenarbeit. Sie bieten eine flexible Möglichkeit, Teammitglieder aus verschiedenen geografischen Regionen miteinander zu verbinden und den Austausch von Informationen in Echtzeit zu ermöglichen. Trotz der zahlreichen Vorteile, die Videokonferenzen bieten, stellen sie Führungskräfte und Mitarbeitende vor besondere Herausforderungen.

Das folgende Praxisbeispiel zeigt Möglichkeiten, als Führungskraft die Qualität von Videoanrufen zu verbessern.

Praxisbeispiel

Anna, eine Teamleiterin in einem mittelständischen Unternehmen, bemerkt, dass ihre wöchentlichen Teammeetings über Videokonferenzen zunehmend an Energie verlieren. Ihre Mitarbeitenden wirken abgelenkt, interagieren wenig und geben kaum Feedback. Sie möchte ihre Präsenz stärken und das Meeting lebendiger gestalten. Sie informiert sich über die Möglichkeiten und führt folgende Verbesserungen ein: Zunächst beginnt Anna bei der Kameraeinstellung: Sie richtet die Kamera so aus, dass sie auf Augenhöhe ist und schaut bewusst häufiger direkt in die Kamera. Dadurch fühlt sich das Team angesprochen, ähnlich wie bei direktem Blickkontakt in einem Präsenzmeeting. Auch an ihrer Mimik arbeitet sie: Anna achtet darauf, bei der Begrüßung zu lächeln und während des Gesprächs durch leichtes Nicken und zustimmende Gesichtsausdrücke Aufmerksamkeit und Interesse zu signalisieren. Zusätzlich setzt sie ihre Körpersprache gezielt ein. Anstatt steif vor dem Bildschirm zu sitzen, bleibt Anna aufrecht und nutzt ihre Hände, um wichtige Aussagen zu unterstreichen. Diese offene Haltung macht ihre Kommunikation lebendiger und unterstreicht ihre Aussagen. Ihre Stimme gestaltet Anna abwechslungsreich: Sie spricht deutlich, betont Schlüsselbegriffe und variiert Tonhöhe und Tempo, um Monotonie zu vermeiden. Zudem baut sie bewusst kurze Pausen ein, um ihren Aussagen Raum zu geben und den Teilnehmenden Zeit zur Reaktion zu lassen. Um das Meeting interaktiver zu gestalten, nutzt Anna einfache nonverbale Signale wie ein Daumen-hoch-Zeichen, um Zustimmung zu visualisieren, oder ermutigt ihr Team, Reaktionen über die Emoji-Funktion der Konferenzplattform auszudrücken. Mit einem klaren Ablaufplan, den sie vorab teilt, sorgt sie für Struktur und erleichtert den Teilnehmenden, dem Meeting zu folgen und sich einzubringen. Durch diese gezielten Anpassungen stärkt Anna ihre Präsenz spürbar. Ihr Team fühlt sich stärker eingebunden, die Besprechungen werden dynamischer und produktiver und Anna vermittelt ihre Führungsqualitäten auch virtuell überzeugend.

> **Praxistipps für das professionelle Auftreten in Videokonferenzen**
>
> - Kamera auf Augenhöhe ausrichten, häufiger in die Kamera schauen.
> - Mimik nutzen, um Engagement zu zeigen (z. B. Lächeln, Nicken).
> - Aufrechte, gerade Haltung und offene Gesten
> - Stimmenergie: Variation in Tonhöhe und Tempo vermeidet Monotonie.
> - Hintergrund: Aufgeräumter, beleuchteter Raum wirkt professionell, wenn Hintergrundbild, dann ruhige Formen und Farben, (dunkelblau, beige, weiß)
> - Emoji-Funktion für Interaktivität nutzen.
> - Klarer Ablaufplan sorgt für Struktur und erleichtert das Einbringen des Teams.
> - Respekt zeigen: Ausreden lassen, nicht über Abwesende sprechen, offene Fragen stellen, auch ruhigere Teilnehmende aktiv einbinden.

Fazit: Führungskräfte können die Effektivität von Videomeetings deutlich steigern, indem sie eine klare Agenda, gute Vorbereitung und Struktur sowie die Förderung aktiver Teilnahme und klarer Nachverfolgung berücksichtigen.

Kommunikation per E-Mail – Fluch oder Segen?

Im Folgenden sehen Sie zwei Beispiel für eine E-Mail mit identischem Inhalt. Welche der beiden E-Mails würden Sie bevorzugen?

Fallbeispiel 1
Betreff: Wichtige Mitteilung bezüglich der neuen Projektstruktur und der entsprechenden Aufgabenverteilung
Liebes Team,

im Rahmen unserer jüngsten strategischen Überlegungen hinsichtlich der Neuausrichtung des Projekts haben wir beschlossen, einige strukturelle Änderungen vorzunehmen, die sowohl die Arbeitsabläufe als auch die Verantwortlichkeiten betreffen. Diese Änderungen werden die Projektkoordination optimieren und ein neues, effektiveres Modell für die Ressourcenallokation schaffen. Es ist erforderlich, dass jede*r von euch sich mit den kommenden Anpassungen befasst und die entsprechenden Aufgaben entsprechend der neuen Struktur berücksichtigt. Wir haben auch einige neue Softwaretools implementiert, die für die Zusammenarbeit genutzt werden sollen, wobei diese Tools eine erhebliche Auswirkung auf die zukünftige Kommunikation und Koordination innerhalb des Teams haben werden.

Bitte informiert mich, falls es weitere Fragen oder Unklarheiten gibt. Die Details werden im nächsten Meeting vertieft.

Viele Grüße
Paul

Fallbeispiel 2
Betreff: Änderungen im Projektablauf und neue Aufgabenverteilung

Liebes Team,

ich möchte euch über wichtige Änderungen in unserem Projekt informieren, die ab nächste Woche in Kraft treten:

Neue Aufgabenverteilung: Die Verantwortlichkeiten im Team werden neu verteilt. Jeder von euch erhält künftig klarere Zuständigkeiten, um die Effizienz zu steigern. Ihr werdet eine detaillierte Übersicht der neuen Aufgaben per E-Mail erhalten.

Neue Tools: Wir führen zwei neue Softwaretools ein, die uns bei der Zusammenarbeit unterstützen sollen. Eine kurze Schulung wird nächste Woche stattfinden, um euch mit den Tools vertraut zu machen.

Wenn ihr Fragen zu den Änderungen habt, könnt ihr euch gerne an mich wenden. Wir werden die Details in unserem nächsten Meeting besprechen.

Viele Grüße,

Paul

Ist es Ihnen aufgefallen? Im ersten Beispiel ist der Inhalt der E-Mail kompliziert, vage und mit vielen Fachbegriffen versehen, was es den Mitarbeitenden erschwert, die Kernbotschaft zu verstehen. Das zweite Beispiel ist hingegen klar strukturiert, listet konkrete Änderungen auf und erklärt die nächsten Schritte in verständlicher Sprache, was die Kommunikation effektiver macht.

Die beiden Fallbeispiele unterscheiden sich in mehreren wichtigen Aspekten:

1. **Klarheit und Verständlichkeit:**

- Beispiel 1 verwendet vage und komplexe Formulierungen wie „strategische Überlegungen", „optimieren" und „Auswirkungen auf die Kommunikation und Koordination". Diese Begriffe sind abstrakt und könnten den Empfänger verwirren, da sie keine klaren, handlungsorientierten Informationen bieten.
- Beispiel 2 ist deutlich klarer und einfacher formuliert. Es werden spezifische Punkte genannt, wie die „neue Aufgabenverteilung" und „neue Softwaretools", und es wird direkt gesagt, was die nächsten Schritte sind (z. B. eine Schulung und eine Übersicht der neuen Aufgaben). Dadurch können die Mitarbeitenden die Veränderungen sofort verstehen und wissen, was sie zu tun haben.

2. **Struktur und Organisation:**

- In Beispiel 1 ist der Text lang und wenig strukturiert. Es gibt keine klare Gliederung der Informationen, was es den Mitarbeitenden erschwert, die wesentlichen Punkte schnell zu erfassen. Die E-Mail liest sich eher wie eine zusammenhanglose Ansammlung von Informationen.

- Beispiel 2 ist klar gegliedert und nutzt eine einfache Aufzählung (Nummerierung), um die verschiedenen Änderungen deutlich voneinander abzugrenzen. Dies erleichtert es den Empfängern, sich auf die wesentlichen Punkte zu konzentrieren.

3. **Handlungsorientierung:**

- Beispiel 1 bietet keine klaren Anweisungen oder konkrete nächsten Schritte. Es wird nur allgemein auf die Änderungen hingewiesen, ohne dass die Mitarbeitenden wissen, was sie konkret tun müssen oder wie sie mit der Situation umgehen sollen.
- Beispiel 2 ist handlungsorientiert. Es wird konkret auf die nächsten Schritte eingegangen (z. B. Schulung, Aufgabenübersicht) und gibt den Mitarbeitenden klare Anhaltspunkte, was sie erwarten können und wie sie sich vorbereiten sollen.

4. **Ton und Ansprache:**

- In Beispiel 1 wirkt der Ton etwas distanziert und formell. Die Sätze sind lang und eher komplex, was es schwierig macht, eine persönliche Verbindung zum Leser aufzubauen.
- Beispiel 2 verwendet einen freundlicheren und direkteren Ton. Die Sprache ist einfacher und fördert eine offenere Kommunikation, was dazu beiträgt, eine positive Beziehung zum Empfänger zu stärken.

Beispiel 1 ist unklar, schwer verständlich und unstrukturiert, was die Kommunikation erschwert und potenziell zu Missverständnissen führt. Beispiel 2 ist klar, gut strukturiert und handlungsorientiert, wodurch die Mitarbeitenden schnell und effizient die relevanten Informationen erfassen können.

> **Führungskräfte sollten in ihrer schriftlichen Kommunikation per E-Mail Folgendes beachten**
>
> 1. **Auf Verständlichkeit achten**: Möglichst einfache, treffende Worte wählen, Fachbegriffe oder vage Formulierungen vermeiden.
> 2. **Strukturieren**: Informationen sollten einer logischen Reihenfolge folgen und übersichtlich strukturiert sein. Eine Gliederung, z. B. durch Nummerierung oder Absätze, hilft, die wesentlichen Punkte schnell zu erfassen und sich auf das Wesentliche zu konzentrieren.
> 3. **Handlungsorientierung**: Aus den Informationen sollten möglichst konkrete Aufforderungen oder nächste Schritte folgen.
> 4. **Einladend und zielführend**: Ein freundlicher, direkter und einladender Ton kombiniert mit einem konkreten Ziel weckt Interesse und steigert die Antwortbereitschaft.

Fazit:

Führungskräfte sollten ihre schriftliche Kommunikation so gestalten, dass sie für alle Mitarbeitenden einfach zu verstehen ist, klare Handlungsaufforderungen enthält und in einer strukturierten, positiven Weise präsentiert wird. Dies sorgt für mehr Klarheit, reduziert Unsicherheiten und fördert eine bessere Zusammenarbeit im Team

Dos and Don'ts der virtuellen Kommunikation:

1. **Chats:** Klare, höfliche Sprache verwenden. Emojis sparsam und passend einsetzen. Übermäßige Kürzungen oder unklare Abkürzungen vermeiden. Vertrauliche oder komplexe Themen sollten nicht im Chat besprochen werden.
2. **E-Mails:** Präzise und gut strukturierte E-Mails, klare Betreffzeilen und höfliche Anrede verwenden. Schnelle Reaktionen zeigen Engagement und fördern Vertrauen. Achtung vor ausschweifenden E-Mails und unpassenden bzw. unhöflichen Formulierungen.

3. **Audioanrufe:** Am besten vorher ankündigen. Präferenz des Empfängers berücksichtigen. Gespräch gut vorbereiten, ruhige Umgebung wählen und Gesprächspartner ausreden lassen. Unangekündigte Anrufe oder ständiges Unterbrechen vermeiden. Ziel des Anrufs vorher klären und idealerweise schnell auf den Punkt kommen!
4. **Videokonferenzen:** Termineinladung schicken, pünktlich erscheinen, Kamera zentral positionieren, professionelle Umgebung schaffen. Blickkontakt, Nicken und Lächeln zur Präsenzsteigerung nutzen. Multitasking und störende Geräusche vermeiden.

Datei-Standardisierung für bessere Zusammenarbeit

Die konsequente Anwendung von Standards, etwa für Dateibenennung, Aufgabenpriorisierung und Toolnutzung, minimiert Missverständnisse und schafft Orientierung für alle Beteiligten. Darüber hinaus fördern regelmäßige Überprüfungen der Arbeitsweisen und die Anpassung an aktuelle Anforderungen die kontinuierliche Verbesserung der virtuellen Zusammenarbeit. Wichtig ist dabei, den Fokus sowohl auf technische Effizienz als auch auf die zwischenmenschliche Komponente zu legen. Nur so kann die digitale Zusammenarbeit nicht nur produktiv, sondern auch nachhaltig und motivierend gestaltet werden.

Standardisierung schafft Struktur und Klarheit in digitalen Arbeitsprozessen und fördert damit produktives Arbeiten.

Standardisierung unterstützt das Team dahingehend, dass sie zeitsparend und ökonomisch Zugang zu wichtigen Dokumenten ermöglicht, Kommunikation vereinfacht, Arbeitsabläufe sinnvoll koordiniert und prioritätenorientiertes Aufgabenmanagement erleichtert.

1. Standards für Dateibenennung

Einheitliche Dateinamen erleichtern die Suche und Versionierung von Dateien.

Namenskonvention:
[Projekt/Abteilung]_[Datum (JJJJ-MM-TT)]_[Version]_[Dateiname]

Beispiel: Marketing_2024-06-18_v01_Strategieplanung.pdf

Vermeide Sonderzeichen und Leerzeichen: Nutze Unterstriche oder Bindestriche zur Trennung von Wörtern.

Versionierung: Nummeriere Versionen mit „v01, v02" usw. und setze „FINAL" nur für die endgültige Version.

Beispiel: Bericht_2024-06-18_vFINAL.pdf.

Ordnerstruktur: Definiere klare Haupt- und Unterordner, z. B.:

Projekte → Projektname → Dokumente/Berichte/Bilder

2. Standards für Aufgabenpriorisierung

Einheitliche Kriterien zur Priorisierung helfen bei der effizienten Bearbeitung:

Prioritäten definieren:

P1 (Hoch): Dringend und wichtig – sofort bearbeiten.

P2 (Mittel): Wichtig, aber nicht zeitkritisch – einplanen.

P3 (Niedrig): Weniger wichtig – später erledigen.

Kriterien für Dringlichkeit: Setze Fristen oder Deadlines und definiere klare Abhängigkeiten.

Toolanwendung: In Projektmanagement-Tools wie Trello, Asana oder Jira können Aufgaben durch Labels, Farben oder Tags kategorisiert werden.

3. Standards für Kommunikation

Definiere, welches Tool für welchen Kommunikationszweck genutzt wird:

E-Mail: Für formelle Kommunikation, externe Kontakte oder detaillierte Anfragen.

Chat-Tools (z. B. Slack, Teams): Für schnelle Absprachen oder kurze Updates.

Projektmanagement-Tools: Für Aufgabenverteilung, Fortschrittsverfolgung und Dokumentation.

Videokonferenzen: Für Meetings, Workshops oder komplexe Diskussionen.

Dateifreigaben: Klare Regeln, wer Zugriff hat und wo Dokumente gespeichert werden (z. B. in SharePoint oder Google Drive).

4. Standards für den Einsatz von Tools
Definiere, welche Tools wofür verwendet werden:

Dokumentenbearbeitung: Google Docs, MS Word oder Notion für gemeinsames Schreiben und Kommentieren.

Projektmanagement: Asana, Trello oder Jira für Aufgabenplanung und Teamkoordination.

Dateimanagement: SharePoint, OneDrive oder Google Drive für zentralisierte Ablage.

Zeiterfassung: Tools wie Clockify oder Toggl zur Zeiterfassung.

Notizen: Evernote oder OneNote für persönliche oder teamweite Notizen.

5. Standards zur regelmäßigen Pflege
Archivierung: Alte Dateien oder abgeschlossene Projekte in einem separaten Ordner archivieren.

Aufgaben-Review: Regelmäßige Überprüfung offener Aufgaben (z. B. in wöchentlichen Meetings).

Tool-Check: Halbjährliche Überprüfung, ob die Tools effizient genutzt werden oder ob Anpassungen nötig sind.

Durch klare Standards entsteht Struktur und Einheitlichkeit, was zu mehr Produktivität und besserer Zusammenarbeit führt. Für jedes einzelne Kommunikationsmittel können zusätzliche Standards definiert werden. Etwa Standardisierung der Betreffzeile je nach Anlass und klare

Strukturvorgaben für den Inhalt einer E-Mail. Zeitvorgaben, wann E-Mails verschickt werden sollten und innerhalb welches Zeitraums idealerweise geantwortet wird. Für Videokonferenzen kann geklärt werden, wie lange eine Besprechung maximal dauern und wann es Pausen geben sollte, in denen die Teilnehmenden die Besprechung für einen gewissen Zeitraum verlassen, ebenso kann die Handhabung der Handhebefunktion oder die Nutzung des Chats standardisiert werden. In Bezug auf Telefonate könnten Zeiten der Erreichbarkeit festgelegt werden. Das ist nur eine Auswahl möglicher Standards, idealerweise erarbeitet jedes Team eigene Standards, die zum Arbeitsumfeld und der Aufgabe passen und mit denen die tägliche Zusammenarbeit erleichtert werden kann.

Fazit: Effektive Kommunikationsstrategien und klare Standards sind das Fundament erfolgreicher virtueller Zusammenarbeit. Indem Teams gezielt digitale Tools einsetzen, Prozesse strukturieren und einheitliche Regeln für Kommunikation und Dateiverwaltung etablieren, lassen sich Effizienz und Transparenz deutlich steigern.

Wie Daten Entscheidungen beeinflussen

Die Fähigkeit, Daten zu verstehen, zu analysieren und effektiv zu nutzen – ist zu einer unverzichtbaren Kernkompetenz in der modernen Arbeitswelt geworden. Unternehmen generieren und verwenden täglich riesige Mengen an Daten, um Entscheidungen zu treffen, Prozesse zu optimieren und Innovationen voranzutreiben. Mitarbeitende und Führungskräfte, die diese Daten interpretieren und strategisch einsetzen können, verschaffen sich einen entscheidenden Wettbewerbsvorteil. Somit ist Datenkompetenz für Führungskräfte heute wichtiger denn je – und zwar nicht nur in technischen Berufen oder der IT, sondern in nahezu allen

Branchen und Führungsrollen. Denn in einer zunehmend digitalisierten und datengetriebenen Welt werden **Entscheidungen immer stärker auf Basis von Daten** getroffen. Führungskräfte benötigen ein grundlegendes Verständnis davon, was Daten aussagen – und was nicht. Datenkompetenz bedeutet, fundiertere Entscheidungen zu treffen. Datenbasierte Analysen helfen, Trends zu erkennen, Risiken besser abzuschätzen und Chancen gezielt zu nutzen. Ob es um Marktanalysen, Kundenverhalten, Prozessoptimierung oder Mitarbeiterbindung geht – Daten liefern in all diesen Bereichen wertvolle Hinweise für strategische und operative Entscheidungen. Darüber hinaus stärkt Datenkompetenz die Fähigkeit, mit Fachabteilungen wie Controlling, IT, Marketing oder Data Science auf Augenhöhe zu kommunizieren.

Wer grundlegende Konzepte wie Datenqualität, KPIs, Dashboards, Korrelation vs. Kausalität oder Algorithmen versteht, kann besser hinterfragen, mitdenken und kritisch beurteilen, was Zahlen wirklich bedeuten.

Das schützt vor Fehlinterpretationen und erleichtert die Zusammenarbeit im Unternehmen erheblich. Ein weiterer wichtiger Aspekt ist das Thema Führung und Vorbildfunktion. Führungskräfte, die Datenkompetenz vorleben, fördern eine datengetriebene Unternehmenskultur. Sie schaffen Vertrauen in datenbasierte Entscheidungen und motivieren Teams, ebenfalls datengestützt zu arbeiten. Schließlich ist Datenkompetenz auch eine Frage der Zukunftssicherung. In einer Zeit, in der Künstliche Intelligenz, Automatisierung und datenbasierte Geschäftsmodelle an Bedeutung gewinnen, wird es für Führungskräfte zur Kernkompetenz, Daten als strategischen Rohstoff zu begreifen. Wettbewerbsfähigkeit und Innovationskraft hängen davon ab. Kurz gesagt: Datenkompetenz macht Führungskräfte nicht zu Data Scientists – aber sie macht sie zu besseren Entscheidern, Kommunikatoren und Gestaltern in einer digitalen Welt.

Cybersicherheit und Datenschutz: Verhindern Sie ein Signal-Gate in Ihrem Unternehmen

Eine Sicherheitspanne im Weißen Haus hat im März des Jahres 2025 dafür gesorgt, dass der Messenger Signal weltweit in aller Munde ist. Ein US-Journalist ist von hochrangigen Regierungsmitgliedern versehentlich in eine vertrauliche Chatgruppe hinzugefügt worden – während das US-Verteidigungsministerium davor warnt, Signal zu nutzen. Hacker könnten versuchen, so die Befürchtung, sich Zugang zu Geräten zu verschaffen, die mit einem Signal-Account gekoppelt seien.

Führungskräfte sollten sich mit **Cybersicherheit und Datenschutz** auskennen, weil diese Themen heute nicht mehr nur IT-Fragen sind – sie sind sicherheitsrelevant und damit geschäftskritisch. In einer vernetzten und digitalisierten Unternehmenswelt sind Daten ein zentraler Wert – und gleichzeitig ein Risikofaktor. Ein mangelndes Verständnis auf Führungsebene kann fatale Folgen haben: für die Sicherheit des Unternehmens, für das Vertrauen von Kunden und Partnern sowie für die rechtliche Absicherung. Wer sich als Führungskraft mit den Grundprinzipien des Datenschutzes auskennt, kann Risiken frühzeitig erkennen, vermeiden und die richtigen Maßnahmen einfordern. Gleiches gilt in Bezug auf Cyberangriffe, die zu den größten Geschäftsrisiken unserer Zeit gehören – von Ransomware über Phishing bis hin zu Industriespionage. Solche Angriffe können nicht nur IT-Systeme lahmlegen, sondern auch Geschäftsprozesse stören, Lieferketten unterbrechen und wertvolles geistiges Eigentum gefährden. Führungskräfte sollten sich mit den Risiken auseinandersetzen, aber auch darüber hinaus Notfallpläne in der Schublade haben, wenn es doch einmal eine Panne gegeben hat. **Bedenken Sie auch Ihre Vorbildfunktion:**

Sicherheitsbewusstsein beginnt ganz oben.

Wenn Führungskräfte selbst sorglos mit Passwörtern umgehen, vertrauliche Dokumente unverschlüsselt versenden, E-Mail-Anhänge von unbekannten Empfängern öffnen oder Sicherheitsrichtlinien ignorieren, wirkt das weit in die Organisation hinein. Umgekehrt schaffen Führungskräfte durch ihr Verhalten und ihre Kommunikation eine Sicherheitskultur, in der alle Mitarbeitenden ihren Teil zum Schutz des Unternehmens beitragen. Cybersicherheit ist kein isoliertes IT-Thema, sondern muss strategisch mitgedacht werden – z. B. bei der Einführung neuer digitaler Produkte, in der Zusammenarbeit mit externen Dienstleistern oder Kunden. Sicherheit muss von Anfang an mitgedacht werden – und nicht erst nach einem Vorfall.

Besonders bei cloudbasierten Lösungen ist es entscheidend, dass Datenschutzstandards eingehalten werden. Daten sollten während der Übertragung und im Ruhezustand verschlüsselt sein, um unbefugten Zugriff zu verhindern. Unternehmen sollten sicherstellen, dass nur autorisierte Personen Zugriff auf Daten und Systeme erhalten. Software sollte kontinuierlich aktualisiert werden, um Sicherheitslücken zu schließen und vor Cyberangriffen geschützt zu bleiben. Mitarbeitende sollten in den sicheren Umgang mit Tools und die Erkennung von Phishing-Angriffen eingewiesen werden.

Fazit: Wer transparent, verantwortungsvoll und kompetent mit Daten umgeht, stärkt das Vertrauen von Mitarbeitenden, Geschäftspartnern und Kunden – und damit die Wettbewerbsfähigkeit des Unternehmens.

Technologien als Treiber für Zusammenarbeit und Verbundenheit

Technologien verändern die Art und Weise wie Führung funktioniert fundamental. Es versteht sich von selbst, dass sich Führungskräfte an diese Veränderungen anpassen, indem sie sowohl Kommunikationsstrategien als auch technische Kompetenzen weiterentwickeln (Larson & DeChurch, 2020). Die digitale Arbeitswelt bietet eine Vielzahl von Tools und Plattformen, die die Zusammenarbeit erleichtern und verbessern. Von Videokonferenzen über Projektmanagement-Software bis hin zu kollaborativen Cloud-Lösungen eröffnen Technologien neue Möglichkeiten, Teams zu vernetzen und produktiver zu machen. Somit können Technologien im Wesentlichen folgende relevante Bereiche der Zusammenarbeit beeinflussen.

- **Kommunikation und Transparenz stärken:** Digitale Technologien wie Slack, Microsoft Teams oder Zoom ermöglichen eine direkte, schnelle und transparente Kommunikation. Sie helfen dabei, Informationen in Echtzeit auszutauschen und fördern eine offene Kommunikation, auch in geografisch verteilten Teams.
- **Kollaboration fördern:** Tools wie Trello, Asana oder Miro erleichtern die gemeinsame Bearbeitung von Projekten und fördern abteilungsübergreifende Zusammenarbeit. Durch transparente Aufgabenverteilungen und gemeinsame Plattformen wird Silodenken reduziert und es entsteht ein gemeinsames Verantwortungsgefühl.
- **Wissen teilen und dokumentieren:** Wissensmanagement-Plattformen wie Confluence oder SharePoint helfen Teams, ihr Wissen zu dokumentieren und zugänglich zu machen. In der digitalen Arbeitswelt ist der Zugang zu relevantem Wissen ein entscheidender Erfolgsfaktor, insbesondere in Zeiten schnellen Wandels.
- **Arbeitszeiten erfassen und planen:** Mithilfe von Technologien wie Clockify oder Timely lassen sich Bildschirmzeiten erfassen, Termine und Pausen planen. Damit helfen Technologien, den Arbeitsalltag zu strukturieren.

Gut genutzt erleichtern sie die Planung und Organisation und leisten einen wertvollen Beitrag zur Gesundheitsförderung.

- **Prozesse managen:** Prozessmanagement-Tools wie Signavio, Trello oder Smartsheet bieten zahlreiche Vorteile, indem sie Arbeitsabläufe effizienter, transparenter und effektiver gestalten. Durch die visuelle Darstellung von Prozessen lassen sich Ressourcen wie Zeit, Mitarbeitende und Materialien sinnvoll einteilen und planen. Fortschritte und Engpässe können unmittelbar identifiziert und überwacht werden. Dabei werden Kosten und Fehler reduziert. Verbesserungsmaßnahmen können schneller umgesetzt werden.

Fazit: Führungskräfte sollten nicht nur grundlegendes Verständnis für digitale Tools und Technologien haben, sondern auch in der Lage sein, Technologien erfolgreich in die Teamarbeit zu integrieren. Tab. 5.2 enthält praktische Implikationen und Vorschläge zur Umsetzung.

Tab. 5.2 Praktische Implikationen für Führungskräfte im digitalen Zeitalter

Praktische Implikation	Umsetzung
1. Digitalisierung als Chance sehen	Bevor Sie die Anwendung eines Tools verwerfen, geben Sie ihm eine Chance, finden Sie gemeinsam mit dem Team heraus, welche digitalen Tools und Anwendungen für die gemeinsame Arbeit nützlich sein können.
2. Technische Ausstattung bereitstellen	Ermöglichen Sie reibungsloses Arbeiten und stellen Sie hierfür sinnvolle Hardware und Software zur Verfügung.

(Fortsetzung)

Tab. 5.2 (Fortsetzung)

Praktische Implikation	Umsetzung
3. Digitale Kompetenz schulen	Stellen Sie sicher, dass alle Teammitglieder über die nötigen Kompetenzen verfügen, mit einem Tool zu arbeiten. Ermöglichen Sie ggf. Schulungen oder Mentorprogramme, teilen Sie hilfreiche Videos, die Anbieter oft kostenlos zur Verfügung stellen.
4. Richtlinien erstellen für Technologienutzung	Klären Sie gemeinsam mit dem Team, wie Sie ein Tool nutzen wollen, z. B. in Bezug auf Funktionen oder Inhalte.
5. Medium-Inhalt-Passung sicherstellen	Fachlich komplexe Informationen gehören eher in eine E-Mail als in einen Chat. Überlegen Sie, welchen Zweck Ihre Mitteilung hat, in der Regel eignen sich Chats und Telefonate eher für persönliche Themen und kurze fachliche Abstimmungen. Komplexe Themen können in einer E-Mail besser strukturiert, und wenn Vertraulichkeit eine Rolle spielt, verschlüsselt werden.
6. Persönlichen Austausch fördern	Wenn Ihr Team überwiegend digital kommuniziert, sollten Sie regelmäßige Treffen organisieren, virtuell oder vor Ort, damit sich das Team besser kennenlernen und Vertrauen aufbauen kann.
7. Teamidentität stärken	Helfen Sie Ihrem Team, ein gemeinsames Wir-Gefühl zu entwickeln, handeln Sie fair, betonen Sie gemeinsame Werte und Ziele, teilen und unterstützen Sie eine gemeinsame Vision, schaffen Sie Rahmenbedingungen für kollaboratives Arbeiten. Besprechen Sie gemeinsam mit Ihrem virtuellen Team, welche Tools Sie für Ihre gemeinsamen Ziele sinnvoll nutzen.

6

Die gemeinsame Identität als Erfolgsfaktor

Zusammenfassung Identität wirkt im virtuellen Zeitalter auf mehreren Ebenen – individuell, sozial und organisational. Digitale Kommunikationsformen und Plattformen wie LinkedIn beeinflussen entscheidend, wie Menschen ihre berufliche Identität wahrnehmen und darstellen. Neben fachlichen Kompetenzen spielen soziale Faktoren wie Anerkennung und Zugehörigkeit eine wichtige Rolle. Besonders Führungskräfte sollten die vielschichtige Dynamik digitaler Identitäten verstehen, um Motivation und Teamdynamik wirksam zu fördern und damit sowohl die Leistung als auch die Jobzufriedenheit ihrer Mitarbeitenden zu steigern. In diesem Kapitel wird erklärt, wie berufliche Identität im digitalen Kontext entsteht, sich entwickelt und welche Implikationen dies für Führungskräfte hat.

Überblick

Identität beeinflusst, wie Menschen sich selbst sehen, wie sie von anderen wahrgenommen werden und wie sie sich in ihrem beruflichen Umfeld verhalten. In einem digitalen Kontext bedeutet dies, dass die Art und Weise, wie Menschen ihre professionelle Identität wahrnehmen, zunehmend durch digitale Interaktionen und Präsenz in Online-Netzwerken wie LinkedIn geprägt wird. Die Selbstwahrnehmung wird über direkte Begegnungen hinaus durch virtuelle Kommunikationsmittel wie E-Mails, Videogespräche und andere digitale Plattformen beeinflusst. Menschen gestalten ihre berufliche Identität aktiv und achten darauf, dass sie in digitalen Räumen ebenso authentisch und kompetent wahrgenommen werden wie im physischen Arbeitsumfeld. Sie teilen Gedanken und Inhalte, interagieren mit anderen Nutzern und schließen sich Gruppen zu unterschiedlichen Themen an. Damit erhöhen sie nicht nur ihre Reichweite und Sichtbarkeit, sondern auch den Austausch mit Fachkollegen, potenziellen Arbeitgebern oder Kunden. Dabei spielt nicht nur fachliches Interesse, sondern, wie im echten Leben, der Wunsch nach Zugehörigkeit und Bestätigung eine Rolle. Die berufliche Identität ist somit eine dynamische, weitreichende Repräsentation der Persönlichkeit.

Drei Formen der Identität spielen im Arbeitskontext eine wesentliche Rolle: die **professionelle, teambezogene** und **organisationale Identität**. Diese Identitäten wirken nicht isoliert voneinander, sondern sind eng miteinander verwoben. Sie prägen nicht nur das individuelle Verhalten, sondern auch die Dynamiken innerhalb von Teams und die Organisationskultur. Ein grundlegendes Verständnis dieser Identitäten ist wichtig, um eine Arbeitsumgebung zu schaffen, in der Zusammenarbeit und persönliche Entfaltung harmonisch koexistieren können. Führungskräfte wie auch Organisationen stehen vor der Aufgabe, Identität zu stiften und dabei sowohl das individuelle Potenzial der Mitarbeitenden als auch die kollektive Stärke des Teams und der Organisation zu aktivieren. Dieses Kapitel beleuchtet die Bedeutung und die Wechselwirkungen von professioneller, teambezogener und organisationaler Identität und zeigt auf, warum gerade in einem digitalen Kontext Identität eine so wesentliche Rolle spielt.

Arten von Identitäten am Arbeitsplatz

Identität spielt in der modernen Arbeitswelt eine zentrale Rolle in Bezug auf die Motivation, das Engagement und die Leistung von Mitarbeitenden. Dabei gibt es nicht die eine Identität, sondern gleich mehrere, die im Arbeitsleben eine Rolle spielen. Zu den wesentlichen Identitäten, die eng miteinander verknüpft sind und die sich überschneiden können, zählen die professionelle Identität, die Teamidentität und die organisationale Identität. Diese Identitäten prägen, wie sich Mitarbeitende selbst wahrnehmen und mit ihrer Arbeit, ihrem Team und ihrer Organisation in Beziehung stehen.

Die *professionelle Identität* bezieht sich auf das Selbstverständnis eines Individuums als Mitglied eines bestimmten Berufsstandes. Sie entwickelt sich über die Zeit und basiert auf der Ausbildung, den erworbenen Kompetenzen, beruflichen Erfahrungen und den Normen, Werten sowie dem Berufsethos. So identifizieren sich beispielsweise Ärztinnen und Ärzte stark mit dem Ethos der Heilung und Fürsorge, während Lehrkräfte ihre Identität oft über den Wert der Bildung und Förderung von Lernenden definieren und Menschen in technischen Berufen sich eher über ihre technischen Fähigkeiten und Problemlösekompetenzen definieren und entsprechend lösungsorientiert handeln. Die professionelle Identität kann dazu motivieren, sich auf dem eigenen Fachgebiet weiterzuentwickeln und neue Herausforderungen zu meistern.

Die *organisationale Identität* beschreibt dagegen die Identifikation eines Mitarbeitenden mit dem Unternehmen, für die er oder sie arbeitet.

Mitarbeitende, die eine ausgeprägte organisationale Identität haben, fühlen sich ihrem Unternehmen verbunden, sie teilen Werte und Ziele und sind stolz darauf, Teil der Organisation zu sein.

Diese Verbundenheit steht in einem positiven Zusammenhang mit leistungsbezogenen Eigenschaften wie Motivation, Loyalität, niedrige Fluktuation und hohes Engagement in der Umsetzung von Unternehmenszielen.

Mitarbeitende, die die Werte des Unternehmens nicht nur als Anforderungen, sondern als persönliche Überzeugung übernehmen, werden aus einer Eigenmotivation heraus im besten Interesse des Unternehmens handeln. Lautet ein Unternehmenswert beispielsweise Kundenfreundlichkeit, können sich Mitarbeitende, die sich mit ihrem Unternehmen identifizieren, intrinsisch motiviert zuvorkommend gegenüber Kundinnen und Kunden zeigen. Identifikation wirkt sich somit direkt auf das Kundenerlebnis aus und kann darüber hinaus die Kunden selbst erfassen – zufriedene Kunden empfehlen das Unternehmen weiter. Organisationale Identität beeinflusst nicht nur das Verhalten innerhalb der Organisation, sondern auch die Wahrnehmung der eigenen Rolle im Unternehmen sowie das Selbstwertgefühl. Wenn sich Menschen mit ihrer Organisation identifizieren, zeigen sie typische sozial erwünschte Verhaltensweisen, beispielsweise eine größere Bereitschaft, sich zum Wohl aller zu engagieren und dafür sogar eigene Interessen in den Hintergrund zu stellen. Gleichzeitig prägt die Organisation die kollektive Identität ihrer Mitglieder und vermittelt ein Bild nach außen, das unter dem Begriff der „Corporate Identity" zusammengefasst ist.

Die Dimension der *Teamidentität* beschreibt das individuelle Zugehörigkeitsgefühl zu einem bestimmten Team oder einer Arbeitsgruppe. Teamidentität entsteht durch gemeinsame Ziele, Werte und Normen sowie durch ein starkes Gefühl der Verbundenheit, das häufig mit Worten wie Teamgeist, Teamspirit, Wir-Gefühl beschrieben wird.

Beispielsweise könnte ein interdisziplinäres Forschungsteam von Ingenieuren, Designern und Marketingexperten an der Entwicklung eines neuen Produkts arbeiten. Obwohl jedes Teammitglied unterschiedliche Fachkompetenzen und Aufgaben hat, verbindet sie die gemeinsame Zielsetzung, ein innovatives, qualitativ hochwertiges Produkt zu entwickeln, das den Markt revolutioniert. Alle Mitglieder des Teams teilen eine klare Vision, das neue Produkt soll die Lebensqualität der Nutzer verbessern. Die Teamidentität wird durch die gemeinsame Vision und die Werte, die das Unternehmen betont (z. B. Innovation, Qualität, Nachhaltigkeit), gestärkt. Jedes Mitglied trägt aktiv zur Verwirklichung dieser Vision bei und fühlt sich als Teil eines größeren Ganzen. Die Teammitglieder arbeiten eng zusammen, tauschen regelmäßig Ideen aus und stimmen sich bei der Produktentwicklung ab. Durch die ständige Kommunikation und den Dialog entsteht ein starkes Gefühl der Zugehörigkeit, da sich jeder auf die Beiträge der anderen verlassen kann. Die Führungskraft ist ein gutes Vorbild und verkörpert die Werte des Teams, etwa indem sie eine offene Kommunikation fördert und sicherstellt, dass jeder in Entscheidungsprozesse eingebunden wird, was das Gefühl der **Gemeinsamkeit und Zusammengehörigkeit** weiter stärkt. Das Team fühlt sich als einheitliche Gruppe, die gemeinsam auf ein Ziel hinarbeitet und klare Normen und Regeln für den Austausch und die Zusammenarbeit hat.

Eine ausgeprägte Teamidentität fördert die Zusammenarbeit, verbessert die Kommunikation und kann die Leistung des Teams signifikant steigern. Wenn die Mitglieder eines Teams eine gemeinsame Identität entwickeln, gehen sie freiwillig die berühmte „Extrameile" und stellen schon mal private Interessen zurück, um den Teamerfolg zu unterstützen. Hunderte Studien, zusammengefasst in Metaanalysen,[1] haben sich mit den Auswirkungen der Teamidentität auf die Motivation, das Wohlbefinden, die Arbeitszufriedenheit und die Leistung beschäftigt.

Teamidentität steht in Zusammenhang mit individuellem Engagement, Teamleistung, Wohlbefinden und Arbeitszufriedenheit.

Die drei vorgestellten **Identitäten sind dynamisch und können sich im Laufe der Zeit sowie durch unterschiedlichen Kontext verändern**, wie folgendes Beispiel zeigt. Ein Mitarbeiter, der neu in ein Team kommt, bringt möglicherweise zunächst eine starke professionelle Identität mit und fokussiert sich hier besonders auf seine individuelle Weiterentwicklung. Durch positive Erfahrungen mit der Zusammenarbeit im Team entwickelt er im Laufe der Zeit eine stärkere Bindung an das Team und handelt zunehmend in Interesse des Teams. Eigene Ambitionen werden mit den Teamzielen abgestimmt und in Einklang gebracht. Die professionelle Identität und die Teamidentität beginnen zu interagieren, indem Teamerfolge die professionelle Entwicklung voranbringen und umgekehrt. Die organisationale Identität nimmt wiederum Einfluss auf die Teamidentität, indem die Organisationskultur auf die Teamkultur einwirkt. Gleichzeitig können die Identitäten miteinander in Konflikt geraten – beispielsweise, wenn

---

[1] Unter anderem hat eine internationale Langzeitstudie mit mehr als 20.000 Teilnehmenden die Vorteile der Identitätsbasierten Führung in Bezug auf die Teamidentität untersucht (van Dick et al., 2020).

berufliche Werte eines Mitarbeitenden im Widerspruch zur Unternehmenskultur stehen. Oder wenn eine fehlende Teamidentität dazu führt, dass sich Mitarbeitende auf ihre eigene Karriere fokussieren, auch wenn das bedeutet, entgegen den Teamzielen zu handeln.

Forschungen, wie die Metaanalyse von Greco et al. (2022), zeigen, dass alle drei Identitäten – professionelle, organisationale und Teamidentität – mit arbeitsrelevantem Verhalten und der Zufriedenheit am Arbeitsplatz zusammenhängen. Die Führungskultur der Organisation hat einen Einfluss auf die Führungskräfte, die wiederum ihre Teamkultur beeinflussen.

Führungskräfte sollten sich bewusst machen, dass sie einen erheblichen Einfluss darauf haben, ob sich alle Teammitglieder mit dem Team identifizieren und damit einhergehend Bereitschaft zeigen, sich im Sinne des Teams zu engagieren und gemeinsame Ziele voranzustellen.

Wie ein Wir-Gefühl entsteht und warum es zählt

Soziale Zugehörigkeit ist ein grundlegendes Bedürfnis wie essen, trinken oder schlafen. Führungskräfte können die Effektivität und die Zufriedenheit in ihrem Team steigern, wenn sie das Bedürfnis nach Zugehörigkeit und Zusammenhalt erfüllen, indem sie Maßnahmen zur Stärkung der Teamidentität ergreifen. Mitarbeitende, die sich mit ihrem Team identifizieren, sind eher bereit, sich für ihr Team einzusetzen – die Extrameile für das Team zu gehen und kollektiven Zielen Vorrang vor persönlichen Interessen einzuräumen.

Um die Mechanismen zu veranschaulichen, die zur Entstehung von Teamidentifikation beitragen, werden im Folgenden zwei Theorien vorgestellt, die im sogenannten sozialen Identitätsansatz (SIA) zusammengefasst sind. Diese Theorien sind die soziale Identitätstheorie (SIT)[2] und die Selbstkategorisierungstheorie (SCT). Die soziale Identitätstheorie beschreibt, wie sich das Selbstbild einer Person aus der Zugehörigkeit zu sozialen Gruppen ableitet und wie Gruppenzugehörigkeit wiederum das Verhalten der Person beeinflusst.

In psychologischer Hinsicht ersetzt die Teamidentifikation selbstbezogene kognitive Prozesse durch gruppenbezogene kognitive Prozesse. Stellen Sie sich eine Fußballmannschaft vor. Ob die Mannschaft gewinnt, hängt vom Zusammenspiel ab, etwa von der Bereitschaft, eine Ballvorlage an einen Mitspieler zu geben, der den Ball dann in ein Tor verwandeln kann. Teamidentifikation führt dazu, dass die Ziele des Teams (das Spiel zu gewinnen) wichtiger werden als individuelle Ziele (der beste Spieler zu sein und daher jede potenzielle Torchance selbst zu nutzen). Wenn Teammitglieder sich *nicht* mit dem Team identifizieren, kann dies nicht nur negative Auswirkungen auf die Ergebnisse haben, sondern die allgemeine Teamdynamik und die Zusammenarbeit negativ beeinflussen. Ein Teammitglied mit geringer Teamidentifikation könnte beispielsweise Aufgaben bevorzugen, die primär dem eigenen beruflichen Fortkommen dienen. Den Erfolg des Teams sieht es nicht als eigenen Erfolg, sondern als etwas, das es nur indirekt betrifft. Wenn es um die Verteilung von Ressourcen, um Anerkennung oder Karrieremöglichkeiten geht, können opportunistische Verhaltensweisen gezeigt werden, etwa indem Informationen bewusst zurückgehalten werden, Wissen nicht geteilt wird oder sogar Sabotage stattfindet.

---

[2] Die SIT wurde von Turner et al. (1979) entwickelt, als eine Erweiterung entwickelte Turner und Kollegen (1987) die SCT.

Mitarbeitende mit geringer Teamidentifikation könnten dazu neigen, **Teamaufgaben zu verzögern** oder zu vermeiden, wenn sie keinen persönlichen Vorteil darin sehen. Stattdessen richten sie ihre Energie auf Projekte oder Aufgaben, die dem eigenen Fortkommen dienen.

Wird dies mit einer Gelegenheit kombiniert – etwa durch geringe soziale Präsenz im Homeoffice – können private Interessen und die Optimierung der eigenen Freizeit in den Vordergrund treten.

Besonders bei wenig verbindlichen Teamstrukturen kann dieser Effekt verstärkt auftreten. Ohne eine starke Teamzugehörigkeit oder ein gemeinsames Ziel fehlt der soziale Ansporn oder die emotionale Bindung, die üblicherweise zu Engagement und Verantwortungsübernahme führen. Dies muss jedoch nicht zwangsläufig negativ sein: Erwiesenermaßen ist eine gesunde Work-Life-Balance essenziell und eine bewusste Freizeitgestaltung kann langfristig sogar zu höherer Zufriedenheit und Produktivität führen. Problematisch wird es, wenn individuelle Interessen dauerhaft über Teamverantwortung gestellt werden und die Gesamtleistung darunter leidet.

Ohne Teamidentität ist die Bereitschaft geringer, Verantwortung für Teamziele zu übernehmen, stehen persönliche Vorteile im Vordergrund.

Die persönliche Identität beschreibt die Einzigartigkeit eines Individuums, während die Teamidentität aus der Zugehörigkeit zu einer Gruppe entsteht, deren Werte mit den eigenen Überzeugungen übereinstimmen. Soziale Identität ermöglicht Zusammenhalt, Kooperation und Einfluss, indem sie in bestimmten Situationen egoistische Interessen überlagert (Tajfel & Turner, 2004). Wer sich mit seinem Team identifiziert, bewahrt seine persönliche Identität, erlebt aber eine erweiterte soziale Dimension. Beide Identitäten sind miteinander verknüpft: Soziale Identität stärkt das Zugehörigkeitsgefühl, während die persönliche Identität beeinflusst, wie man sich in der Gruppe positioniert. Führungskräfte sollten daher verstehen, dass Mitarbeitende ihre individuellen Werte, Ziele und Selbstbilder ins Team einbringen. Zum Beispiel könnte sich eine Mitarbeiterin als Problemlöserin oder als unterstützende Kraft im Hintergrund sehen – eine Selbstwahrnehmung, die ihr Engagement und ihre Interaktion im Team prägt. Indem Führungskräfte diese Identitäten erkennen und gezielt fördern, stärken sie nicht nur die Gruppendynamik, sondern auch die Motivation und Zufriedenheit ihrer Mitarbeitenden.

Führungskräfte haben eine klare Verantwortung, die Teamidentität zu stärken.

Sie können dies beispielsweise durch transparente gemeinsame Ziele, regelmäßigen Austausch und eine Kultur der gegenseitigen Wertschätzung und Anerkennung tun. Eine Führungskraft, die eine positive Teamkultur fördert, indem sie Vertrauen aufbaut und einen Sinn vermittelt, kann dazu beitragen, dass sich Mitarbeitende auch ohne engmaschige Kontrolle für gemeinsame Ziele engagieren.

Psychologische Mechanismen hinter der Teamorientierung

Um den dahinterliegenden psychologischen Mechanismus zu erklären, der Individuen veranlasst, als Teammitglieder zu handeln, entwickelte Henri Turner et al. (1987) die Selbstkategorisierungstheorie, die vorschlägt, dass Individuen auf verschiedenen Ebenen (z. B. Individuum, Team, Organisation, Nation) Kategorien in Bezug auf sich selbst und ihr soziales Umfeld bilden. Mitglieder einer bestimmten Gruppe verinnerlichen durch Selbststereotypisierung, wofür die Gruppe steht, und zeigen entsprechende Verhaltensweisen, die sie als Repräsentanten der Gruppe darstellen. Ob man sich stärker mit individuellen Interessen

6 Die gemeinsame Identität als Erfolgsfaktor

oder mit Teaminteressen identifiziert, hängt von der Situation ab. Ist in einer bestimmten Situation die Gruppenzugehörigkeit vorteilhaft für das Individuum, wird ihr Handeln stärker von der sozialen Identität beeinflusst. Wenn es beispielsweise ein Team ins Finale eines renommierten Wettbewerbs geschafft hat, das jedoch an einem Tag stattfindet, an dem ein Teammitglied private Pläne hat, so könnte die Teamidentität die entscheidende Motivation liefern, die Teilnahme am Wettbewerb den privaten Plänen vorzuziehen. Wenn sich die Person mit ihrem Team identifiziert, wird sie alles daransetzen, ihr Team an diesem wichtigen Tag zu unterstützen. Ohne diese Identifikation würde sie mit guter Begründung an den privaten Plänen festhalten. Wenn alle im Team der Überzeugung sind, dass das gemeinsame Handeln wichtig ist und jeder einen Beitrag leisten kann, werden maximale Kräfte freigesetzt, umso mehr, wenn die Führungskraft am selben Strang zieht und durch ihr Engagement als Vorbild dient. Diese situative Aktivierung oder auch „Situieren" (Riketta & van Dick, 2005) ist ein fließender Prozess, eine kontinuierliche Bewegung zwischen den beiden Polen der persönlichen Identität und der sozialen Identität.

Führung hat einen signifikanten Einfluss darauf, ob Teammitglieder in Übereinstimmung mit den Interessen und Zielen des Teams handeln oder nicht.

Jegliches Handeln oder Nicht-Handeln der Führungskraft hat unweigerlich Auswirkungen auf die Teamdynamik. Die Bevorzugung einzelner Teammitglieder oder Untergruppen kann zur Folge haben, dass sich Mitglieder ausgegrenzt und benachteiligt fühlen.

Die Benachteiligung Einzelner, etwa bei der Verteilung von Ressourcen und Projekten, kann Misstrauen erzeugen und die Teamdynamik ungünstig beeinflussen.

Es mag ungewohnt sein für einige Führungskräfte, sich vorzustellen, dass nicht allein Anweisungen und die Androhung negativer Konsequenzen genügen, ein Team zur Höchstleistung anzutreiben. Wer sich einzig allein auf seine Positionsmacht beruft, hat nicht verstanden, dass Führung die Bereitschaft zu folgen voraussetzt. Ohne Follower kann es keine Führung geben.

Führen ist ein psychologischer Gruppenprozess, es geht um sozialen Einfluss – und um diejenigen, die folgen.

Wenn Teammitglieder einem anderen Teammitglied eher folgen als der Führungskraft, dann haben sich die Kräfte verschoben und derjenige, der führt, wird dies auch ohne Titel tun. Auf diese Weise können Dynamiken in Gang gesetzt werden, die den Zerfall des Teams beschleunigen. Umgekehrt kann der Zusammenhalt gestärkt werden, indem Führung wahrnehmbar fair und an den Gesamtzielen des Teams oder der Organisation ausgerichtet ist.

Folgende Beispiele sollen den Unterschied zeigen, den eine geteilte oder nicht geteilte Teamidentität ausmacht:

Beispiel

Beispiel 1 fehlende Teamidentifikation

Ein Marketing-Team in einem globalen Unternehmen arbeitet an einer Werbekampagne für ein neues Produkt. Die Teammitglieder kommen aus verschiedenen Ländern und Kulturen und kommunizieren hauptsächlich über Videokonferenzen und E-Mail. Einige Mitglieder legen großen Wert auf kreative Freiheit und innovative Ideen, während andere eher traditionelle Ansätze bevorzugen. Nicht allen ist klar, was das Ziel und die Strategie der Kampagne ist. Unterschiedliche Ansichten führen zu Spannungen und Missverständnissen, die zur Folge haben, dass sich Teammitglieder zurückhalten und zögern, Ideen einzubringen. Jeder konzentriert sich auf seine eigenen Aufgaben und Ziele, anstatt aktiv zur Gruppenarbeit beizutragen. Weil eine gemeinsame Basis fehlt, entstehen häufig Konflikte über die Richtung der Kampagne, was zu Frustration und Unzufriedenheit im Team führt. Zudem haben einige Mit-

6 Die gemeinsame Identität als Erfolgsfaktor

glieder das Gefühl, von der Führungskraft benachteiligt zu werden und verlangsamen aus Frust darüber das Arbeitstempo. Schließlich ergeben sich große Verzögerungen in der Fertigstellung der Kampagne, wertvolle Arbeitszeit und zusätzliche Kosten werden erforderlich, um den Auftrag fristgerecht abschließen zu können.

Beispiel 2 vorhandene Teamidentifikation
Ein Softwareentwicklungsteam arbeitet an einem neuen Projekt zur Verbesserung einer bestehenden Anwendung. Das Team ist sich darüber im Klaren, was es leisten kann und dass die gemeinsamen Kompetenzen zur einem erfolgreichen Projektabschluss führen werden. Gemeinsame Werte geben Orientierung, darunter Offenheit in der Zusammenarbeit und ein Fokus auf Benutzerorientierung. Die Teammitglieder haben sich darauf geeinigt, dass sie regelmäßig im Austausch bleiben wollen und dass jeder Vorschlag wertgeschätzt und berücksichtigt wird. Sie nutzen Tools für den Austausch von Ideen und regelmäßige virtuelle Meetings zur Abstimmung. Alle Mitglieder fühlen sich ermutigt, Ideen zu teilen, was den kreativen Austausch lebendig hält. Sie diskutieren offen über Verbesserungsvorschläge und unterstützen sich gegenseitig. Alle arbeiten auf das gleiche Ziel hin – die Verbesserung der Benutzererfahrung. Diese gemeinsame Ausrichtung fördert ein Gefühl der Zugehörigkeit und Motivation. Die Identifikation mit den Werten des Teams führt zu einer positiven Arbeitsatmosphäre, in der Konflikte konstruktiv gelöst werden. Die Führungskraft gibt dort Unterstützung, wo es notwendig ist und legt großen Wert darauf, dass alle an einem Strang ziehen und sich gerecht behandelt fühlen. Das Team entwickelt innovative Lösungen und der Abschluss des Projekts wird als gemeinsamer Erfolg gewertet.

Die Beispiele verdeutlichen, dass insbesondere virtuelle Teams in einem Kontext räumlicher Distanz und kultureller Vielfalt von einer gemeinsamen Identität profitieren können. Führungskräfte tun gut daran, das „Wir-Gefühl" zu stärken, unter anderem indem sie sich hinterfragen, inwiefern sie selbst ein gutes Beispiel eines prototypischen Teammitglieds abgeben und ihr Verhalten nach den Teamwerten ausrichten.

Zusammenhalt trotz Unterschiede: Subgruppenbildung verstehen und überwinden

In vielen Teams oder Organisationen kann es zur Bildung von Subgruppen kommen, bei denen bestimmte Gruppen innerhalb des gesamten Teams enger zusammenarbeiten oder sich stärker verbunden fühlen. Diese Subgruppenbildung kann in virtuellen Teams verstärkt auftreten.

Sie kann aufgrund unterschiedlicher Interessen, Werte, Persönlichkeiten oder sogar Kommunikationsstile entstehen. Die persönlichen Verbindungen in einzelnen Subgruppen schaffen eine Vertrauensbasis, die es den Mitgliedern ermöglicht, enger zusammenzuarbeiten und sich gegenseitig zu unterstützen. Aber auch Rollen und spezifische Aufgaben können dazu führen, dass sich Teams im Team bilden. Mitarbeitende können sprichwörtlich über gemeinsame Projekte zusammenwachsen und in unterschiedlichen Konstellationen eine gemeinsame Identität entwickeln. Wenn sich Subgruppen stark voneinander abgrenzen, kann dies zu einer Fragmentierung des übergeordneten Teams führen. Mitglieder können sich weniger als Teil des gesamten Teams fühlen und das „Wir"-Gefühl geht verloren. Dies kann die Zusammenarbeit und den Zusammenhalt beeinträchtigen, was die Gesamtleistung des Teams negativ beeinflusst.

Obwohl Subgruppen natürliche Phänomene in sozialen Strukturen darstellen, können sie den Teamzusammenhalt beeinträchtigen und die Zusammenarbeit schwächen.

Subgruppenbildung und korrespondierendes Verhalten, das sprichwörtliche Silodenken, führt dazu, dass Untergruppen eigene Ziele voranstellen und im ungünstigen Fall sogar unkooperativ und selbstbezogen handeln und damit dem gesamten Team Schaden zufügen.

6 Die gemeinsame Identität als Erfolgsfaktor

Subgruppen können sich wie „Cliquen" entwickeln, in denen nur bestimmte Mitglieder akzeptiert werden und andere ausgeschlossen oder ignoriert werden. Diese Exklusivität kann zu Misstrauen, Feindseligkeit oder sogar Mobbing führen. Wenn einige Teammitglieder das Gefühl haben, nicht dazu zu gehören, kann dies ihre Motivation und ihr Engagement stark verringern. Wenn Subgruppen aufgrund unterschiedlicher Werte in Konflikt geraten oder sich gegenseitig nicht respektieren, kann dies Spannungen im gesamten Team verursachen.

Verstärkt wird die Systematik der Subgruppenbildung durch einen Mangel an direkter, persönlicher Interaktion oder durch kulturelle Unterschiede – wie es in virtuellen, globalen Teams der Fall sein kann.

Virtuelle Teams haben oft eine geringere natürliche Kohäsion als physische Teams.

In virtuellen Teams können sich einzelne Mitglieder möglicherweise weniger als Teil eines „großen Ganzen" verstehen und sich zurückziehen oder regionalen Gruppen anschließen.

Die Herausforderung besteht darin, die Ursachen für Subgruppenbildung zu verstehen und geeignete Maßnahmen zu ergreifen, um den Zusammenhalt innerhalb des gesamten Teams zu fördern. Ein erster Schritt ist es, die unterschiedlichen Perspektiven und Bedürfnisse der einzelnen Gruppen anzuerkennen, ohne sie zu stigmatisieren. Offene Kommunikation und gemeinsame Ziele können dabei helfen, Missverständnisse zu beseitigen und die Zusammenarbeit zwischen den Gruppen zu fördern.

Führungskräfte spielen eine entscheidende Rolle, indem sie Integration und Zusammenarbeit aktiv unterstützen. Das bedeutet, Teammitglieder zu ermutigen, über ihre Unterschiede hinweg zusammenzuarbeiten, Erfolge zu feiern und eine gemeinsame Kultur der Wertschätzung zu schaffen. Teambuilding-Maßnahmen oder auch größere gemeinsame Projekte können helfen, den Fokus von den Unterschieden auf die gemeinsamen Ziele zu lenken.

Letztlich geht es darum, ein Gleichgewicht zu finden: Die Stärken der unterschiedlichen Subgruppen zu nutzen und gleichzeitig eine einheitliche, integrative Teamkultur – oder Unternehmenskultur – zu entwickeln, die den Zusammenhalt trotz Vielfalt stärkt.

Kommunikation spielt in diesem Zusammenhang eine entscheidende Rolle.

Gemeinsame Narrative können das Fehlen persönlicher Begegnungen in virtuellen Teams ausgleichen, indem sie ein Gemeinschaftsgefühl fördern.

Sie schaffen einen Rahmen, der das Team emotional zusammenhält, die Zusammenarbeit fördert und ein stärkeres Identitätsgefühl erzeugt. Es geht darum, Narrative zu entwickeln, die sowohl die Herausforderungen als auch die Erfolge des Teams betonen und die Teammitglieder als Teil eines größeren, gemeinsamen Ganzen begreifen lassen. Narrative, die sich um die Werte, Ziele und gemeinsamen Erfahrungen des Teams drehen, können eine starke emotionale Verbindung und ein gemeinsames Verständnis schaffen. Mehr noch, sie können sogar persönliche Erlebnisse ersetzen oder in einen größeren Teamzusammenhang stellen. Auch nach außen hin

---

Beispiel für ein gemeinsames Narrativ

Angenommen, ein virtuelles Team hat gerade ein anspruchsvolles Projekt abgeschlossen, aber aufgrund der geografischen Verteilung der Teammitglieder konnte niemand an einem gemeinsamen Ort zusammenkommen, um das Projekt zu feiern oder persönliche Erlebnisse zu teilen.

Gemeinsames Narrativ: Das Team hat gemeinsam die Herausforderung gemeistert, obwohl es viele Hürden gab – unterschiedliche Zeitzonen, technische Schwierigkeiten, unerwartete Probleme. Jedes Teammitglied hat seinen Teil

6 Die gemeinsame Identität als Erfolgsfaktor

dazu beigetragen, sei es durch besondere Problemlösungsfähigkeiten oder durch das Überwinden technischer Hürden. Die Geschichte des Projekts wird zu einem Narrativ, in dem alle Teile zusammenkommen, die persönlichen Anstrengungen und der Erfolg als „gemeinsame Reise" erzählt werden.

Kollektives Erlebnis: Anstatt jede Person ihre eigene Geschichte und ihr eigenes Erlebnis erzählen zu lassen (z. B. „Ich hatte Schwierigkeiten mit dem Zeitmanagement, aber ich habe es letztlich geschafft"), wird die gesamte Erfahrung als ein zusammenhängendes Narrativ präsentiert und als eine Art „Heldenreise" dargestellt, bei der jeder Einzelne einen wichtigen Beitrag zu einem übergeordneten Erfolg geleistet hat.

Zum Beispiel könnte die Führungskraft in einem virtuellen Meeting sagen: „Wir haben als Team gemeinsam ein großartiges Projekt gemeistert. Trotz der Herausforderungen wie Zeitverschiebungen und unterschiedlicher technischer Anforderungen haben wir alle unser Bestes gegeben. Ich erinnere mich, wie Sarah mitten in der Nacht eine technische Lösung gefunden hat, während Andrew die Kommunikation trotz der schwierigen Umstände aufrechterhalten hat. Jeder von uns hat in seiner Rolle eine wichtige Funktion erfüllt – und heute feiern wir den Erfolg als gemeinsames Erlebnis."

Warum dieses Narrativ das persönliche Erlebnis ersetzt:

1. **Kollektives Teamgefühl:** Das Narrativ lenkt die Aufmerksamkeit auf das gemeinsame Ziel und die kollektive Leistung, anstatt sich nur auf die individuellen Erlebnisse der Teammitglieder zu konzentrieren.
2. **Einheit und Zusammenhalt:** Das Team sieht sich als eine Einheit, die gemeinsam durch Herausforderungen gegangen ist. Selbst wenn individuelle Herausforderungen oder Anstrengungen vorhanden waren, werden sie als Teil eines größeren Ganzen betrachtet.
3. **Stärkere Bindung:** Die Erzählung von Herausforderungen, die als Team gemeistert wurden, fördert ein starkes Gefühl von Zugehörigkeit. Teammitglieder fühlen sich stärker miteinander verbunden, da sie ihre gemeinsamen Erfahrungen als wertvoll und bedeutungsvoll betrachten können.

können Narrative eine Sogwirkung entfalten, zum Beispiel auf neue Talente, die sich dem Team anschließen.

Kulturelle Unterschiede in ein gemeinsames Narrativ integrieren

Die Integration kultureller Unterschiede in ein gemeinsames Narrativ ist eine wichtige Aufgabe, um sicherzustellen, dass alle Teammitglieder, unabhängig von ihrer Herkunft, sich in der Teamgeschichte wiederfinden und respektiert werden. Kulturelle Vielfalt kann das Narrativ bereichern, indem verschiedene Perspektiven, Werte und Herangehensweisen zu einem harmonischen Ganzen zusammengeführt werden. Damit auch ein von allen geteiltes Team-Narrativ entstehen kann, ist es wichtig, folgende Punkte zu beachten:

1. **Wertschätzung der kulturellen Perspektiven:** Es ist entscheidend, dass das Narrativ die unterschiedlichen Werte, Kommunikationsstile und Arbeitsmethoden anerkennt. Die Geschichte sollte die einzigartigen Beiträge jedes Mitglieds würdigen, ohne kulturelle Unterschiede zu ignorieren oder zu vereinfachen.
2. **Gemeinsame Werte und Ziele betonen:** Das Narrativ sollte auf gemeinsamen Zielen und Werten aufbauen, die für das gesamte Team wichtig sind, wie Zusammenarbeit, Innovation oder Vertrauen. Diese gemeinsamen Werte dienen als Brücke, die kulturelle Unterschiede übergreift.
3. **Erzählungen mit kulturellen Nuancen:** Jede kulturelle Perspektive bringt einzigartige Ansichten und Erfahrungen mit sich. Das Narrativ kann von der Vielfalt profitieren, indem es unterschiedliche Herangehensweisen an Herausforderungen oder Lösungen aufzeigt.
4. **Inklusion und Teilhabe betonen:** Das Narrativ sollte alle Teammitglieder als gleichwertige Akteure einbeziehen und sicherstellen, dass jedes Teammitglied sich als wichtigen Teil der gemeinsamen Geschichte fühlt.

6 Die gemeinsame Identität als Erfolgsfaktor 179

Beispiel für ein gemeinsames Narrativ trotz kultureller Unterschiede

Ein globales Team, das an der Entwicklung eines neuen Produkts arbeitet, besteht aus Mitgliedern aus den USA, Japan, Deutschland und Brasilien. Jeder bringt unterschiedliche kulturelle Werte und Arbeitsweisen mit – die US-amerikanischen Mitglieder bevorzugen schnelle Entscheidungen und direkte Kommunikation, die japanischen Mitglieder legen großen Wert auf Konsens und Details, die deutschen Mitglieder schätzen Struktur und Präzision und die brasilianischen Mitglieder betonen zwischenmenschliche Beziehungen und Kreativität.

Gemeinsames Narrativ:

Ein Teamleiter könnte ein gemeinsames Narrativ entwickeln, das die kulturellen Unterschiede respektiert und integriert:

„Unsere Reise als Team begann mit der Idee, ein Produkt zu entwickeln, das sowohl innovativ als auch benutzerfreundlich ist. Obwohl wir aus verschiedenen Teilen der Welt kommen und unterschiedliche Arbeitsweisen pflegen, haben wir unser gemeinsames Ziel immer im Auge behalten. In den frühen Phasen des Projekts haben unsere Kollegen aus Boston klare, schnelle Entscheidungen getroffen, um die Richtung zu bestimmen. Doch die japanischen Kollegen haben uns daran erinnert, wie wichtig es ist, Konsens zu finden, was den Austausch über das Ziel und Qualität des Produkts gefördert hat. Die deutsche Präzision hat uns geholfen, Details zu verfeinern, auch wenn das an einigen Stellen bedeutet hat, alles nochmal von vorn aufzurollen. Und die brasilianische Kreativität hat uns immer wieder inspiriert, unkonventionelle Ideen zu integrieren, die unser Produkt einzigartig machen. Gemeinsam haben wir die Stärken jeder Kultur genutzt und nicht nur ein bereicherndes Gemeinschaftsprojekt gestemmt, sondern auch ein Produkt entwickelt, das es ohne die Zusammenarbeit nicht gäbe und dass die Bedürfnisse unserer Kunden weltweit perfekt trifft.

Warum funktioniert dieses Narrativ?

- **Kulturelle Unterschiede werden anerkannt:** Das Narrativ betont nicht nur die Gemeinsamkeiten, sondern auch, wie verschiedene kulturelle Perspektiven als Stärken im Team genutzt wurden.

- **Inklusion:** Alle Teammitglieder werden als gleichwertige Akteure in der Geschichte gesehen und ihre kulturellen Unterschiede tragen zum Erfolg des Projekts bei.
- **Gemeinsames Ziel:** Trotz kultureller Unterschiede wird das Narrativ durch das übergeordnete Ziel des Projekts zusammengehalten – das Produkt erfolgreich zu entwickeln.

Spaltung im Team überwinden

Die Abspaltung von Untergruppen ist in virtuellen Teams ein natürlicher Prozess, der durch geografische Entfernungen, unterschiedliche Zeitzonen, fehlende persönliche Interaktionen und verschiedene Arbeitsstile begünstigt wird. Während Subgruppen in vielen Fällen durchaus eine positive Funktion erfüllen können, etwa indem sie den Zusammenhalt und die Effizienz in bestimmten Bereichen fördern oder Projekte durch unterschiedliche Perspektiven bereichern, birgt ihre Entstehung auch Risiken für das Team als Ganzes. Subgruppen das können das Gefühl der Zusammengehörigkeit untergraben und eine „Wir-gegen-die Mentalität" entwickeln.

Ausgrenzung kann zu Vertrauensverlust und Konflikten führen.

Daher ist es wichtig, Subgruppenbildung in virtuellen Teams aktiv zu managen. Eine Schlüsselrolle spielt dabei die Einstellung der Führungskraft in Bezug auf Vielfalt im Team. Sogenannte *Diversity Beliefs*[3] (Überzeugungen in Bezug auf Vielfalt) beschreiben die Überzeugung, dass Vielfalt entweder förderlich oder hinderlich für die Teamleistung ist. Eine Führungskraft könnte beispielsweise der

---

[3] Siehe auch die Studie zu *diversity beliefs* von van Dick und Kollegen, 2018.

Meinung sein, dass es besser für das Team ist, wenn möglichst Homogenität herrscht. Was im Übrigen gar nicht so selten ist, wie eine Studie[4] zeigt, neigt etwa die Hälfte aller Recruiter dazu, ähnliche Bewerber in Bezug auf Hobbys, sozialen Hintergrund und Persönlichkeit zu bevorzugen. Je höher die zu besetzende Stelle ist, desto stärker kommt der „similar-to-me"-Effekt zum Tragen. Die Überzeugung der Führungskraft in Bezug auf Vielfalt ist in diesem Fall eher negativ. Umgekehrt könnte eine andere Führungskraft die McKinsey-Studie[5] „Delivering Through Diversity" gelesen haben und zu der Überzeugung gelangt sein, dass Vielfalt in einem Zusammenhang steht mit einer höheren Rentabilität. Sie entwickelt daraufhin positive Diversity Beliefs. In beiden Fällen hat die Einstellung Auswirkungen darauf, ob Vielfalt im Team zu einem Erfolgsfaktor wird oder das Gegenteil der Fall ist. Sprich, die Einstellung der Führungskraft entscheidet, ob die PS der kulturellen, professionellen und demografischen Vielfalt im Team auf die Straße gebracht werden.

In globalen virtuellen Teams sind Diversity Beliefs besonders wichtig. Eine negative Haltung der Führungskraft gegenüber Vielfalt kann das Team dazu bringen, Vielfalt als Hindernis zu sehen, was zu Frustration, Missverständnissen und einer geringeren Bereitschaft zur Zusammenarbeit führt und die Bildung von Subgruppen fördert. Solche negativen Überzeugungen verstärken Spannungen und mindern die Leistung. Im Gegensatz dazu fördern positive Überzeugungen der Führungskraft in Bezug auf Vielfalt Innovation, Kreativität und Problemlösungsfähigkeiten.

Organisationen und Führungskräfte sollten eine positive Sichtweise auf Vielfalt fördern.

---

[4] Die Studie „Hiring as Cultural Matching: The Case of Elite Professional Service Firms" von Lauren A. Rivera erschien im Jahr 2012.

[5] Die McKinsey Studie „Delivering Through Diversity" erschien im Jahr 2018.

Eine Führungskraft mit einer positiven Einstellung zur Vielfalt beeinflusst das psychologische Sicherheitsgefühl der Teammitglieder und ermöglicht es ihnen, ihr volles Potenzial auszuschöpfen. Wenn Führungskräfte Vielfalt als Stärke kommunizieren, schaffen sie Vertrauen und ermutigen Mitarbeitende, ihre unterschiedlichen Perspektiven einzubringen. In virtuellen Teams ist es besonders wichtig, dass die Führungskraft alle Teammitglieder gleichermaßen anspricht, klare Erwartungen an die Zusammenarbeit formuliert und regelmäßigen Austausch fördert. Dies hilft, Missverständnisse und Unsicherheiten zu vermeiden, die durch die Wahrnehmung kultureller oder demografischer Unterschiede auftreten können.

Strategien zur Überwindung von Spaltungen im virtuellen Team:

1. **Förderung einer gemeinsamen Teamidentität**: Führungskräfte sollten gemeinsame Ziele und Werte betonen, um eine übergeordnete Identität zu schaffen, die Unterschiede innerhalb des Teams überlagert.
2. **Inklusives Umfeld schaffen**: Die Führungskraft sollte ein Umfeld schaffen, in dem sich alle Teammitglieder sicher fühlen, ihre Meinungen zu äußern, unabhängig von kulturellen oder sprachlichen Unterschieden.
3. **Rotierende Untergruppen**: Durch wechselnde Zusammensetzungen in Arbeitsgruppen können Subgruppenstrukturen aufgebrochen werden.
4. **Transparente Kommunikation**: Eine offene Kommunikation, bei der Informationen für alle zugänglich sind, kann verhindern, dass sich Subgruppen isoliert und übergangen fühlen.
5. **Virtuelle Teamaktivitäten**: Regelmäßige informelle Treffen oder kulturelle Austauschinitiativen können dazu beitragen, Bindungen zwischen Teammitgliedern zu stärken.

Fazit: Für alle Teammitglieder sollten übergeordnete gemeinsame Werte gelten, etwa dass Vielfalt eine Bereicherung darstellt und daher alle Perspektiven willkommen sind. Ein gemeinsames Narrativ und gemeinsame Ziele können dazu beitragen, das Team trotz kultureller und individueller Vielfalt als eine kohärente Einheit zu betrachten.

Wenn die Führungskraft eine eigene Subgruppe bildet

Es kann Umstände geben, die dazu führen, dass eine Führungskraft von ihrem Team isoliert wahrgenommen wird und eine eigene „Ein-Personen-Subgruppe" bildet. Etwa wenn sie aus Zeitmangel weniger Gelegenheit hat, mit dem Team zu interagieren oder indem sie sich selbst bewusst aus dem operativen Geschäft zurückzieht, um mehr Zeit für administrative und strategische Aufgaben zu haben. Oder wenn sie im Unklaren ist über ihre Führungsrolle, wie es der Fall sein kann, wenn Experten zusammenarbeiten, die der Führungskraft inhaltlich und erfahrungsmäßig voraus sind. Hinzukommt, dass Missverständnisse oder kulturellen Barrieren dazu führen können, dass sich die Führungskraft zurückzieht, anstatt eine integrative Rolle zu spielen.

Wenn die Führungskraft von ihrem Team isoliert ist, kann das verschiedene Auswirkungen auf die Teamdynamik und den Erfolg des Teams haben. So kann es zu einem Verlust von Vertrauen und Nähe kommen, die Kommunikation kann darunter leiden, weil Informationen nicht rechtzeitig oder unvollständig ausgetauscht werden, wichtige Entscheidungen könnten ohne den wertvollen Input des Teams getroffen werden, die Teamdynamik kann sich insgesamt verschlechtern, einzelne Mitarbeitende könnten weniger motiviert sein, sich zu engagieren.

Folgen einer „Ihr-versus-Ich-Mentalität" der Führungskraft

- **Wahrnehmung der Distanz:** Wenn sich die Führungskraft vom Team isoliert, könnten Teammitglieder das Gefühl haben, dass die Führungskraft nicht erreichbar oder nicht an ihrer Zusammenarbeit interessiert ist. Dies kann zu einer Distanz zwischen den Teammitgliedern und der Führungskraft führen.
- **Mangel an emotionaler Unterstützung:** Führungskräfte, die sich isolieren, bieten weniger emotionale Unterstützung und sind möglicherweise nicht in der Lage, den Teammitgliedern in schwierigen Situationen zu helfen. Dies könnte zu Frustration und einem Gefühl der Vernachlässigung bei den Teammitgliedern führen.
- **Informationssilos:** Wenn die Führungskraft nicht aktiv in den Austausch mit dem Team eingebunden ist, könnte es zu einer Situation kommen, in der wichtige Informationen nicht mit dem gesamten Team geteilt werden. Dies führt zu **Informationssilos**, in denen nur ein kleiner Kreis innerhalb des Teams Zugang zu relevanten Informationen hat, während der Rest des Teams ausgeschlossen bleibt.
- **Fehlende Teamzusammenarbeit:** Eine isolierte Führungskraft kann verhindern, dass sich alle Teammitglieder als Teil einer gemeinsamen Einheit sehen. Dies könnte die Zusammenarbeit und das Vertrauen innerhalb des Teams beeinträchtigen.
- **Entscheidungen ohne Input:** Wenn die Führungskraft in ihrer „Ein-Personen-Gruppe" agiert, könnten Entscheidungen ohne den Input des gesamten Teams getroffen werden und Perspektiven und Bedürfnisse aller Teammitglieder unberücksichtigt bleiben, was zu unzureichenden oder suboptimalen Lösungen führt.
- **Unklare Ziele und Vision:** Ohne die aktive Beteiligung der Führungskraft an den täglichen Interaktionen und

6 Die gemeinsame Identität als Erfolgsfaktor

Diskussionen des Teams könnte eine klare Vision oder Richtung fehlen. Das Team könnte Schwierigkeiten haben, sich auf gemeinsame Ziele auszurichten, wenn die Führungskraft nicht regelmäßig die Fortschritte überwacht und die Teammitglieder in den Entscheidungsprozess einbezieht.
- **Negative Gruppendynamik:** Eine Führungskraft, die sich isoliert, könnte unbewusst negative Gruppendynamiken im Team fördern, wie z. B. Misstrauen, Gerüchtebildung oder Konkurrenzdenken.
- **Subgruppenbildung:** Wenn die Führungskraft sich von den Teammitgliedern entfernt, könnten die Mitglieder beginnen, sich selbst in kleinere Subgruppen zu organisieren, um Informationen und Unterstützung zu teilen. Dies könnte zu einer weiteren Spaltung des Teams führen.
- **Fehlende Vorbildwirkung:** Eine isolierte Führungskraft hat weniger Gelegenheit als Vorbild zu agieren – oder sie tut es unbewusst in einem negativen Sinne, indem sich andere Teammitglieder ebenfalls isolieren und auf eigene Ziele und Aufgaben fokussieren.

> **Beispiel**
>
> Erik ist Führungskraft eines internationalen Teams, das an einem komplexen Projekt arbeitet, das mehrere Abteilungen und unterschiedliche Zeitzonen umfasst. Zu Beginn war Erik in die täglichen Aufgaben und Herausforderungen des Teams stark eingebunden. Er führte regelmäßige Meetings durch, gab Feedback zu aktuellen Aufgaben und war für seine Teammitglieder erreichbar. Nach einer Zeit beginnt sich Erik mehr auf strategische Aufgaben und Managementaufgaben auf der höheren Ebene zu konzentrieren. Er zieht sich aus den täglichen operativen Aktivitäten des Teams zurück. Statt mit dem Team an konkreten Herausforderungen zu arbeiten, fokussiert er sich auf langfristige Ziele, budgetäre Entscheidungen und die Kommunikation mit der Geschäftsführung. In Besprechungen sagt Erik Dinge wie: „Ihr

habt das gut im Griff, ich vertraue darauf, dass ihr die Herausforderungen bewältigen werdet" oder „Entscheidet ihr das, ihr habt freie Hand, ich kümmere mich um das große Ganze." Er ist immer seltener involviert und nimmt an Meetings nur noch sporadisch teil. Während die Teammitglieder auf Unterstützung hoffen, vertraut Erik darauf, dass „die Dinge schon laufen werden, während er im Hintergrund die richtigen Hebel zieht".

Das Team nimmt Erik nicht mehr als Teil der Gruppe wahr, sondern empfindet ihn als Außenstehenden, der wenig Verständnis für die konkreten Herausforderungen und den Arbeitsalltag der Teammitglieder zeigt.

Analyse

Die beschriebene Situation zeigt eine klassische Herausforderung im Führungsverhalten: den Übergang von operativer Nähe zu strategischer Distanz. Erik bewegt sich in eine Rolle, die in der Führungsarbeit oft notwendig ist, die Konzentration auf langfristige Ziele, strategische Entscheidungen und die Kommunikation mit der Geschäftsführung.

In seinem Team kann dies ein Gefühl der Vernachlässigung hervorrufen, da Eriks Rückzug aus der täglichen Arbeit die operative Unterstützung und Präsenz vermindert. Seine sporadische Teilnahme an Meetings und Aussagen wie „Ihr macht das schon" kann als Desinteresse gewertet oder als Zeichen dafür gesehen werden, dass er die Herausforderungen des Teams nicht ernst nimmt. Ohne regelmäßige Rückmeldungen und konkrete Unterstützung könnte das Team das Gefühl entwickeln, auf sich allein gestellt zu sein. Die Wahrnehmung von Abwesenheit oder Distanz kann durch kulturelle Unterschiede verstärkt werden. Bei einem komplexen Projekt, das mehrere Abteilungen und Zeitzonen umfasst, ist eine enge Abstimmung und regelmäßige Kommunikation entscheidend. Eriks Rückzug könnte hier zu Koordinationsproblemen führen. Sein Verhalten entspricht einem Führungsstil, der stark auf Vertrauen und Delegation setzt. Dieser Stil kann förderlich sein, wenn das Team selbstständig und erfahren ist, die Aufgaben vertraut sind und wenig Koordination erfordern. Wenn jedoch ein stärkerer Bedarf an Struktur und Führung besteht, bedarf es stärkerer Teilhabe. Ein effektiver Führungsstil erfordert eine Balance zwischen strategischer Arbeit und der operativen Unterstützung des Teams. Erik scheint diese Balance verloren zu haben, was die Distanz zu seinem Team vergrößert. Wenn das Team Erik nicht mehr als Teil der Gruppe wahrnimmt, könnte dies die Motivation und das Engagement der Teammitglieder negativ beeinflussen. Das Gefühl, nicht gehört oder unterstützt zu werden, kann Frustration und Resignation hervorrufen.

Lösungsvorschläge

1. **Wiederherstellung der Präsenz:** Erik sollte seine Teilnahme an Meetings und seine Verfügbarkeit erhöhen, um dem Team zu signalisieren, dass er weiterhin an den operativen Herausforderungen interessiert ist.
2. **Klares Feedback und Unterstützung:** Neben strategischen Themen sollte Erik gezielte Rückmeldungen zu aktuellen Aufgaben geben und konkrete Hilfestellungen anbieten.
3. **Klare Kommunikation der Führungsrolle:** Erik sollte transparent kommunizieren, warum er sich stärker auf strategische Aufgaben konzentriert, und wie dies letztlich dem Team zugutekommt.
4. **Einrichtung von Feedback-Schleifen:** Regelmäßige Feedback-Runden könnten helfen, die Bedürfnisse des Teams besser zu verstehen und auf deren Anliegen einzugehen.
5. **Delegation mit Unterstützung:** Erik kann Aufgaben delegieren, sollte dabei aber sicherstellen, dass das Team die notwendigen Ressourcen und die erforderliche Unterstützung erhält.
6. Ein **Führungscoaching** könnte Erik dabei helfen, die Balance zwischen strategischer und operativer Arbeit zu finden und auf die Bedürfnisse seines Teams einzugehen.
7. **Verstärkung** in Form einer kompetenten Führungskraft, die das operative Geschäft besonnen und strukturiert leitet, während Erik sich den strategischen Aufgaben widmet, könnte zusätzliche Entlastung und das Team wieder auf Kurs bringen.

Die Zweiteilung zwischen der Führungskraft („ich") und dem Team („ihr") kann zu einer Reihe von negativen Konsequenzen führen. Zum einen sinkt die Leistung des Teams, da die Führungskraft keinen direkten Einfluss auf die Teamdynamik nimmt und wichtige Prozesse nicht aktiv unterstützt. Fehlt der Führungskraft der Einblick in die alltägliche Arbeit, werden Entscheidungen oft nicht im Einklang mit den realen Bedürfnissen des Teams getroffen, was sich auf die Motivation und die Arbeitszufriedenheit auswirkt. Teammitglieder fühlen sich von der Führungskraft nicht verstanden, wenig wertgeschätzt und sich isoliert. Dies erhöht nicht nur das Risiko für Burn-out, da die Teammitglieder das Gefühl haben, die Verantwortung allein zu tragen, sondern fördert auch Fluktuationsabsichten – das heißt, die Bereitschaft, das Team oder sogar das Unternehmen zu verlassen.

Fazit: Das Wir-Gefühl zu stärken, erweist sich als eine Schlüsselstrategie für virtuelle Teams. Es verhindert, dass sich Subgruppen bilden oder die Führungskraft von dem Team als isoliert wahrgenommen wird.

7

Identitätsbasierte Führung: Ein neuer Ansatz für das digitale Zeitalter

Zusammenfassung Identitätsbasierte Führung („Identity Leadership") bedeutet, eine starke gemeinsame Identität im Team zu schaffen, die Motivation und Engagement nachhaltig fördert. Führungskräfte, die diesen Ansatz verfolgen, stärken das Wir-Gefühl im Team, indem sie kollektive Ziele über persönliche Interessen stellen. Sie schaffen optimale Bedingungen für Zusammenarbeit und fördern eine klare und verbindende Kommunikation innerhalb der Gruppe. Durch die Identifikation mit der Gruppe steigt die kollektive Wirksamkeit, was Motivation, Engagement und Leistung der Mitglieder nachhaltig erhöht. In diesem Kapitel wird erläutert, wie Identitätsführung konkret funktioniert und warum sie gerade im virtuellen Zeitalter entscheidend für nachhaltigen Führungserfolg ist.

Überblick

Der Begriff des Identity Leadership, geprägt von dem britischen Psychologen und Universitätsprofessor Michael A. Hogg (2001), weiterentwickelt von Alexander Haslam und Kollegen (2020) und in umfangreichen globalen Metastudien unter der Leitung des Frankfurter Professors für Sozialpsychologie Rolf van Dick und Kollegen (2018,) validiert, betont die Bedeutung der sozialen Identität für erfolgreiche Führung. Dabei steht im Mittelpunkt, wie Führungskräfte ein Gefühl der geteilten Identität in ihren Teams und Organisationen fördern und nutzen können, um die Motivation und das kollektive Handeln ihrer Mitglieder zu stärken. Eine zentrale Annahme ist, dass eine erfolgreiche Führungskraft nicht als autoritäre Instanz wahrgenommen wird, sondern als aktives und gleichwertiges Mitglied des Teams, das gemeinsam Verantwortung trägt und die das Team voranbringt. Sie wird als prototypisch angesehen, indem sie Werte und Ideale des Teams verkörpert und das Nachdenken über gemeinsame Normen und Ziele anregt, die mit ihrer Unterstützung erreicht werden können.

Identity Leader schaffen eine „Wir"-Mentalität, die den Teammitgliedern ein starkes Gefühl von Zugehörigkeit vermittelt. Sie stellen kollektive Interessen über persönliche Vorteile und gestalten optimale Rahmenbedingungen für die Weiterentwicklung des Teams. Dies beinhaltet klare Kommunikation, die Schaffung eines Klimas der Zusammenarbeit und die Förderung des Gefühls kollektiver Wirksamkeit. Der Ansatz des Identity Leadership macht deutlich, dass Führungserfolg auf der Fähigkeit basiert, eine gemeinsame Identität aufzubauen und als integraler Teil der Gruppe zu agieren. Anstatt anderen zu sagen, was sie tun sollen, fördern Identity Leader die kollektive Wirksamkeit nach besten Kräften. Das beinhalten den Aufbau einer gemeinsamen Identität, die auch über Entfernungen hinweg – und in Anwesenheit der Führungskraft – wirksam zur Motivation und zum Engagement aller beiträgt.

Führungsziel: Als eine(r) von uns wahrgenommen werden

Die Beziehung zwischen Führungskraft und Team ist von gegenseitiger Beeinflussung geprägt. Die Haltung der Führungskraft zu Themen wie gegenseitigem Respekt, Vertrauen, Leistung und Teamorientierung beeinflusst die Teamkultur. Im Umkehrschluss gilt das Gleiche – das Team beeinflusst die Führungskraft. Ein Team, das sich eigenständig im Sinne der gemeinsamen Vision engagiert, lässt der Führungskraft mehr Zeit für strategische Aufgaben. Ein erfolgreiches Team stärkt das Vertrauen der Führungskraft in ihre Strategie und führt zu einer verbesserten Außenwirkung des Teams, was der Führungskraft indirekt zugutekommt. Der Ansatz der identitätsbasierten Führung berücksichtigt die wechselseitige Beeinflussung von Führungskraft und Team und stellt Führung damit in einen sozialpsychologischen Rahmen, bei dem es um Einfluss (Influence) und Gefolgschaft (Followership) geht und die Führungskraft zum Influencer im wahrsten Sinne wird.

Ging es bei Führung nicht schon immer um Einfluss – was macht diesen neuen Ansatz so bahnbrechend?

In der identitätsbasierten Führung steht nicht die Führungskraft sondern das Team im Mittelpunkt. Die Führungskraft wird von ihrem Team als „Eine(r) von uns" wahrgenommen.

Eine solche Betrachtungsweise schafft eine Basis für Bindung, Vertrauen und Kooperation. Die Führungskraft übt nicht nur Autorität aus, sondern identifiziert sich als Teil des Teams mit den gemeinsamen Zielen und Herausforderungen. Das fördert einerseits eine offene Kommunikation, da die Mitarbeitenden weniger Hemmungen haben, Feedback zu geben oder Probleme anzusprechen. Gleichzeitig steigt die Bereitschaft, sich für gemeinsame Ziele einzusetzen, da die Teammitglieder die Führungskraft nicht als distanzierte Instanz, sondern als Verbündete wahrnehmen. Dadurch entsteht ein Gefühl von Zusammengehörigkeit, das die Motivation und den Teamgeist stärkt. Die Führungskraft wird nicht nur als Vorgesetzte, sondern auch als unterstützende und empathische Bezugsperson und Sparringspartner wahrgenommen. Dies ermöglicht eine effektivere Führung, indem es den Informationsfluss verbessert und Konflikte frühzeitig entschärft. Insgesamt fördert dieser Ansatz ein Arbeitsumfeld, in dem sich alle, inklusive der Führungskraft, für den gemeinsamen Erfolg verantwortlich fühlen.

Führungskräfte sind prototypische Vorbilder, wenn sie zentrale Werte, Normen, Verhaltensweisen und Ziele einer Organisation oder eines Teams verkörpern und damit Orientierung bieten.

Sie sind oft die erste Referenz dafür, wie Regeln interpretiert werden, welche Prioritäten gelten und wie Herausforderungen angegangen werden. Durch ihr Handeln setzen sie Standards, die Mitarbeitende unbewusst übernehmen. Wenn beispielsweise eine Führungskraft in stressigen Situationen ruhig bleibt und schnell dazu übergeht Lösungswege abzustimmen, übernehmen Mitarbeitende diese Herangehensweise und gehen ebenfalls lösungsorientierter mit Herausforderungen um.

Gleichzeitig repräsentieren Führungskräfte die gemeinsamen Ideale einer Gruppe. Ihr Verhalten beeinflusst die Wahrnehmung von Fairness, Motivation und Teamgeist. Wenn eine Führungskraft konsequent fair entscheidet, die Erfolge des Teams anerkennt und alle

Mitarbeitenden gleichwertig behandelt, stärkt dies das Vertrauen, die Motivation und den Teamgeist innerhalb der Gruppe.

Nicht zuletzt übernehmen Führungskräfte als Vorbilder eine Schlüsselrolle in Veränderungsprozessen, indem sie glaubwürdig zeigen, wie neue Wege erfolgreich umgesetzt werden können. Ein Beispiel: Wenn eine Führungskraft aktiv digitale Tools einführt und das Team durch Schulungen unterstützt, zeigt sie nicht nur den Nutzen der Veränderung, sondern lebt sie auch vor. Durch ihre Vorbildfunktion beeinflussen sie nicht nur das Verhalten des Teams, sondern prägen auch die Kultur und Werte der gesamten Organisation.

Die identitätsbasierte Führung fördert das Verständnis dafür, wie Individuen und Gruppen sich gegenseitig beeinflussen und gemeinsam Normen, Werte und Ziele entwickeln.

Der Erfolg von Führungskräften bei der Beeinflussung und Inspiration hängt von einer gemeinsamen sozialen Identität ab – der Teamidentität. Nach der Theorie der sozialen Identität (SIT)[1] erfahren Individuen eine Steigerung des Selbstwertgefühls, wenn sie sich mit einer für sie attraktiven Gruppe identifizieren. Diese Identifikation motiviert dazu, besondere Anstrengungen zu unternehmen, um als Teil dieser Gruppe gemeinsame Ziele zu erreichen. Somit erklärt die Theorie der sozialen Identität, warum Menschen in Gruppen mehr leisten, wenn sie sich mit ihnen identifizieren können. Eine starke Teamidentität motiviert nicht nur zu individuellem Engagement, sondern führt auch dazu, dass Mitglieder den Erfolg der Gruppe als persönliche Bereicherung erleben.

---

[1] Tajfel & Turner, 1979; Turner et al., 1987.

> **Übersicht**
>
> Angenommen, ein Start-up-Team arbeitet an der Markteinführung eines neuen Produkts. Die Führungskraft hat eine starke Teamidentität geschaffen, indem sie das Team als „Game Changer" bezeichnet und betont, dass sie gemeinsam die Branche revolutionieren können. Alle Teammitglieder identifizieren sich mit dieser Vision und fühlen sich stolz, Teil dieses Projekts zu sein. Sie sind motiviert, die Extrameile zu gehen: Entwickler arbeiten bis spät in die Nacht, um Fehler zu beheben, das Marketing-Team bereitet zusätzliche Präsentationen vor, und alle unterstützen sich gegenseitig, um den engen Zeitplan einzuhalten. Der Erfolg des Produkts wird als gemeinsamer Triumph erlebt, der das Team noch enger zusammenschweißt.
>
> Wie hat die Führungskraft das Team dazu bewegen können, die Extrameile zu gehen? In dem beschriebenen Start-up-Team könnte die Führungskraft nicht nur durch ihre strategischen Entscheidungen gezeigt haben, dass sie die Gruppe leitet, sondern auch durch ihr aktives Engagement, dass sie „eine von uns" ist. Etwa indem sie bei jedem Teammeeting präsent ist, sich Zeit nimmt, um direkt mit jedem Teammitglied an Lösungen zu arbeiten, und selbst bereit ist, Überstunden einzulegen, wenn es darauf ankommt. Durch ihr Verhalten zeigt sie, dass sie die Herausforderungen der Gruppe versteht und teilt. Diese Haltung inspiriert das Team, sich ebenfalls stärker einzubringen. Die Marketing-Abteilung bleibt bis spät in die Nacht, um die Präsentation noch einmal zu perfektionieren, und die Entwickler arbeiten unermüdlich an der Behebung der Fehler. Jeder Einzelne fühlt sich motiviert, weil die Führungskraft nicht nur von Zusammenarbeit spricht, sondern sie aktiv vorlebt. Der entscheidende Faktor: Die Führungskraft wird nicht als „Chef" gesehen, der nur delegiert, sondern als gleichwertiges Mitglied, das Teil des gemeinsamen Erfolgs ist. Durch dieses Verhalten stärkt sie die Gruppenidentität, erhöht das Vertrauen und sorgt dafür, dass jeder bereit ist, die Extrameile zu gehen, um die Ziele des Teams zu erreichen.

> **Übersicht**
>
> Beeinflussung durch Identifikation – damit das gelingt, sollten sich Führungskräfte fragen:
> Verkörpere ich, wofür mein Team steht? Lebe ich die gemeinsamen Werte vor? Stelle ich Teamziele über private Interessen? Behandle ich alle Teammitglieder fair? Fördere ich zwischenmenschliche Bindungen? Bin ich stolz auf die Erfolge meines Teams? Umgekehrt sollten sämtliche Teammitglieder diese Fragen in Bezug auf ihre Führungskraft mit Ja beantworten.

Testen Sie Ihr Wissen: Wir-referenzierende Sprache vs. Ich-referenzierende Sprache in der Mitarbeiterkommunikation. Fällt Ihnen der Unterschied auf?

1. „Ihr seid dafür verantwortlich, die Kundenanfragen zeitnah zu bearbeiten. Bitte stellt sicher, dass Ihr die Deadlines einhaltet. Ich werde das überprüfen und beim nächsten Meeting mit euch besprechen."
2. „Wir haben uns darauf geeinigt, die Kundenanfragen zeitnah zu bearbeiten. Bitte lasst uns zusammen daran arbeiten, die Deadlines einzuhalten. Gebt mir rechtzeitig Bescheid, wenn es Probleme gibt, damit ich Euch unterstützen kann."

Obwohl die Sätze im Inhalt nahezu identisch sind, erzeugen sie eine unterschiedliche Wirkung!

Szenario 1: „Ihr und ich" – Hierarchische Distanz
„Ihr seid dafür verantwortlich, die Kundenanfragen zeitnah zu bearbeiten. Bitte stellt sicher, dass Ihr die Deadlines einhaltet. Ich werde das überprüfen und beim nächsten Meeting mit euch besprechen"

Die Verwendung von „ihr" und „ich" erzeugt eine Trennung zwischen der Führungskraft und dem Team. Dies signalisiert Hierarchie und Zuständigkeiten, kann jedoch ein Gefühl von Distanz vermitteln, das durch die Aussagen „ich werde das überprüfen" und „… mit euch besprechen" verstärkt wird.

Wirkung
Das Team könnte das Gefühl haben, dass sich die Führungskraft von der operativen Arbeit distanziert und nur noch kontrollierend eingreift. Das kann demotivierend wirken, wenn Unterstützung oder gemeinsames Engagement erwartet wird.

Szenario 2: „Wir und uns" – Gemeinsames Engagement
„Wir haben uns darauf geeinigt, die Kundenanfragen zeitnah zu bearbeiten. Bitte lasst uns zusammen daran arbeiten, die Deadlines einzuhalten. Gebt mir rechtzeitig Bescheid, wenn es Probleme gibt, damit ich Euch unterstützen kann."

Durch die Verwendung von „wir" und „uns" wird das Gefühl vermittelt, dass alle im selben Boot sitzen. Die Führungskraft stellt sich als Teil des Teams dar, sie signalisiert, dass sie sich mitverantwortlich fühlt.

Wirkung:
Das Team fühlt sich stärker eingebunden und motiviert, da die Führungskraft gemeinsame Verantwortung signalisiert und Unterstützung anbietet. Dies kann die Teamdynamik und die Leistung positiv beeinflussen.

Die Verwendung von „wir", „uns", „gemeinsam" „zusammen", schafft ein Gefühl der Zugehörigkeit und fördert die Teamidentität, indem sie die Führungskraft als Teil des Teams darstellt. Dadurch werden Barrieren abgebaut, was zu einer offeneren Kommunikation und einer stärkeren Zusammenarbeit führt. Im Gegensatz dazu kann die Verwendung von „ich", „meins" „meine", „ihr", „euer" Distanz erzeugen, was das Gefühl von Hierarchie verstärken und das Engagement der Teammitglieder verringern kann.

Warum das „Wir" so bedeutungsvoll ist

Das „Wir" ist in der zwischenmenschlichen Interaktion von zentraler Bedeutung, da es ein Gefühl von Zugehörigkeit, Vertrauen und gemeinsamer Identität schafft. Es ermöglicht Menschen, über individuelle Interessen hinauszugehen und kollektive Ziele zu verfolgen, was essenziell für Kooperation, sozialen Fortschritt und den Aufbau stabiler Gemeinschaften ist. Das „Wir" stärkt die emotionale Bindung zwischen Individuen, fördert Solidarität und schafft die Grundlage für Empathie und gegenseitige Unterstützung. Historische Beispiele zeigen eindrucksvoll, wie entscheidend dieses „Wir" für den Erfolg oder Misserfolg von Gemeinschaften war. Der Mauerfall 1989 begann mit dem Ruf „Wir sind das Volk". Damit wurde deutlich gemacht, dass es nicht um Einzelpersonen, sondern um das Kollektiv ging, das sich für Freiheit, Demokratie und Einheit einsetzte. Die Gründung der Europäischen Union ist ein weiteres Beispiel für ein „Wir" auf länderübergreifender Ebene. Nach den Zerstörungen des Zweiten Weltkriegs wurde die Idee geboren, dass Nationen gemeinsam stärker sind. Das „Wir" als Grundlage für Frieden und wirtschaftliche Zusammenarbeit ist ein zentrales Prinzip der EU.

Aber auch die Wirtschaft liefert zahlreiche Beispiele. Satya Nadella, CEO von Microsoft, hat die Unternehmenskultur grundlegend verändert, indem er ein starkes „Wir"-Gefühl gefördert hat. Er spricht oft von „unserer Verantwortung", „unserer Mission" und „unserem Potenzial", was den Fokus auf Teamarbeit und gemeinsames Wachstum lenkt. In einem Interview mit der Frankfurter Allgemeinen

Zeitung sagt Google CEO Sundar Pichai in Bezug auf die rasante Entwicklung von Künstlicher Intelligenz: „Es ist wirklich wichtig, dass wir die Dringlichkeit dieses Moments verinnerlichen und uns als Gesellschaft darauf vorbereiten."[2]

Das Bedürfnis nach Zugehörigkeit, motiviert Menschen dazu, sich mit anderen zu verbinden und in sozialen Gruppen akzeptiert zu werden. Es hat seine Wurzeln in der frühen Menschheitsgeschichte, als das Überleben von der Zugehörigkeit zu einer sozialen Gruppe abhing. Indem sich Menschen in Gruppen zusammentaten, konnten sie gemeinsam Ressourcen nutzen, sich vor Gefahren schützen und Unterstützung in schwierigen Zeiten finden. Dieses Zugehörigkeitsbedürfnis hat sich in der menschlichen Psyche verankert, es beeinflusst bis heute prosoziales Verhalten und ist mit positiven Gefühlen wie Sicherheit, Anerkennung und sozialer Unterstützung verbunden. In modernen Gesellschaften äußert sich dieses Bedürfnis nicht nur in familiären oder freundschaftlichen Beziehungen, sondern auch im beruflichen und gesellschaftlichen Kontext, wo das Zugehörigkeitsgefühl eine wichtige Rolle für die psychologische Sicherheit und die Motivation spielt.

> **Übersicht**
>
> Gut zu wissen
>   Die **Gruppengröße** spielt eine Rolle für die Effizienz und Beziehungsqualität in einer Gruppe.
>   In der Steinzeit lag die ideale Gruppengröße für Jäger- und Sammlergesellschaften bei etwa 20 bis 50 Personen. Diese Größe war optimal, um eine effiziente Nutzung der verfügbaren Ressourcen zu ermöglichen und ausreichend

---

[2] https://www.faz.net/pro/digitalwirtschaft/zitat-sundar-pichai-110180231.html?utm_source=chatgpt.com.

> Arbeitskraft für die Jagd, das Sammeln und den Schutz der Gemeinschaft bereitstellte. Gleichzeitig erlaubte diese Gruppengröße eine direkte und persönliche Kommunikation zwischen allen Mitgliedern, was die Kooperation und das Vertrauen förderte. Kleinere Gruppen waren zudem mobiler und konnten sich leichter an neue Umweltbedingungen anpassen, etwa wenn Ressourcen knapp wurden. Diese Kerngruppen standen häufig in Kontakt mit anderen, größeren Netzwerken von bis zu 150 Personen. Diese Netzwerke spielten eine wichtige Rolle für den übergeordneten Zusammenhalt und die kulturelle Entwicklung. Daraus hat der Anthropologe und renommierte Oxford Professor Robin Dunbar seine Theorie abgeleitet, dass Menschen in der Lage sind, stabile soziale Beziehungen zu etwa 150 Personen zu unterhalten. Die sogenannte *Dunbar-Zahl* stellt sogleich die Obergrenze der Gruppengröße dar, die ein Individuum aktiv und sinnvoll managen kann.

Die Wirksamkeit der identitätsbasierten Führung

Eine ganze Reihe von Studien,[3] unter anderem zusammengefasst in Metastudien, hat gezeigt, dass der Ansatz der identitätsbasierten Führung den Aufbau einer gemeinsamen Teamidentität fördert und darüber hinaus in positivem Zusammenhang mit teamorientierten Einstellungen und Verhaltensweisen steht, die zu einem höheren Engagement der Teammitglieder über verschiedene Situationen hinweg und über einen längeren Zeitraum führen.

Teams mit einer ausgeprägten Teamidentität sind nicht nur leistungsfähiger, sondern auch mental gesünder. Damit hat der Ansatz der identitätsbasierten Führung auch eine **gesundheitsförderliche Bedeutung**, weil er die sozialen

---

[3] Studien: Barreto et al., 2017; Haslam et al., 2023; Khumalo et al., 2022; Riketta & van Dick, 2005; Steffens et al., 2021; van Dick et al., 2018, 2020.

und psychologischen Bedingungen schafft, die das Wohlbefinden der Teammitglieder verbessern. Indem Führungskräfte eine starke Gruppenidentität aufbauen und die soziale Kohäsion fördern, tragen sie dazu bei, Stress zu reduzieren, Resilienz zu stärken und das allgemeine mentale Wohlbefinden der Teammitglieder zu unterstützen.

Konkret sind folgende gesundheitsförderlichen Aspekte hervorzuheben:

- Teamidentität vermittelt das Gefühl, Teil eines unterstützenden Netzwerks zu sein. Die wahrgenommene **soziale Unterstützung** ist ein wichtiger Puffer gegen Stress und Burn-out.
- Das **Zugehörigkeitsgefühl** hilft, die negativen Auswirkungen von Isolation in virtuellen Teams zu minimieren.
- Indem die Führungskraft vorlebt, was es heißt, an einem bedeutsamen gemeinsamen Ziel zu arbeiten, wird die Arbeit als **sinnstiftend** erlebt, was ein wichtiger Faktor für Zufriedenheit und Motivation ist.
- Das Gefühl, gemeinsam als Team Herausforderungen bewältigt zu haben, kann die **Resilienz gegenüber Rückschlägen erhöhen** und damit vor dem Gefühl der Überforderung schützen.
- Wenn Führungskräfte die Gruppennormen und -werte betonen, können sie interne **Konflikte reduzieren** und fördern damit ein gesundes Arbeitsumfeld.
- Indem die Führungskraft eine **gesunde Work-Life-Balance** vorlebt und die Bedeutung regelmäßiger Pausen und Auszeiten betont, überträgt sich das auf die Teammitglieder und stärkt deren Gesundheit.
- Indem Führungskräfte regelmäßiges Feedback und eine positive Fehlerkultur fördern, in der Fehler als Chance des gemeinsamen Lernens angesehen werden, stärken sie die **psychologische Sicherheit** im Team.

7 Identitätsbasierte Führung: Ein neuer Ansatz ...

Eine Umfrage, die während der Covid-19-Pandemie mit Kontaktbeschränkungen unter der Leitung von Forschenden der Goethe Universität Frankfurt (Kaluza et al., 2023) durchgeführt wurde, zeigt, dass Mitarbeitende, die sich mit ihrem Team identifizieren, weniger negative Aspekte der Remote-Arbeit erleben als diejenigen, die dies nicht tun.

Die Zugehörigkeit zu einer bestimmten Gruppe, die eine gewisse emotionale und wertebezogene Bedeutung hat, kann offensichtlich auch ohne physische Präsenz positive Wirkung zeigen.

Teamidentifikation kann die notwendige psychologische Sicherheit bieten, die für Engagement und Leistung wichtig ist. Indem Führungskräfte diese Beziehung erkennen und aktiv daran arbeiten, sie zu stärken, sollten sie ihr Team effektiv führen können, ohne selbst anwesend zu sein. Eine Untersuchung von Khumalo und Kollegen (2022) hat gezeigt, dass identitätsbasierte Führung kollektives Handeln in unterschiedlichem Kontext fördert, sprich dass sie über das Büro hinaus auch im digitalen Kontext wirksam sein sollte. In Arbeitsgruppen scheint zudem die Variable der erlebten Gruppenwirksamkeit eine wichtige Rolle zu spielen. Woraus folgende praktischen Implikationen abgeleitet wurden:

- Führungskräfte erhöhen die Gruppenwirksamkeit, indem sie das Gefühl vermitteln, gemeinsam etwas bewirken zu können. Dies kann durch die Bereitstellung von Ressourcen, der Ermutigung zur Zusammenarbeit und die Anerkennung von Erfolgen erreicht werden.
- Unabhängig vom Gruppenkontext sollte die Führungskraft danach streben, als prototypisches Mitglied der Gruppe wahrgenommen zu werden, das die Interessen der Gruppe vertritt und sich den gemeinsamen Normen entsprechend verhält.

> **Interessant zu wissen**
>
> Identitätsbasierte Führung und kollektives Handeln
> **Social Loafing** ist der unsichtbare Kollege in Arbeitsteams, der sich gemütlich zurücklehnt, während alle anderen die Ärmel hochkrempeln. Wissenschaftlich betrachtet beschreibt es das Phänomen, dass Einzelne in Gruppen weniger Anstrengung zeigen, weil sie glauben, dass ihr Beitrag nicht auffällt oder von anderen aufgefangen wird. Stellen Sie sich vor, ein Team soll ein Projekt abschließen, aber ein Mitglied denkt: „Ach, die schaffen das auch ohne mich!" – und plötzlich läuft es im Team wie mit angezogener Handbremse und alle wundern sich. Dieses Verhalten wurde schon im 19. Jahrhundert von dem Franzosen Maximilien Ringelmann beobachtet und ist heute bekannt als **Ringelmann-Effekt**.
>
> Die identitätsbasierte Führung kann diesen Effekt umkehren. **Social Labouring**[4] ist das Gegenstück zum Social Loafing und beschreibt ein Phänomen, bei dem die Gruppenzugehörigkeit dazu führt, dass sich Menschen **mehr** anstrengen, als sie es allein tun würden. Es tritt auf, wenn sich Menschen mit ihrer Gruppe oder ihrem Team identifizieren – wenn sie stolz darauf sind, Teil eines bestimmten Teams zu sein und das gemeinsame Ziel erstrebenswert erscheint. Social Labouring motiviert dazu, das Team durch die eigene Leistung positiv darzustellen. Jeder Einzelne ist sich im Klaren, dass sein Einsatz für den Gruppenerfolg entscheidend ist. In psychologischer Hinsicht ersetzt die Teamidentität selbstbezogene kognitive Prozesse durch gruppenbezogene kognitive Prozesse. Während **Social Loafing** dazu anspornt, **eigene Interessen** zu verfolgen, spornt **Social Labouring** dazu an, die **Extrameile für das Team zu gehen**.
>
> Positive und kraftvolle Prozesse des menschlichen Miteinanders wie sozialer Zusammenhalt, Kooperation und Einfluss sind nur möglich, weil in bestimmten Situationen die soziale Identität Vorrang vor rein individuellen Interessen hat.

---

[4] Quellen: Ingham et al., 1974; Latané et al., 1979; van Dick et al., 2009.

Fazit: Identitätsfördernde Führung stärkt das „Wir-Gefühl" im Team, das in positivem Zusammenhang mit arbeitsrelevanten Einstellungen und Verhaltensweisen und gesundheitsbezogenen Variablen steht. In virtuellen Teams, wenn physische Distanz und fehlende spontane persönliche Interaktionen den Teamzusammenhalt schwächen können, ist identitätsbasierte Führung daher besonders effektiv.

Die vier Prinzipien der identitätsbasierten Führung

Die identitätsbasierte Führung besteht aus vier zentralen Prinzipien (siehe Abb. 7.1), das sind die Prototypizität der Führungskraft, das Identity Advancement, Identity Impresarioship und das Identity Entrepreneurship. Auf den Punkt gebracht sind die vier Prinzipien der identitätsbasierten Führung folgende:
Die Führungskraft

- verkörpert, wofür das Team steht oder wofür es stehen möchte,
- fördert ein Wir-Gefühl und den Austausch über gemeinsame Werte und Ziele,

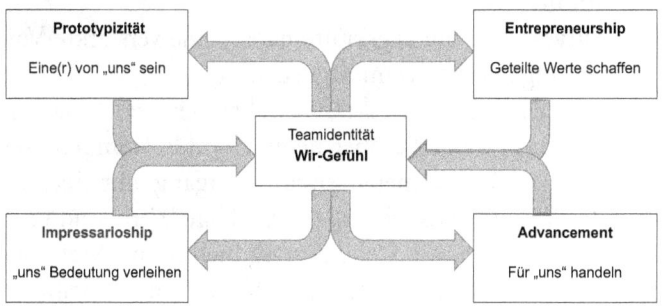

Abb. 7.1 Vier Prinzipien der identitätsbasierten Führung

- handelt in erster Linie im Interesse des Teams und stellt alle notwendigen Ressourcen und Unterstützung bereit.
- schafft Strukturen, die dem Team nützlich sind, z. B. Prozesse, Rituale und Events, die dem Team vermitteln, einzigartig zu sein und die die Außenwirkung des Teams verbessern.

Im folgenden Abschnitt werden die Prinzipien näher erläutert.

Identity prototypicality (Prototypizität)

Prototypizität beschreibt das Ausmaß, in dem Führungskräfte für die Ideale und gemeinsamen Werte ihres Teams stehen und von den Teammitgliedern als „eine(r) von uns" angesehen werden. Führungskräfte ziehen ihren Einfluss aus ihrem Status als Prototyp in der Gruppe (Hogg & van Knippenberg, 2003; Hogg et al., 2012), und sie werden tendenziell als vertrauenswürdiger und effektiver angesehen, wenn sie für das stehen, was das Team ausmacht (Barreto & Hogg, 2017). Bemerkenswerterweise verstärkt sich die Beziehung zwischen Prototypizität und Führungseffektivität, wenn Führungskräfte nicht nur dem deskriptiven Durchschnitt der Eigenschaften ihres Teams entsprechen, sondern dem Idealtypus.

Idealtypische Führungskräfte haben eine verstärkte Vorbildwirkung auf die Teammitglieder.

Idealtypische Führungskräfte erfahren eine noch stärkere Zustimmung, wenn sie über herausragende Kompetenzen verfügen (z. B. Kompetenzen im Umgang mit Technologien) oder auf eindrucksvolle Weise klare Werte und Prinzipien verkörpern, die Orientierung bieten und Vertrauen schaffen. Idealtypische Führungskräfte vermitteln Stabilität und Sicherheit, was insbesondere in unsicheren Zeiten geschätzt wird. Darüber hinaus verkörpern sie oft Eigenschaften, die als erstrebenswert gelten, wie Durchsetzungsstärke, Empathie oder visionäres Denken. Zudem strahlen sie Authentizität und moralische Standfestigkeit aus, sodass ihre Entscheidungen als glaubwürdig wahrgenommen werden. Ihre Fähigkeit, inspirierende Geschichten zu erzählen und eine gemeinsame Identität zu schaffen, stärkt die emotionale Bindung. Dadurch entsteht eine natürliche Sogwirkung, die Zustimmung und Loyalität fördert.

Die Forschung hat gezeigt, dass die sichtbaren Leistungen und Errungenschaften von Führungskräften mit ihrer Vorbildwirkung korrelieren.

Wobei herausragende Leistungen zu vermehrter Zustimmung führen – umgekehrt aber auch gilt, dass mittelmäßige Leistungen die Vorbildwirkung beeinträchtigen (Epitropaki et al., 2013; Steffens et al., 2013). Übertragen auf den Kontext der virtuellen Kommunikation könnte ein Mangel an digitalen Kompetenzen aufseiten der Führungskraft zu einem Verlust an Zustimmung bei den Anhängern führen (Braun et al., 2019). Andererseits kann ein kompetenter Umgang mit digitalen Werkzeugen die Vorbildwirkung steigern (op 't Roodt et al., 2025). Vor diesem Hintergrund gehören technische Kompetenzen zu den grundlegenden Führungsqualitäten im digitalen Zeitalter.

Identity Advancement

Identitätsförderung bezieht sich auf das Ausmaß, in dem Führungskräfte von ihren Anhängern als dem Team verpflichtet wahrgenommen werden. Führungskräfte, die ein gruppenorientiertes Verhalten an den Tag legen, anstatt persönliche Interessen oder jene anderer Interessengruppen zu verfolgen, werden als vertrauenswürdiger wahrgenommen und fördern so die Identifikation ihrer Teammitglieder

(Krug et al., 2020). Identität wird unter anderem dadurch gefördert, dass Führungskräfte **Ressourcen, Projekte und Anerkennung fair** auf alle Teammitglieder verteilen (Duck & Fielding, 2003). Im Intergruppenkontext, wenn Dritte involviert sind, wird Fairness durch die Loyalität der Führungskraft wahrgenommen, z. B. indem sie **ihr eigenes Team gegenüber anderen Teams bevorzugt** und sich gegenüber Dritten für die Interessen des Teams einsetzt (Haslam et al., 2001).

Führungskräfte, die sich mit Leib und Seele für die Interessen ihres Teams einsetzen, erhalten besonders hohe Zustimmungswerte.

Nicht zuletzt erfasst die Fähigkeit, Identität zu fördern, das Ausmaß, in dem die Führungskraft selbst einen erkennbaren Beitrag zur Verwirklichung der Teamziele leistet, indem sie beispielsweise dabei hilft, im Weg stehende Hindernisse zu beseitigen und indem sie die Teaminteressen gegenüber Dritten verteidigt (Steffens et al., 2014).

Identity Entrepreneurship

Identity Entrepreneurship umfasst alle Maßnahmen, die Führungskräfte ergreifen, um eine Teamidentität im Sinne eines gemeinsamen Verständnisses von „wer wir sind" und „wofür wir stehen" aufzubauen (Steffens et al., 2014). Identität stiften bedeutet, unterschiedlichen Menschen das Gefühl zu geben, dass sie Teil derselben Gruppe sind, unabhängig von ihrer Herkunft, ihrer sozialen Klasse, ihrem Geschlecht oder ihrem Alter. Es wurde mit einer Verringerung von Burn-out, Einsamkeit und Fluktuationsabsichten sowie mit einer Verbesserung des Arbeitsengagements in Verbindung gebracht (Krug et al., 2021; Steffens et al., 2018). Die Förderung von Zusammenhalt und Vielfalt innerhalb des Teams erfolgt durch die Vermittlung von Werten, Normen und Idealen.

Die sich wandelnde Natur der heutigen Arbeitsverhältnisse erfordert, dass Führungskräfte die Teamidentität im Laufe der Zeit flexibel definieren. Wenn sich die Teamidentität im Laufe der Zeit wandelt oder durch äußere Umstände zum Wandel gezwungen wird, geht es darum, ein Gefühl der Kontinuität zu bewahren und Brücken zu bauen zwischen der aktuellen und früheren Gruppenidentitäten. Wenn beispielsweise neue globale Projektteams gebildet oder bestehende Teams zu größeren Netzwerken erweitert werden, moderieren die Führungskräfte den Prozess der Identitätsbildung und -neubildung. Im Sinne der „projizierten Kontinuität" erklären Führungskräfte die Schritte von der bestehenden Identität „wer wir sind" zur zukünftigen Identität „wer wir werden könnten" (Giessner et al., 2012, 2016; Ullrich et al., 2007; Lupina-Wegener et al., 2014). Mit anderen Worten:

Führungskräfte unterstützen das Team mit einer Vision, deren Umsetzung sie strukturell und strategisch begleiten.

Gleichzeitig vermitteln sie ermutigende Botschaften in einer Art und Weise, dass Veränderungen dem Team helfen, vital und erfolgreich zu sein. Meetings sind ein zentraler Ort für Identitätsbildung, denn sie bringen Menschen miteinander ins Gespräch und schaffen so Sinn, Einfluss und die Gewährung von Führung (Gerpott & Kerschreiter, 2021). Da Meetings eine zentrale Rolle bei der Gestaltung der Teamidentität spielen, ist es entscheidend, wie sie in der virtuellen Zusammenarbeit organisiert werden. Dabei muss insbesondere berücksichtigt werden, dass alle Teammitglieder unabhängig von technischen Möglichkeiten oder zeitlichen Unterschieden problemlos teilnehmen können. Eine sorgfältige Planung und Anpassung der Meetingstrukturen sorgt dafür, dass alle Beteiligten gleichberechtigt eingebunden werden und das Teamgefühl gestärkt wird.

Identity Impresarioship

Eine Teamidentität lebt von inspirierenden Aktivitäten, die gelebt, erzählt und erinnert werden. Diese Aktivitäten gehören zum Prinzip des Identity Impresarioship, was übertragen heißt, „uns bedeutend machen" und Strukturen zur Förderung der Einheit und zur Stärkung der Teamidentität beinhaltet, wie etwa die Einführung von Ritualen, Traditionen und Events. Insbesondere in virtuellen, vielfältigen Teams müssen Anstrengungen unternommen werden, um sicherzustellen, dass alle Teammitglieder an gemeinsamen Aktivitäten teilnehmen können (Shore et al., 2018). Zusätzlich sollten Führungskräfte die Leistungen des Teams anerkennen und öffentlich würdigen, z. B. auf LinkedIn oder unternehmensinternen Foren, indem sie Meilensteine feiern und wichtige Ereignisse hervorheben. Führungskräfte können die Einheit des Teams durch gemeinsame Initiativen wie Workshops, Klausurtagungen, monatliche Reflexionen, Ideenaustausch, Mentoring und Coaching fördern und durch kraftvolle gemeinsame Narrative aufrechterhalten.

Teams mit einer starken Identität und positiven Narrativen entfalten eine Sogwirkung, weil sie Menschen emotional anziehen, motivieren und verbinden.

Wenn ein Team eine klare und inspirierende Identität besitzt, fühlen sich die Mitglieder stärker verbunden und setzen sich mit größerem Engagement für gemeinsame Ziele ein. Ein positives Narrativ, das Erfolge, Werte und gemeinsame Herausforderungen betont, verstärkt diese Wirkung und schafft eine tiefere emotionale Bindung. Diese Sogwirkung zeigt sich nicht nur intern, sondern auch nach außen. Ein Team mit einem überzeugenden Narrativ zieht talentierte neue Mitglieder an. Gleichzeitig stärkt eine solche Identität den Zusammenhalt und die Resilienz, da sich die Teammitglieder in schwierigen Situationen als Einheit verstehen und gegenseitig unterstützen. Darüber hinaus wirkt sich eine starke Teamidentität auch auf Kunden, Investoren oder Geschäfts-Partner aus. Die Sogwirkung entsteht aus dem menschlichen Bedürfnis, Teil von etwas Bedeutsamem zu sein. Ein Team, das eine starke Identität mit einer positiven Erzählung verbindet, schafft genau diesen Rahmen und entfaltet dadurch eine nachhaltige Anziehungskraft (siehe Abb. 7.1).

> **Identitätsbasierte Führung messen**
>
> Der Ansatz der identitätsbasierten Führung geht davon aus, dass die wahrgenommene Führungsqualität veränderbar ist, da Identität kein starres Konstrukt ist, sondern sehr lebendig an Situationen, Emotionen, Kognitionen und Verkörperungen gebunden ist, die auf vielfältige Weise beeinflusst werden (Epitropaki et al., 2017). Um die verschiedenen Erscheinungsformen und Entwicklungen der Führungsqualität im Laufe der Zeit zu messen, entwickelten Steffens et al. (2014) das Identity Leadership Inventar – ein Fragebogen zur Erfassung der Führungsqualität. Er besteht aus vier Dimensionen mit jeweils vier bzw. drei Items. Beispielitems sind: Die Führungskraft ist ein vorbildliches Mitglied der Gruppe, die Führungskraft setzt sich für die Gruppe ein, die Führungskraft schafft ein Gefühl des Zusammenhalts innerhalb der Gruppe, die Führungskraft schafft Strukturen, die für die Gruppenmitglieder nützlich sind. Der Fragebogen wurde in einer großen multinationalen Stichprobe getestet (van Dick et al., 2018, 2021). Es konnte gezeigt werden, dass das Führen nach den Prinzipien der Identitätsführung mit einer höheren Teamidentifikation, Führungseffektivität und gesundheitsbezogenen Ergebnissen verbunden ist.
>
> 1) **Identität verkörpern** bedeutet die Wahrnehmung, dass die Führungskraft als „eine(r) von uns" wahrgenommen wird, etwa indem sie die Normen und Werte des Teams verkörpert und sich entsprechend verhält und als Führungskraft ein vorbildliches Mitglied des Teams abgibt.
> 2) **Identität stiften** bezieht sich auf das Verhalten der Führungskraft, das darauf abzielt, die Überzeugungen der Teammitglieder dahingehend zu beeinflussen, dass allen bewusst ist, wofür das Team steht und was es gemeinsam erreichen kann, wenn alle an einem Strang ziehen. Dazu werden gemeinsame Werte, Normen und Ziele definiert.

3) **Identität verteidigen** die Führungskraft, die sich für das Team einsetzt und die Interessen des Teams priorisiert, handelt im besten Sinne des Teams. Sie verfolgt keine Interessen oder Ziele, die sie selbst oder andere Personen begünstigen könnten und steht hinter dem Team.
4) **Identität stärken** bezieht sich auf Strukturen, die das Wir-Gefühl und die Zusammenarbeit fördern, wie z. B. sinnvolle Prozessen und faire Aufgabenverteilung, sowie auf sämtliche Bemühungen der Führungskraft, dem Team Bedeutung zu verleihen, etwa durch die Initiierung von Teambuilding-Aktivitäten, täglichen Ritualen und Traditionen. Gleichzeitig sorgt die Führungskraft dafür, dass sich die Außenwirkung des Teams verbessert, etwa durch unternehmensinternes Marketing oder Beiträge auf sozialen Plattformen wie LinkedIn.

Das wissenschaftliche Fundament identitätsstiftender Führung

Das Global-Identity-Leadership-Development (GILD)-Projekt ist ein groß angelegtes, internationales Forschungsprojekt, das seit dem Jahr 2016 von der Goethe Universität Frankfurt aus koordiniert wird und an dem sich weltweit namhafte Führungsforschende beteiligen. Es untersucht die Rolle von identitätsbasierter Führung in Organisationen. Ein zentraler Bestandteil dieser Forschung ist das Identity Leadership Inventory (ILI), ein Messinstrument, das speziell entwickelt wurde, um die vier zentralen Aspekte von Identity Leadership zu erfassen.

Das GILD-Projekt hat die Zuverlässigkeit des ILI in über 30 Ländern und zahlreichen Sprachen bestätigt, wobei Daten von mehr als 16.000 Angestellten auf allen bewohnten Kontinenten erhoben wurden. Die Ergebnisse zeigen, dass identitätsbasierte Führung kulturell übergreifend zu positiven Ergebnissen führt, wie etwa höherer Teamleistung, gesteigerter Motivation und größerer Zufriedenheit der Mitarbeitenden. Somit unterstützt die Forschung

Tab. 7.1 Messen Sie Ihre Identity-Leadership-Kompetenz (Beispielitems aus ILI, Steffens et al., 2014)

Testen Sie Ihre Führungskompetenz
Geben Sie jeder Aussage eine Zahl zwischen 1 und 7 und zählen Sie diese zusammen. Ich bin ein gutes Beispiel für ein Mitglied meines Teams. (…) Ich schaffe ein Gefühl des Zusammenhalts in meinem Team. (…) Ich bin ein(e) Verfechter(in) der Interessen meines Teams. (…) Ich schaffe Strukturen, die für unser Team nützlich sind. (…) Auswertung: Tendenziell würde ein Experte in der identitätsbasierten Führung einen Gesamtwert von 22 Punkten und darüber erreichen. Eine Führungskraft mit mittlerem Verbesserungspotenzial läge bei mehr als 16 Punkten. Ein Wert unter 16 Punkten weist auf ein deutliches Entwicklungspotenzial hin. Das Ergebnis ist unter dem Vorbehalt zu betrachten, dass die Selbstbewertung nicht immer objektiv ausfällt – einige Menschen neigen dazu, sich kritischer zu beurteilen, während andere weniger kritisch mit sich selbst sind.

aus dem GILD-Projekt die These, dass Identity Leadership ein **universell wirksames Führungsprinzip** ist, das unabhängig von nationalen oder kulturellen Unterschieden zu positiven Effekten in Organisationen führt (van Dick et al., 2018, 2021).

Eine Führungskraft, die nach den Prinzipien der identitätsbasierten Führung handelt, die sich selbst als Teil der Gruppe identifiziert, gemeinsame Ziele und Werte hervorhebt und aktiv am Teamgeschehen teilnimmt, fördert ein starkes Gefühl von Zusammenhalt und damit einhergehend Vertrauen, Motivation, bessere Leistung und Arbeitszufriedenheit (siehe Tab. 7.1).

Als Führungskraft Identität fördern: Aufbau einer Teamidentität mit dem 5-R-Modell

Als Führungskraft haben Sie einen Einfluss darauf, wie sich die Teamidentität entwickelt. Dazu haben Sie die Möglichkeit, die Schlüsselprinzipien gezielt anzuwenden. Eine australische Forschergruppe um Alexander Haslam und Kolle-

Tab. 7.2 Fünf Schritte zur Herausbildung einer Teamidentität nach Haslam et al. (2017, 2023)

Schritt	Strategie
1. Readying (Vorbereiten)	Sensibilisierung für die Bedeutung des Teams und die Rolle der Führungskraft im Team. Fragen: **Warum sind unsere Kernkompetenzen? Unsere Mission?**
2. Reflecting (Reflektieren)	Klären der individuellen Rollen und Aufgaben sowie der Wachstumspotenziale aller im Team. Fragen: **Was sind wir aktuell? Was wollen wir zukünftig sein?**
3. Representing (Repräsentieren)	Klären von gemeinsamen Werten, Normen und Zielen und wie diese nach außen hin wahrnehmbar sind. Fragen: **Wofür stehen wir? Wie wollen wir wahrgenommen werden?**
4. Realising (Realisieren)	Umsetzung von Strategien zur Stärkung der Identität und Zielerreichung. Fragen: **Wo stehen wir auf dem Weg zu einer gemeinsamen Identität? Wie erreichen wir unser Ziel?**
5. Reporting (Berichten)	Dokumentation der Fortschritte. Fragen: **Haben wir erreicht, was wir uns vorgenommen haben? Was können wir weiterhin verstärkt tun?**

gen (2017) entwickelte einen fünfstufigen Prozess (5R) und geeignete Strategien für die Entwicklung und Aufrechterhaltung der Teamidentität am Arbeitsplatz. Wie in Tab. 7.2 dargestellt, entwickelt sich eine Teamidentität in fünf Schritten. Dazu werden folgende Fragen angeregt:

Die Ergebnisse einer Längsschnittstudie (Haslam et al., 2017) zeigen, dass der 5-R-Prozess ein nützlicher Rahmen für die Entwicklung von Führungskräften ist, der Erkenntnisse aus der Theorie der sozialen Identität in strukturierte Interventionen übersetzt. Das Programm verbessert sowohl die Fähigkeit zur Identitätsführung als auch die kollektive Zielklarheit und die Teamidentifikation. Um flexible moderne Arbeitsregelungen zu adressieren, wurde eine Online-

Version des 5-R-Programms entwickelt, die nachweislich den Wunsch der Führungskraft steigert, effektiver mit ihren Teams zusammenzuarbeiten und die von sich selbst und den Anhängern bewerteten Identitätsführungsfähigkeiten zu verbessern (Haslam et al., 2023). Darüber hinaus hat sich gezeigt, dass sich die Identifikation der Führungskraft mit dem Team positiv auf die psychologische Sicherheit und das Teamklima in virtuellen Teams auswirkt.

8

Von der Führungskraft zum Vordenker: Digitale Präsenz mit Wirkung

Zusammenfassung Thought Leadership bezeichnet die Fähigkeit, andere Menschen durch innovative Ideen, fachliche Kompetenz und eine klare Positionierung nachhaltig zu beeinflussen und zu inspirieren. Gerade im digitalen Zeitalter sind Führungskräfte gefragt, die Orientierung geben und sowohl bei Mitarbeitenden als auch bei externen Zielgruppen Vertrauen schaffen können. Digitale Plattformen bieten ihnen die Möglichkeit, ihre Expertise gezielt sichtbar zu machen, Glaubwürdigkeit aufzubauen und ihre Reichweite deutlich zu erhöhen. In diesem Kapitel wird Führungskräften gezeigt, wie sie Thought Leadership effektiv einsetzen können, um ihre Rolle im digitalen Umfeld klar zu profilieren und langfristig erfolgreich auszufüllen.

In der heutigen digitalen Welt kann es für Führungskräfte erforderlich sein, nicht nur innerhalb der eigenen Abteilung oder Organisation zu führen, sondern weit darüber hinaus Einfluss zu nehmen. Sie müssen sich als **Vordenker**

(Thought Leader) etablieren, um ihre Expertise zu teilen, Einfluss auszuüben und Innovationen voranzutreiben. Eine starke digitale Präsenz ist dabei entscheidend, um als Autorität auf einem Fachgebiet wahrgenommen zu werden. Die Entwicklung zum Thought Leader erfordert strategische Positionierung, Authentizität und gezielte digitale Sichtbarkeit. Wer als Vordenker wahrgenommen werden möchte, sollte sich nicht nur mit fundierten Meinungen positionieren, sondern auch kontinuierlich relevante Inhalte liefern, die das Publikum inspirieren und einen echten Mehrwert schaffen. Durch die Nutzung digitaler Plattformen können Führungskräfte ihre Sichtbarkeit erhöhen, Vertrauen aufbauen und sich als vertrauenswürdige Experten in ihrem Bereich etablieren. Die Bedeutung der digitalen Präsenz kann nicht hoch genug eingeschätzt werden. Laut einer Studie von Edelman und LinkedIn aus dem Jahr 2022 beeinflusst hochwertiger Thought-Leadership-Content 65 % der Kaufentscheidungen von B2B-Kunden und verbessert in 64 % der Fälle das Markenimage. Dies zeigt deutlich, dass **Thought Leadership** kein reines Prestigeinstrument ist, sondern ein **geschäftskritischer Faktor** sein kann.

Digitale Präsenz ermöglicht es, über geografische und kulturelle Grenzen hinweg zu kommunizieren und eine globale Gemeinschaft von Interessierten aufzubauen. Dies ist besonders wichtig in einer Welt, in der Informationen allgegenwärtig sind und die Aufmerksamkeitsspanne der Menschen immer kürzer wird. Führungskräfte müssen daher in der Lage sein, sich effektiv durch das digitale Rauschen zu drängen und ihre Botschaften klar und überzeugend zu vermitteln. Ein entscheidender Schritt zur Etablierung einer starken digitalen Präsenz ist die Identifizierung eines Nischenbereichs.

Thought Leader sollten sich auf einen Bereich konzentrieren, in dem sie tiefere Expertise und Leidenschaft besitzen.

Eine einzigartige Perspektive, gewonnen durch langjährige Erfahrung und Wissen auf einem Feld, hilft, sich

8 Von der Führungskraft zum Vordenker ...

von anderen abzuheben. Ein Beispiel hierfür ist Mary Barra, die CEO von General Motors, die sich durch ihre Führung in der Automobilindustrie und ihre Bemühungen um nachhaltige Mobilität einen Namen gemacht hat. Barra ist bekannt für ihre klare Vision und ihre Fähigkeit, komplexe Technologien einfach zu erklären, was sie zu einer vertrauenswürdigen Stimme in der Branche macht. Ein weiteres Beispiel ist Fei-Fei Li, die ehemalige Leiterin des AI-Lab an der Stanford University und ehemalige Chief Scientist of AI bei Google Cloud. Li hat sich durch ihre Arbeit im Bereich Künstlicher Intelligenz und ihre Bemühungen um eine ethische und verantwortungsvolle Nutzung von AI einen Namen gemacht. Sie ist bekannt für ihre Fähigkeit, komplexe Technologien zu erklären und ihre Vision für eine inklusivere und gerechtere AI-Gesellschaft zu teilen.

Die Erstellung hochwertiger Inhalte ist ein wesentlicher Aspekt, um Aufmerksamkeit und Anhänger zu generieren. Die regelmäßige Veröffentlichung von hochwertigen Inhalten – in Form von Blog-Beiträgen, Artikeln, Videos und Podcasts – kann aber auch insofern karrierefördernd sein, da hierdurch die eigene Expertise sichtbar gemacht wird, was auch in Fachkreisen und Auswahlgremien wahrgenommen wird. Inhalte sollten nicht nur informativ, sondern auch unterhaltsam und ansprechend gestaltet sein. Thought Leader treten allerdings nicht nur als Sender auf, sondern interagieren mit ihrer Community. Sie kommentieren, stellen Fragen und regen Diskussionen an. So entsteht ein echter Dialog, der nicht nur das Engagement steigert, sondern auch wertvolle neue Perspektiven liefert. Der direkte Austausch mit der Community macht es zudem leichter, neue Themen und Trends frühzeitig zu erkennen und aufzugreifen.

Die Interaktion mit der Zielgruppe spielt eine zentrale Rolle.

Das Aufbauen einer Community durch regelmäßigen Austausch und spannende Updates kann in Form von Kommentaren, Diskussionen und Feedback erfolgen. Ein

Beispiel hierfür ist die Nutzung von Social-Media-Plattformen wie LinkedIn, die es ermöglichen, um direkt mit den Followern zu interagieren und Fragen zu beantworten. Diese Interaktionen erhöhen nicht nur die eigene Sichtbarkeit, sie schaffen auch ein tieferes Verständnis für die Bedürfnisse und Herausforderungen der jeweiligen Zielgruppe – das wiederum hilft, neue Produkte oder Inhalte zu generieren.

Die Nutzung sozialer Medien bietet eine Plattform, um Inhalte zu verbreiten und mit der Zielgruppe zu interagieren.

Die Auswahl der Kanäle sollte in Bezug auf die Zielgruppe und den individuellen Kommunikationsstil erfolgen. LinkedIn bleibt eine wichtige Plattform für Thought Leadership, insbesondere im B2B-Segment. Doch auch andere Formate gewinnen an Bedeutung: Podcasts bieten eine Möglichkeit, tiefere Einblicke zu geben, während Blogs und Fachmagazine genutzt werden können, um längere Fachartikel zu veröffentlichen. Content mit Tiefgang und durchdachten Perspektiven kann die Markenbindung stärken. Ein prominentes Beispiel ist Satya Nadella, CEO von Microsoft. Er teilt regelmäßig Analysen zur digitalen Transformation und Zukunftstechnologien. Statt oberflächlicher Posts liefert er durchdachte Perspektiven mit strategischer Tiefe, die Einblicke in die langfristige Entwicklung der Technologiebranche bieten, während Michelle Obama auf unterhaltsame wie informative Podcasts setzt, die sie auf Plattformen wie YouTube, Spotify oder Instagram veröffentlicht. Oprah Winfrey nutzt ihre Fähigkeit als schlagfertige Gesprächspartnerin im Rahmen von Live-Formaten, die über Fernsehen und Streaming-Dienste verbreitet werden. Im Gegensatz dazu wählt Jeff Bezos, Gründer von Amazon, eher formale Kanäle wie Pressemitteilungen, offene Briefe oder LinkedIn-Beiträge, um strategische Botschaften an Investoren, Partner und eine breitere Öffentlichkeit zu richten. Jacinda Ardern, die ehemalige Premierministerin Neuseelands, setzte vor allem auf Live-Streams auf Facebook, um direkt mit den Bürgern zu kommunizieren und Vertrauen aufzubauen. Die Wahl des Kanals spielt eine Rolle, wie Sie als Führungskraft wahrgenommen werden – sie sollte sorgfältig getroffen werden und Ihren Stärken entsprechen. Sind Sie schlagfertig, energetisch und spontan, dürften Live-Formate zu Ihnen passen. Wenn Sie eher bedacht und überlegt handeln, passen eher schriftliche Formate. Sind Sie ein aufmerksamer Zuhörer und verstehen es, gute Frage zu stellen, könnten Sie einen Podcast erwägen. Oder Sie wählen mehrere Kanäle gleichzeitig, wie die Harvard-Professorin Amy Edmondson, die sich als Vordenkerin zum Thema psychologische Sicherheit etabliert hat – indem sie mit fundierten Beiträgen auf multiplen Kanälen – von wissenschaftlichen Artikeln, populärwissenschaftlichen Büchern, TED-Talks – kontinuierlich das Vertrauen der Zielgruppe aufgebaut hat.

Thought Leadership ist keine kurzfristige Kampagne, sondern die Kunst, Themen nachhaltig zu prägen und mitzugestalten.

Die Vernetzung und Zusammenarbeit mit anderen Vordenkern erweitert den Einflussbereich und hilft, neue Zielgruppen zu erschließen. Teilnahmen an Branchenveranstaltungen und die Moderationen von Panels mit anderen Experten können die Bekanntheit und Vernetzung deutlich verbessern. Durch Kooperationen können Führungskräfte nicht nur die eigene Sichtbarkeit erhöhen, sondern auch neue Perspektiven und Ideen gewinnen.

Wenn Sie darüber nachdenken, die eigene digitale Präsenz effektiv zu gestalten, finden Sie hier einige praktische Tipps:

Den passenden Kanal finden: Der Kommunikationskanal hat Einfluss darauf, wie Inhalte wahrgenommen werden – aus gutem Grund legen Wissenschaftlerinnen und Wissenschaftler großen Wert darauf, in einem renommierten Fachjournal zu publizieren. Umgekehrt sollte der Inhalt zum Kanal passen. Eine locker inszenierte Geschichte über Alltagsbeobachtungen wird ihren Weg schwerlich in ein wissenschaftliches Fachmagazin finden, möglicherweise aber als Videobotschaft in einem sozialen Netzwerk gut aufgenommen werden. Überlegen Sie, was Ihnen besonders liegt. Verfassen Sie lieber Texte oder erklären Sie Dinge gerne persönlich? Sind Sie besonders gut in Live-Interaktionen oder nehmen Sie sich lieber etwas Zeit für gründliches Reflektieren? Haben Sie viel oder wenig Zeit zur Verfügung? Verfügen Sie über die technische Ausstattung wie Mikrofon, Videokamera, Bearbeitungssoftware usw.?

Suchmaschinen-Optimierung: SEO ist von zentraler Bedeutung, um die Sichtbarkeit zu verbessern. Durch die Verwendung relevanter Schlüsselwörter können Sie sicherstellen, dass Ihre Inhalte von einer größeren Zielgruppe erreicht werden.

Optimierung der Website: Heutzutage ist es relativ einfach, eine Webseite in Eigenregie und ohne große Kosten zu erstellen. Der Aufwand ist überschaubar und lohnt sich. Die eigene Webseite ist eine Art digitale Visitenkarte, sie sollte so gestaltet sein, dass Sie kompetent, professionell und vertrauenswürdig wahrgenommen werden. Sie kann mit einem Blog und herunterladbaren Ressourcen wie Whitepapers kombiniert werden.

Wöchentliche Content-Routine: Bereits ein fundierter Beitrag wöchentlich oder alle zwei Wochen verbessert die Sichtbarkeit. Regelmäßige Posts in Form von Artikeln, kurzen Gedanken oder Videos helfen Ihnen, langfristig eine starke Positionierung aufzubauen. Tipp: Bereiten Sie Content längerfristig zu Themen vor, die Ihnen besonders liegen, in Bereichen, in denen Sie Expertise haben. Diese Themen können Sie dann über mehrere Monate verteilt regelmäßig veröffentlichen.

Storytelling nutzen: Menschen folgen glaubwürdigen und nahbaren Narrativen. Berichten Sie eigene Erfahrungen, Herausforderungen und Lösungen aus Ihrem Arbeitsalltag. Authentische und persönliche Einblicke machen Inhalte greifbarer und stärken die emotionale Bindung zur Zielgruppe. Der Schlüssel eines erfolgreichen Narrativs liegt oft in der Einfachheit. Die Welt ist komplex genug, die Menschen wollen einfache und emotional berührende Botschaften.

Impact messen: Kommentare und persönliche Nachrichten, Engagement-Raten und Abonnenten-Wachstum sind wertvolle Indikatoren für die Wirksamkeit Ihrer Aktivitäten. Analysieren Sie regelmäßig, welche Inhalte gut ankommen und passen Sie Ihre Strategie entsprechend an.

Zusammenfassend ist die Entwicklung von einer Führungskraft zu einem Thought Leader ein Prozess, der eine strategische digitale Präsenz erfordert – und interessante Inhalte, mit denen sich Menschen identifizieren können. In einer Welt, in der Informationen allgegenwärtig sind, zählen Authentizität, Empathie und Nahbarkeit, um als vertrauenswürdige Autorität wahrgenommen zu werden.

Einfluss nehmen und inspirieren mit Videobotschaften

Videobotschaften sind zu einem der wirkungsvollsten Mittel geworden, um Menschen direkt zu erreichen und zu inspirieren. Ob in der Politik, im Unternehmenskontext oder bei sozialen Bewegungen – eine gut gestaltete Videoansprache hat das Potenzial, Emotionen zu wecken, Botschaften klar zu vermitteln und eine echte Verbindung zu den Zuschauern aufzubauen. Barack Obama nutzte Videobotschaften während seines Wahlkampfs und baute damit eine emotionale Verbindung zu seinen Wählerinnen und

Wählern auf. Seine klar strukturierten und inspirierenden Videos trugen maßgeblich zu seinem Erfolg bei. In der Pandemie folgten CEOs großer Unternehmen wie Satya Nadella (Microsoft) oder Tim Cook (Apple) seinem Beispiel und richteten Videobotschaften an ihre Mitarbeitenden, um Orientierung zu geben und Zuversicht zu vermitteln. Authentische und empathische Ansprachen stärken das Vertrauen in die Unternehmensführung.

Warum sind Videobotschaften gerade in unserer Zeit so wichtig? Eine Videobotschaft kann nicht nur räumliche Distanz überbrücken und effektiv unzählige Zuschauer erreichen, sie kann auch Emotionen greifbar machen und Informationen Tiefgang oder Nachdruck verleihen. Mimik, Gestik, Stimme und visuelle Gestaltung können eine starke Wirkung entfalten. Zudem sprechen Videos mehrere Sinne gleichzeitig an, wodurch sie einprägsamer werden. In einer Ära, in der digitale Kommunikation häufig anonym und distanziert wirkt, bieten Videobotschaften eine Gelegenheit, Nähe und Authentizität zu vermitteln.

Das Besondere an Videobotschaften ist ihre Vielseitigkeit: Sie können sowohl informativ als auch emotional gestaltet werden, um je nach Zielgruppe und Anlass die gewünschte Wirkung zu erzielen. Das Erfolgsrezept einer erfolgreichen Videobotschaft liegt über den Inhalt hinaus, vor allem in der Art und Weise, wie sie präsentiert wird.

Die Bedeutung von Videobotschaften: Nähe und Wirkung im digitalen Zeitalter erzeugen

In einer digitalen Welt, in der die Aufmerksamkeitsspanne gering und persönliche Interaktion selten sind, können Videobotschaften Brücken bauen – zwischen Leader und

Followern, Unternehmen und Kunden, Marken und Communities, Ideen und deren Umsetzung.

Videobotschaften sind mehr als nur gesprochene Worte – sie transportieren Emotionen, Visionen und Werte auf eine Weise, die Texte oder E-Mails nur schwer erreichen können. Eines der eindrucksvollsten Beispiele ist Steve Jobs' Stanford-Rede von 2005, die bis heute Millionen von Menschen inspiriert. Jobs sprach nicht als CEO eines Tech-Konzerns, sondern als Mensch, der auf sein Leben zurückblickte. Seine Geschichten über Herausforderungen, Rückschläge und Erfolge wirkten echt und nahbar. Das zeigt, dass Videobotschaften besonders wirkungsvoll sind, wenn ihre Sprecher **authentisch und nahbar** auftreten – eine Lektion, die auch moderne Führungskräfte nutzen können. Während der Rede sprach Jobs ruhig, mit klarer Stimme und gezielten Pausen. Er vermied komplizierte Fachbegriffe und setzte auf einfache, persönliche Aussagen. Die Körpersprache unterstrich seine Worte, und genau diese Kombination machte die Rede so kraftvoll. Sie erreichte nicht nur die anwesenden Studierenden, sondern inzwischen Millionen Menschen weltweit.

Videobotschaften haben die Kraft, über den Moment hinaus Wirkung zu entfalten und eine langfristige Inspirationsquelle zu sein.

Führungskräfte, die Videobotschaften als Kommunikationsmittel nutzen, sollten sich bewusst sein, dass der Dreiklang aus **Authentizität, Inhalt und Emotionen** zentral für eine starke Wirkung ist.

Um ihre volle Wirkung zu entfalten, folgen **erfolgreiche Videobotschaften klaren Prinzipien:**

1. Die Kraft der Authentizität nutzen: Eine starke, persönliche Geschichte erzählen
Authentizität ist das Fundament jeder erfolgreichen Videobotschaft. Eine persönliche, ehrliche Geschichte schafft

eine emotionale Verbindung zum Publikum und macht die Botschaft greifbar. **Führungskräfte, die echte Erfahrungen teilen, gewinnen das Vertrauen ihrer Zuhörer.**

Menschen fühlen sich eher mit Botschaften verbunden, wenn sie das Gefühl haben, dass sie von einer echten Person und nicht von einer Marke oder einem abstrakten Konzept stammen.

Eine persönliche Geschichte – sei es über Herausforderungen, Rückschläge oder Erfolge – kann Vertrauen aufbauen und zeigen, dass auch Führungsfiguren aus echten, menschlichen Erfahrungen lernen.

2. Inhalt: Zeitlose Botschaften mit inspirierender Wirkung

Eine starke Videobotschaft sollte immer eine klare und **inspirierende Kernbotschaft** enthalten, die nicht nur im Moment wirkt, sondern auch langfristig im Gedächtnis bleibt. Die Kunst besteht darin, komplexe Inhalte auf eine Kernbotschaft hin zu bündeln – bis hin zu einem einfachen, aber effektiven Claim, der das Thema auf den Punkt bringt.

Die Kernbotschaft sollte universelle Werte ansprechen, – wie Kundenservice, Empathie und Verantwortung – die in jeder Branche und überall auf der Welt verstanden werden.

Indem eine klare Botschaft vermittelt wird, die mit den Werten und Zielen einer Marke oder einer Führungskraft in Einklang steht, können Zuschauer motiviert und inspiriert werden, sich langfristig mit der Marke oder der Botschaft zu identifizieren.

3. Emotionen durch Stimme, Mimik und Gestik vermitteln

Die Art und Weise, wie eine Botschaft übermittelt wird, spielt eine wesentliche Rolle. Eine klare, ruhige Aussprache sorgt dafür, dass die Botschaft verständlich ist, unabhängig von Fachwissen oder Erfahrung. **Fachjargon und komplexe Ausdrücke sollten vermieden werden.** Bedenken Sie, dass die **Stimmlage**, die Sprechgeschwindigkeit sowie **Mimik** und **Gestik** Emotionen transportieren – und damit Rückschlüsse auf ihren emotionalen Zustand zulassen.

Eine freundliche, enthusiastische Stimme weckt Interesse, während eine ruhige, bestimmte Stimme Vertrauen und Autorität ausstrahlt, eine hohe Stimmlage und Sprechgeschwindigkeit dagegen alarmierend wirken kann.

Körpersprache, die mit der Botschaft übereinstimmt, verstärkt die Wirkung und sorgt dafür, dass der Inhalt „lebendig" wird. Doch Vorsicht vor übertriebenem Gestikulieren, insbesondere Anfänger sollten ihre Nervosität kontrollieren z. B. durch Atemtechniken.

> **Übersicht**
>
> **Die Essenz einer erfolgreichen Videobotschaft** liegt in ihrer Fähigkeit, das Publikum zu erreichen, zu motivieren und eine tiefere Verbindung zu schaffen. **Erfolgreiche Videobotschaften** sind klar, authentisch und emotional aufgeladen. Sie beinhalten:
>
> - **Ein klares Ziel:** Jede Videobotschaft sollte ein spezifisches Ziel verfolgen – sei es Inspiration, Information oder die Aufforderung zu Handeln.
> - **Konsistenz:** Die Botschaft muss im Einklang mit den Werten und der Vision der Marke oder der Person stehen, um Authentizität zu wahren.
> - **Prägnant:** Eine gute Videobotschaft sollte im Gedächtnis bleiben und daher einprägsam und leicht verständlich sein.
> - **Emotional:** Eine Botschaft, die Emotionen anspricht, löst Resonanzen aus und bleibt länger im Gedächtnis und im Umlauf, denn sie wird auch eher geteilt.

Videobotschaften haben in mehreren entscheidenden Punkten Vorteile gegenüber anderen Kommunikationsmitteln, wie z. B. Briefen oder Audiobotschaften. Sie können durch visuelle und auditive Stimulation zusätzlich Wirkung entfalten und die Reichweite erheblich steigern. Hier sind einige dieser Vorteile:

Emotionale Ansprache: Im Gegensatz zu reinen Texten oder Bildern transportieren Videos nicht nur trockene Informationen, sondern auch Emotionen. Eine gut gestaltete Videobotschaft kann auf eindrucksvolle Weise positive Gefühle wecken – sei es durch inspirierende Worte, eine motivierende Atmosphäre oder eine empathische Ansprache. Diese emotionale Komponente schafft Vertrauen und stärkt den Zusammenhalt, sowohl innerhalb eines Unternehmens als auch bei der Ansprache von Kunden oder Partnern. Videos bieten die einzigartige Möglichkeit, Menschen auf einer tieferen Ebene zu erreichen und zu begeistern.

Authentizität: Durch den direkten Blick in die Kamera und die visuelle Präsenz des Sprechers wirkt die Videobotschaft sofort nahbar und authentisch. Der Zuschauer hat das Gefühl, dass der Absender sich wirklich für ihn interessiert und direkt mit ihm spricht. Diese Authentizität entsteht durch die Kombination aus Sprache, Körpersprache und Mimik, die gemeinsam eine starke, glaubwürdige Botschaft vermitteln. Das macht den Absender in den Augen des Publikums greifbarer und stärkt das Vertrauen in die Marke oder die Führungspersönlichkeit.

Flexibilität: Ein weiterer großer Vorteil von Videobotschaften ist ihre Flexibilität. Ein spontaner Kommentar zu aktuellen Ereignissen oder ein tiefgründiges, strategisches Video für die Jahresstrategie – Videobotschaften sind in nahezu jeder Situation eine passende Antwort auf die Frage, wie ein breites Publikum nachhaltig erreicht werden kann. Sie können in verschiedenen Formaten eingesetzt werden – von live gestreamten Events oder spontanen Ansprachen bis hin zu sorgfältig vorproduzierten Inhalten, die strategisch geplant und zeitlich abgestimmt werden können.

Hohe Reichweite: Videobotschaften sind stark in ihrer potenziellen Reichweite. Über Plattformen wie YouTube, Instagram, LinkedIn oder Twitter können Videos mit minimalem Aufwand einer breiten Öffentlichkeit zugänglich gemacht werden. So lassen sich nicht nur lokale Zielgruppen, sondern auch globale Communities erreichen. Durch die einfache Möglichkeit, Videos zu teilen, können Botschaften potenziell Millionen von Menschen erreichen und somit eine enorme Verbreitung erfahren. Diese Reichweite ist in einer zunehmend digitalen Welt ein unschätzbarer Vorteil für Marken, Unternehmen und Führungspersönlichkeiten, die ihre Botschaften verbreiten möchten.

Strategisch wertvoll: Videobotschaften sind ein effektives Mittel, um die strategische Ausrichtung eines Unternehmens zu kommunizieren. Führungskräfte können durch Videobotschaften ihre Vision und Mission klar vermitteln und die Mitarbeitenden motivieren, sich an der Umsetzung dieser Ziele zu beteiligen.

Die optimale Vorbereitung einer Videobotschaft

Die Vorbereitung einer Videobotschaft ist entscheidend für ihren Erfolg. Nur durch eine sorgfältige Planung lässt sich gewährleisten, dass die Botschaft klar, authentisch und wirkungsvoll übermittelt wird. Die Vorbereitung ist ein strategischer Prozess, der sowohl kreative als auch technische Aspekte umfasst. Eine klare **Zielsetzung**, eine auf die **Zielgruppe** abgestimmte Ansprache, eine gut durchdachte **Struktur** und **technische Qualität** sind dabei unerlässlich, um eine wirkungsvolle Videobotschaft zu erstellen. Indem Sie all diese Schritte sorgfältig vorbereiten und umsetzen, können Sie eine Videobotschaft entwickeln, die sowohl authentisch als auch überzeugend ist und nachhaltig Wirkung zeigt.

> **Schritte zur Vorbereitung einer Videobotschaft**
> 1. **Zielsetzung und Botschaft definieren**
>   Bevor Sie mit der Produktion einer Videobotschaft beginnen, ist es von zentraler Bedeutung, dass Sie sich über das Ziel der Botschaft klar werden. Was möchten Sie mit diesem Video erreichen? Möchten Sie informieren, inspirieren oder zu einer konkreten Handlung anregen? Die **Kernbotschaft** sollte präzise formuliert und fokussiert sein, um sicherzustellen, dass sie die gewünschte Wirkung entfaltet. Dabei sollten Sie darauf achten, die Botschaft so zu gestalten, dass sie für Ihr Publikum leicht verständlich und einprägsam bleibt.
> 2. **Zielgruppe analysieren**
>   Die Ansprache Ihres Publikums muss maßgeblich die Art und Weise der Botschaft und den Kommunikationsstil beeinflussen. Wer ist Ihre Zielgruppe? Welche **Bedürfnisse**, Wünsche und Herausforderungen prägen sie? Nur wenn Sie die Botschaft gezielt auf die Zielgruppe zuschneiden, wird es Ihnen gelingen, Aufmerksamkeit zu gewinnen und Interesse zu wecken. Berücksichtigen Sie ebenfalls, in welchem **Kontext** Ihre Zielgruppe das Video voraussichtlich anschauen wird – sei es auf einem mobilen Gerät oder großformatig während einer Veranstaltung oder eingebettet auf einer Website.

8 Von der Führungskraft zum Vordenker ...

3. **Inhalt und Struktur planen**
   Inhalt der Videobotschaft sowie die Art der Präsentation sollten im Voraus geplant sein. Der Inhalt sollte klar und strukturiert präsentiert werden, indem das Video in verschiedene Abschnitte gegliedert wird: eine kurze Einführung, die Kernbotschaft sowie eine abschließende Handlungsaufforderung. Achten Sie darauf, die wesentlichen Punkte prägnant und ohne unnötige Ausschweifungen zu vermitteln. Der Einsatz von Storytelling, das eine Problemstellung und deren Lösung darstellt, kann die Botschaft besonders fesselnd und verständlich machen.
4. **Drehbuch erstellen**
   Ein gut strukturiertes Drehbuch trägt entscheidend dazu bei, die Botschaft effektiv zu formulieren und sicherzustellen, dass keine wesentlichen Punkte vergessen werden. Der Text der Videobotschaft sollte im Vorfeld verfasst werden, wobei jedoch Raum für spontane, authentische Momente verbleiben sollte. Das Drehbuch sollte so formuliert sein, dass die Sprache flüssig und natürlich wirkt, ohne erzwungen oder steif zu klingen. Achten Sie darauf, Ihre Botschaft in einer einfachen, leicht verständlichen Sprache zu verfassen.
5. **Ton und Stimmung festlegen**
   Überlegen Sie, welche Emotionen durch das Video transportiert werden sollen und wie Sie diese durch Sprache, Mimik und Körpersprache vermitteln können. Soll die Botschaft motivierend, beruhigend, inspirierend oder informativ sein? Die Stimmung des Videos muss mit der Zielsetzung und der Kernbotschaft übereinstimmen und kann durch Musik oder Tonelemente verstärkt werden.
6. **Visuelle Elemente und Rahmenbedingungen**
   Auch die visuelle Gestaltung des Videos ist von Bedeutung. Überlegen Sie, wie der **Hintergrund** aussehen soll, ob Sie spezielle Requisiten oder Grafiken verwenden möchten und wie Sie die Kamera am besten positionieren. Achten Sie darauf, dass die **Beleuchtung** optimal ist und Sie zentral im Bild positioniert sind.

7. **Körpersprache und Präsenz üben**
Da Körpersprache in Videobotschaften eine zentrale Rolle spielt, ist es ratsam, die Wirkung Ihrer Mimik, Gestik und Haltung vorab vor dem Spiegel zu prüfen. Ein gezielter **Blickkontakt mit der Kamera** sorgt dafür, dass eine Verbindung zum Zuschauer aufgebaut wird. Auch Lächeln und eine aufrechte, aber lockere Körperhaltung können dabei helfen, eine sympathische und überzeugende Wirkung zu erzielen.

8. **Technische Vorbereitung**
Prüfen Sie vor der Aufnahme sämtliche technischen Aspekte. Testen Sie die Kamera, das Mikrofon und die Lichtverhältnisse. Es sollte darauf geachtet werden, dass die Kamera auf Augenhöhe positioniert wird und dass Sie gut ausgeleuchtet sind. Ebenso ist eine **ruhige Umgebung** ohne störende Hintergrundgeräusche von Bedeutung. Nicht unwichtig ist auch die Qualität der Plattform, auf der das Video letztlich veröffentlicht wird.

9. **Feedback einholen**
Vor der endgültigen Aufnahme kann es sehr hilfreich sein, Feedback von vertrauten Personen einzuholen. Diese können wertvolle Hinweise zur Sprechtechnik, Körpersprache oder zum Inhalt geben und helfen, eventuelle Schwächen zu identifizieren. Das Vier-Augen-Prinzip sorgt oft dafür, dass Aspekte verbessert werden, die beim ersten Durchgang übersehen wurden.

10. **Call-to-Action einplanen**
Zum Abschluss der Videobotschaft sollten Sie eine klare Handlungsaufforderung einbauen. Überlegen Sie daher im Vorfeld: **Was erwarten Sie von Ihren Zuschauern?** Sollen Ihre Mitarbeitenden kundenfreundliches Verhalten zeigen, eine Weiterbildung besuchen oder eine Meinung teilen? Die Handlungsaufforderung sollte klar aus der Videobotschaft hervorgehen. Wenn Sie weniger explizit sein wollen, dann fragen Sie sich, **welche Wirkung** Sie erzielen wollen. Möchten Sie z. B., dass man Ihnen vertraut, dann vermitteln Sie das mit einer ruhigen und sicheren Körpersprache – und einer vertrauenswürdigen Kernbotschaft.

Eine starke Kernbotschaft entwickeln

Die Kernbotschaft ist die Essenz einer Videoansprache, aber sie spielt auch in anderen Medien eine zentrale Rolle. Daher sollen im folgenden Abschnitt einige wesentliche Punkte aufgeführt werden, die beim Verfassen einer Kernbotschaft hilfreich sind. In einer Welt voller Informationen und Reizüberflutung entscheidet eine klare und einprägsame Kernbotschaft darüber, ob eine Botschaft Gehör findet oder in der Masse untergeht. Eine starke Kernbotschaft vermittelt in wenigen Worten den **zentralen Gedanken** einer Marke, eines Unternehmens oder einer Führungspersönlichkeit. Sie schafft Klarheit, weckt Emotionen und bleibt langfristig im Gedächtnis. Besonders in der digitalen Kommunikation – ob in Videobotschaften, Präsentationen oder Unternehmensstrategien – ist eine prägnante Botschaft der Schlüssel, um Menschen zu überzeugen und zum Handeln zu bewegen. Sie verbindet Inhalt mit Emotion und bleibt auch in einer schnelllebigen Zeit nachhaltig im Gedächtnis.

Die Kernbotschaft sollte präzise, verständlich und klar formuliert sein – und ein überraschendes Element beinhalten.

Erinnern Sie sich an den Ausspruch des ehemaligen Bürgermeisters von Berlin, Klaus Wowereit, im Jahr 2003? *„Berlin ist arm, aber sexy"* ist mehr als ein Slogan – es ist eine Identitätsaussage, die die Ambivalenz und den einzigartigen Charakter der Stadt einfängt. Die Botschaft zeigt, dass wirtschaftliche Herausforderungen nicht gleichbedeutend mit Bedeutungslosigkeit sind und dass Attraktivität oft in Kreativität und Lebendigkeit liegt. Dieser Satz barg ein Sog, von dem sich auch internationales Publikum angezogen fühlte.

Eine starke Kernbotschaft bringt eine Idee auf den Punkt – klar, emotional und einprägsam. Durch eine gezielte Kombination aus Einfachheit, Emotion und sprachlicher Wirkung können Sie sicherstellen, dass Ihre Botschaft Menschen erreicht und nachhaltig im Gedächtnis bleibt. Folgende Prinzipien helfen beim Verfassen einer Kernbotschaft:

1. Ziel und Intention definieren
Überlegen Sie, was Sie mit Ihrer Botschaft erreichen möchten:

- Soll sie informieren, inspirieren oder motivieren?
- Soll sie eine Veränderung bewirken oder ein bestimmtes Image vermitteln?
- Soll sie zum Handeln aufrufen oder ein Gemeinschaftsgefühl stärken?

Eine klare Zielsetzung hilft Ihnen, die Botschaft präzise und wirkungsvoll zu formulieren.

2. Die Zielgruppe verstehen
Die Kernbotschaft muss auf Ihr Publikum zugeschnitten sein. Fragen Sie sich:

- Wer sind Ihre Zuhörer oder Zuschauer?
- Welche Werte, Erwartungen oder Herausforderungen haben sie?
- Wie können Sie sie emotional ansprechen?

Je besser die Botschaft auf die Zielgruppe abgestimmt ist, desto wirkungsvoller ist sie.

3. Komplexität reduzieren

Eine starke Botschaft ist einfach und leicht verständlich. Vermeiden Sie lange Erklärungen, Fachjargon oder komplizierte Formulierungen. Stattdessen gilt:

- **Klar und direkt formulieren**: Die Aussage sollte sofort verständlich sein.
- **Prägnanz bewahren**: Wenige Worte, die den Kern treffen, sind effektiver als lange Sätze.
- **Emotional ansprechend formulieren**: Gefühle verstärken die Wirkung und die Merkfähigkeit.

Beispiel:
Komplex: *„Unser Unternehmen bietet maßgeschneiderte Lösungen für digitale Transformation, um Unternehmen in einer sich schnell verändernden Welt erfolgreich zu positionieren."*
Einfach: *„Wir machen Unternehmen digital zukunftssicher."*

4. Emotionen gezielt nutzen

Menschen erinnern sich besser an Botschaften, die sie emotional berühren. Eine starke Kernbotschaft kann:

- Begeisterung oder Neugier wecken (*„Innovation beginnt hier."*)
- Sicherheit und Vertrauen vermitteln (*„Ihre Daten sind bei uns sicher."*)
- Gemeinschaft und Zugehörigkeit stärken (*„Gemeinsam schaffen wir Großes."*)

Beispiel:
Neutral: *„Kundenzufriedenheit ist uns wichtig."*
Emotional: *„Ihr Lächeln bedeutet uns alles."*

5. Einprägsamkeit durch Stilmittel erhöhen

Nutzen Sie sprachliche Techniken, um die Botschaft wirkungsvoller zu gestalten:

- Alliteration (gleiche Anfangsbuchstaben): *„Leidenschaft. Leistung. Loyalität."*
- Reim oder Rhythmus: *„Schnell, sicher, zuverlässig."*
- Metaphern: *„Wir bauen Brücken zwischen Ideen und Lösungen."*
- Gegensätze: *„Weniger Risiko, mehr Erfolg."*
- *Wiederholung: „Lage, Lage, Lage – darauf kommt es an."*

Eine klangvolle, rhythmische Botschaft bleibt besser im Gedächtnis.

6. Zeitlose Relevanz schaffen

Eine gute Kernbotschaft funktioniert langfristig und ist nicht an kurzfristige Trends gebunden. Sie sollte so formuliert sein, dass sie auch in Zukunft noch relevant bleibt.

Beispiel:

Kurzfristig: *„Die Zukunft der Technologie im Jahr 2025."*

Zeitlos: *„Technologie, die Zukunft gestaltet."*

7. Testen und Optimieren

Bevor Sie Ihre Botschaft in die Welt tragen, testen Sie sie an Kollegen, Freunden oder innerhalb Ihres Teams:

- Verstehen andere sofort, was Sie vermitteln wollen?
- Ruft die Botschaft die gewünschte Emotion oder Reaktion hervor?
- Kann man sie sich leicht merken?

Falls nötig, verfeinern Sie die Formulierung weiter, bis sie klar, einprägsam und wirkungsvoll ist.

Fazit: Videobotschaften sind ein vielseitiges und nachhaltiges Führungstool. Sie bieten eine unschlagbare Kombination aus emotionaler Tiefe, Authentizität, Flexibilität und Reichweite, die sie zu einem äußerst effektiven Kommunikationsinstrument in der digitalen Welt machen. Eine zeitlose, inspirierende Kernbotschaft wirkt über den Moment hinaus und hilft, eine langfristige Verbindung zu den Zuschauern aufzubauen.

9

Virtuelle Führung: Wichtige Fragen und Antworten

In diesem Abschnitt finden Sie eine Auswahl häufig gestellter Fragen, die aus persönlichen Beratungsgesprächen mit Führungskräften hervorgegangen sind, sowie von Führungskräften aus dem LinkedIn-Netzwerk der Autorin. Die Themen umfassen zentrale Aspekte der virtuellen Führung und liefern Antworten und Lösungen auf relevante Herausforderungen im digitalen Kontext.

1. Muss ich immer erreichbar sein?

Nein, ständige Erreichbarkeit kann zu Stress, Überlastung und Ineffizienz führen. Es ist wichtig, feste Erreichbarkeitszeiten zu definieren und Grenzen zu setzen. Mitarbeitende und Kunden sollten wissen, wann man erreichbar ist und wann nicht. Asynchrone Kommunikation wie E-Mails mit Lesebestätigung und automatischer Antwortfunktion oder Projektmanagement-Tools helfen dabei, den Druck der sofortigen Antwort zu reduzieren. Wer ständig verfügbar ist, riskiert, nicht konzentriert arbeiten zu können. Stattdessen sollte der Fokus auf klaren Strukturen und effizienter Kommunikation liegen.

2. Wie stelle ich Selbstdisziplin meiner Mitarbeitenden sicher?
Selbstdisziplin entsteht nicht durch Kontrolle, sondern durch Motivation, klare Ziele und ein vertrauensvolles Arbeitsumfeld. Regelmäßige Meetings zur Zielsetzung und Reflexion und transparente Kommunikation über Erwartungen und Deadlines schaffen Orientierung. Autonomie ist ein wichtiger Faktor: Wer mehr Entscheidungsfreiheit hat, fühlt sich eher verantwortlich für seine Leistung. Das OKR-Modell (Objectives and Key Results) gibt klare Ziele vor, die eigenverantwortlich erreicht werden sollten.

3. Wie stelle ich sicher, dass die im Arbeitsvertrag angegebenen Stunden abgearbeitet werden?
Anwesenheit bedeutet nicht automatisch Produktivität. Statt sich auf die Anzahl der Stunden zu konzentrieren, sollte das Hauptaugenmerk auf Ergebnissen liegen. Digitale Zeiterfassung kann unterstützend wirken, sollte aber nicht das einzige Kontrollinstrument sein. Vertrauen in die Mitarbeitenden ist essenziell, um ein gesundes Arbeitsklima zu schaffen. Regelmäßige Check-ins oder Status-Updates helfen, einen Überblick zu behalten. Ein transparenter Austausch über Arbeitsbelastung und realistische Ziele fördert eine ausgewogene Arbeitsweise. Letztlich geht es darum, ob die vereinbarten Aufgaben zuverlässig erledigt werden, nicht darum, ob exakt acht Stunden gearbeitet wurden.

4. Wie integriere ich neue Mitarbeitende?
Die Einarbeitung neuer Mitarbeitender im Homeoffice stellt besondere Herausforderungen dar. Ein fester Ansprechpartner und ein strukturierter Onboarding-Prozess

mit klar definierten Punkten ist essenziell. So könnte für jeden Aufgabenbereich von erfahrenen Kollegen ein detailliertes „How to …"-Dokument angelegt werden, in dem alle wichtigen Arbeitsschritte sowie Ansprechpartner und weiterführende Links zu Ordnern, z. B. auf MS-Teams oder SharePoint, dokumentiert sind. Außerdem sollte es einen Ansprechpartner für alle technischen Herausforderungen geben sowie Angebote für Webinare in Bezug auf die Nutzung der meistgenutzten Tools. Virtuelle Kaffeepausen und Teammeetings mit einer persönlicheren Note helfen, soziale Kontakte im Team aufzubauen. Regelmäßige Feedback-Gespräche in den ersten Wochen unterstützen den Einstieg. Fragen Sie zu Beginn, was dem neuen Teammitglied besonders wichtig ist, was seine Befürchtungen und was Idealvorstellungen sind. Einigen Sie sich für den Anfang auf etwas in der Mitte und signalisieren Sie Bereitschaft für Zugeständnisse, wenn die Arbeitsergebnisse stimmen.

5. Warum sind in größeren Meetings weniger Mitarbeitende gedanklich präsent?

Große Meetings werden oft passiv empfunden, weil viele nur zuhören und wenig interaktiv eingebunden werden. Wenn das Meeting nicht klar strukturiert ist oder zu lange dauert, verlieren die Teilnehmenden schnell das Interesse. Multitasking, Ablenkung durch E-Mails oder private Nachrichten sind typische Folgen. Besser sind kürzere Meetings mit klarer Agenda, aktiver Beteiligung und gezieltem Einsatz von interaktiven Elementen wie Umfragen oder Breakout-Rooms. Es hilft auch, nur die wirklich notwendigen Personen einzuladen und für andere eine schriftliche Zusammenfassung anzubieten.

6. Wie gestaltet man Mitarbeitergespräche online?

Ein gutes virtuelles Mitarbeitergespräch braucht eine ruhige Umgebung, eine stabile Internetverbindung und am besten

Kameraeinsatz, um eine persönlichere Atmosphäre zu schaffen. Es sollte eine klare Agenda geben, aber auch Raum für offene Gespräche bleiben. Aktives Zuhören, Nachfragen und der bewusste Verzicht auf Multitasking zeigen Wertschätzung. Zudem ist es hilfreich, vorab Erwartungen abzustimmen: Soll es ein Feedback-Gespräch sein? Geht es um die Weiterentwicklung oder aktuelle Herausforderungen? Ein schriftliches Follow-up nach dem Gespräch hilft, Vereinbarungen festzuhalten und nachzuverfolgen.

7. Wie verhindert man, dass Schweigen als Desinteresse verstanden wird?

In virtuellen Meetings kann Schweigen viele Gründe haben: Unsicherheit, technische Probleme oder einfach nur zuhören. Es ist wichtig, bewusst nachzufragen und Mitarbeitende aktiv einzubeziehen. Offene Fragen („Wie siehst du das?") helfen mehr als Ja/Nein-Fragen. Auch alternative Kommunikationswege, wie Chat-Feedback oder Emojis, können genutzt werden. Die Moderation sollte darauf achten, dass alle zu Wort kommen und niemand das Gespräch dominiert. Grundsätzlich sollte auf eine konzetrierte aber entspannte Atmosphäre in virtuellen Meetings geachtet werden. Wertschätzung spielt dabei eine wichtige Rolle. Eine Meetingkultur, in der Schweigen nicht als negativ gewertet wird, schafft eine entspanntere Atmosphäre.

8. Warum traue ich mich nicht, Kollegen einfach mal virtuell anzusprechen oder schnell mal durchzuklingen?

Viele empfinden spontane virtuelle Anrufe als störend oder fürchten, in einem ungünstigen Moment anzurufen. Im Büro gibt es mehr zufällige Begegnungen, während im Homeoffice Kommunikation oft geplant ist. Eine Lösung ist, feste „Open-Door"-Zeiten einzuführen, in denen spontane Gespräche willkommen sind. Auch kurze Status-Updates oder virtuelle Kaffeepausen helfen, die Barriere zu senken. Es kann auch helfen, klare Kommunikationsregeln im Team festzulegen, wann spontane Anrufe in Ordnung sind.

9. Warum telefonieren jüngere Generationen nicht gern?
Jüngere Generationen bevorzugen asynchrone Kommunikation wie Chat oder Sprachnachrichten, die weniger aufdringlich empfunden werden als Anrufe. Telefonate verlangen eine unmittelbare Interaktion, während Textnachrichten Zeit zum Nachdenken lassen. Auch die Angst vor unangenehmen Gesprächen oder Rückweisung spielt eine Rolle. Führungskräfte sollten gegenseitige Erwartungen und Bedenken klären und auf klare Absprachen in Bezug auf Kommunikationswege und Mittel setzen.

10. Woran erkenne ich im virtuellen Team, ob Mitglieder committed sind?
Kommittent zeigt sich in aktiver Teilnahme an Meetings, eigenständigem Arbeiten und Einhalten von Deadlines. Wer sich engagiert, bringt eigene Ideen ein, reagiert zeitnah auf Nachrichten und übernimmt Verantwortung. Fehlendes Engagement kann sich durch häufige Verzögerungen, passive Teilnahme oder wenig Eigeninitiative äußern. Regelmäßige Feedback-Gespräche und eine offene Teamkultur helfen, Probleme früh zu erkennen. Vertrauen und Transparenz sind entscheidend, um ein motiviertes Team aufzubauen.

11. Wie gehe ich mit dem Risiko um, dass Mitarbeitende im Homeoffice weniger oder zu viel arbeiten?
Einige Mitarbeitende arbeiten im Homeoffice möglicherweise weniger, während andere Gefahr laufen, sich zu überarbeiten. Am Ende zählen jedoch das Ergebnis und die Frage, ob das vereinbarte Ziel erreicht wurde. Klare Strukturen, transparente Zielvorgaben und regelmäßige Check-ins helfen, die Balance zu finden. Eine Kultur, in der Pausen und Feierabendzeiten respektiert werden, ist wichtig für erfolgreiche Remote-Arbeit. Digitale Tools zur Selbstorganisation (z. B. Time-Tracking-Apps) geben Orientierung und Struktur.

12. Wie kann man Produktivität im Homeoffice messen?

Produktivität misst sich nicht an Arbeitsstunden, sondern an Ergebnissen. Zielvereinbarungen, Projekt-Tracking-Tools und regelmäßige Updates fördern eine ergebnisorientierte Arbeitsweise. Aufgabe der Führungskraft ist es, vorab klare und messbare Ziele sowie Erwartungen zu formulieren. Vor allem können Führungskräfte die Prioritätensetzung unterstützen. Welche Aufgaben sollten sofort erledigt werden, welche lassen sich zu einem späteren Termin fertigstellen? Welche Aufgaben erfordern größere Sorgfalt? Wie werden Routineaufgaben zuverlässig gelöst? Kommunizieren Sie Erwartungen und Prioritäten. Klären Sie Ihre Erreichbarkeit bei Rückfragen. Stellen Sie notwendige Ressourcen zur Verfügung, führen Sie regelmäßige Feedback-Gespräche in Bezug auf die erreichten Ziele durch. Ein gesundes Maß an Selbstorganisation und Eigenverantwortung gehört zur neuen digitalen Arbeitsweise und sollte von Ihnen als Führungskraft unterstützt werden.

13. Wie kann ich remote als Vorbild dienen?

Remote als Vorbild zu dienen, setzt kongruentes Verhalten voraus. Stehen Sie zu Ihrem Wort und handeln Sie entsprechend Ihren Werten. Fragen Sie sich, inwiefern Ihre Werte mit denen des Teams übereinstimmen, und ob Sie im Sinne der Teamziele handeln. Halten Sie sich an Abmachungen, zeigen Sie sich ansprechbar und schaffen Sie ein Umfeld, in dem offene Gespräche gefördert werden. Das stärkt den Teamgeist und eine positive Fehlerkultur. Inspirieren Sie andere mit einer optimistischen Haltung in Bezug auf Veränderungen und durch Offenheit gegenüber neuen Technologien und Arbeitsweisen. Damit vermitteln Sie Sicherheit und stärken Vertrauen in Ihre Person.

14. Wie funktionieren Personalgespräche remote?

Personalgespräche remote zu führen, erfordert eine bewusste Planung, klare Kommunikation und den gezielten Einsatz digitaler Tools. Videogespräche sind meist die beste Option, da sie eine persönlichere Atmosphäre schaffen als Telefonate. Wichtig ist eine störungsfreie Umgebung mit einer stabilen Internetverbindung. Es sollte klar sein, ob es sich um ein Feedback-Gespräch, ein Entwicklungsgespräch oder ein Konfliktgespräch handelt. Alle relevanten Daten, Notizen oder Leistungsberichte sollten vorab vorliegen. Ein Gesprächsleitfaden hilft, das Gespräch fokussiert zu führen und alle wichtigen Punkte abzudecken. Achten Sie auf eine wertschätzende Atmosphäre, hören Sie aktiv zu und lassen Sie Raum für offene Gespräche. Gerade bei kritischen Themen ist es wichtig, ruhig und sachlich zu bleiben sowie konstruktives Feedback zu geben. Betonen Sie positive Aspekte der Zusammenarbeit. Treffen Sie klare Vereinbarungen und nächste Schritte. Dies kann durch ein kurzes Follow-up per E-Mail oder eine festgelegte Check-in-Runde in den nächsten Wochen unterstützt werden.

15. Wie kann ich Vertrauen in meinem virtuellen Team aufbauen?

Vertrauen entsteht durch Transparenz, Verlässlichkeit und eine regelmäßige und zuverlässige Kommunikation. Feedback-Gespräche und Updates zeigen, dass die Anliegen der Mitarbeitenden ernst genommen werden. Vertrauen wird gestärkt, wenn Führungskräfte authentisch, fair und verlässlich handeln – z. B. indem sie auch eigene Herausforderungen oder Fehler offen ansprechen und Bereitschaft zeigen, sich weiterzuentwickeln. Vertrauen entsteht nicht zuletzt auch dadurch, dass die Führungskraft ihrem Team auch in Krisenzeiten den Rücken stärkt und das Team gegen Kritik von außen verteidigt.

16. Wie kann ich die Motivation meiner Mitarbeitenden auf Distanz aufrechterhalten?

Klare Ziele, regelmäßige Wertschätzung und Anerkennung der Leistung sowie informelle Austauschformate (z. B. virtuelle Kaffeepausen oder Teamchallenges) sind wichtig, um die Motivation auch auf Distanz aufrechtzuerhalten. Bieten Sie gezielt Unterstützung an und fragen Sie konkret nach Wünschen oder Anregungen für ein verbessertes Arbeitsumfeld. Zeigen Sie, dass jedes Teammitglied unabhängig von seinem Standort oder persönlichem Hintergrund einen wichtigen Beitrag für das Team leistet. Das stärkt das Verantwortungsgefühl und die Motivation, sich im Sinne des Teams zu engagieren. Gemeinsame Rituale, wie „Meilenstein-Feiern", ein „Start-der-Woche"-Meeting oder ein digitales „Feierabendbier", stärken das Teamgefühl und damit die Motivation.

17. Wie kann ich Konflikte in einem virtuellen Team frühzeitig erkennen und lösen?

Konflikte sind im virtuellen Team weniger über die Körpersprache zu erkennen als am Kommunikationsstil. Beobachten Sie, wie häufig oder wie selten jemand kommuniziert und welche Worte dabei verwendet werden. Konjunktive (sollte, müsste, wäre) können auf Unzufriedenheit oder Unsicherheit hinweisen. Ironie und Sarkasmus können ebenfalls ein Zeichen für Unzufriedenheit sein. Passive Formulierungen wie „da könnte man mal …" zeigen Unsicherheit an. Gehen Sie gezielt darauf ein und bitten Sie zu konkretisieren, was denn der gewünschte Zustand oder Vorschlag wäre. Eine offene Fehlerkultur und klare Kommunikationsregeln (z. B. „Erst direkte Klärung, dann Eskalation") sind essenziell. In Konfliktsituationen sollte man schnell handeln und auf Videogespräche statt E-Mails setzen, um Missverständnisse zu vermeiden.

18. Wie stelle ich sicher, dass sich alle Mitarbeitenden aktiv in virtuellen Meetings beteiligen?

Legen Sie gemeinsam mit dem Team Normen für Videobesprechungen fest. Darunter die Dauer, die ein Meeting maximal haben sollte und die Länge der einzelnen Gesprächsbeiträge. Gehen Sie mit gutem Beispiel voran und fassen Sie sich kurz. Konzentrieren Sie sich auf das Wesentliche und regen Sie die Teilnehmenden an, das ebenfalls zu tun. Legen Sie vor dem Meeting eine Agenda fest und beziehen Sie dabei die Mitarbeitenden ein. Fragen Sie im Chat oder per Mail kurz nach, welche Punkte thematisiert werden sollen. Geben Sie allen Teilnehmenden einen Slot, in dem sie Projekte vorstellen und thematisieren können, wo sie Unterstützung oder Informationen brauchen. Grundsätzlich sollten Videobesprechungen kurzgehalten werden und ein klares Ziel haben.

19. Wie kann ich verhindern, dass sich Mitarbeitende im Homeoffice isoliert fühlen?

Gehen Sie auf das Bedürfnis nach Zugehörigkeit ein. Geben Sie Ihrem Team regelmäßig Gelegenheit sich auszutauschen, z. B. in Form von virtuellen Kaffeepausen oder persönlich auf einem Team-Retreat. Effektiv können auch wechselnde „Buddy-Systeme" dem Gefühl der Isolation vorbeugen. Geben Sie Teammitgliedern in wechselnden Tandems Aufgaben, die thematisch neu sind, z. B. ein neues Tool ausprobieren oder mit einer KI ein Teamhintergrundbild designen oder eine Veranstaltung planen. Es ist wichtig, dass die Konstellationen immer wieder wechseln, damit alle im Team Gelegenheit haben, sich besser kennenzulernen.

20. Wie kann ich in einem virtuellen Team eine offene Feedbackkultur etablieren?

Die Führungskraft spielt eine wesentliche Rolle für die Feedbackkultur. Beginnen Sie damit, sich regelmäßig Feedback einzuholen, z. B. anonym via Officevibe oder SurveyMonkey. Zeigen Sie sich dankbar für das Feedback und unternehmen Sie konkrete Schritte, die zeigen, dass Sie das Feedback nutzen, um Dinge besser zu machen. Bieten Sie regelmäßig Feedback-Gespräche an. Orientieren Sie sich bei Ihrem Feedback an den Stärken der Mitarbeitenden. Anstatt Kritik zu üben, können Sie sagen, wo Sie Potenzial sehen. „Ich sehe, dass du dich sehr engagierst, wenn du unsicher in Bezug auf die Prioritäten bist, sprich mich bitte konkret darauf an." Formulieren Sie konkrete Wünsche, z. B. „ich wünsche mir, dass du beim nächsten Mal sofort zu mir kommst, wenn du mit einer Aufgabe nicht weiterkommst". Vermitteln Sie, dass Fehler eine Chance für gemeinsames Lernen sind.

21. Wie erkenne ich Überlastung oder Burn-out im virtuellen Team?

Überlastung zeigt sich in Phasen mit unterschiedlichen Verhaltensmustern. Betroffene wirken in der Anfangsphase gestresst und sprechen viel über unerledigte Aufgaben und das Gefühl, nicht hinterherzukommen. Wenn sie das Gefühl haben, dass ihnen nicht zugehört wird oder dass die Situation unverändert bleibt, folgt die Phase der Isolation, Betroffene fühlen sich allein gelassen und ziehen sich aus dem Team zurück. Führungskräfte sollten bereits in Phase eins reagieren und konkrete Überstützung anbieten, z. B. bei der Prioritätensetzung oder durch klar strukturierte Vorgaben und zusätzliche Ressourcen. Wenn Mitarbeitende sich bereits zurückgezogen haben, ist es wichtig, sie wieder ins Boot zu holen und so in das Team zu integrieren, dass sie gerne Teil davon sind. Im Team sollte es erlaubt sein, Überlastung anzusprechen und auf gegenseitige Unterstützung zu bauen. Das Team orientiert sich oft an der Führungskraft, wenn allen bewusst ist, dass Gesundheit und Wohlbefinden eine zentrale Rolle für die Leistungsfähigkeit spielen, fällt es leichter, Überlastung anzusprechen, Grenzen zu setzen und konkrete Maßnahmen zur Entlastung anzufordern.

22. Wie kann ich virtuelle One-on-One-Gespräche effektiv gestalten?

One-on-One-Gespräche sollten regelmäßig stattfinden, einen festen Zeitrahmen haben und nicht nur auf Leistung fokussiert sein, sondern auch auf persönliche Entwicklung und Zufriedenheit. Ein klarer Gesprächsrahmen hilft: Wie geht es dir? Was lief gut? Wo gibt es Herausforderungen? Gibt es Feedback an mich? Eine offene Atmosphäre, in der Mitarbeitende ehrlich sprechen können, ist entscheidend. Führungskräfte sollten hier vor allem zuhören und unterstützen, anstatt nur Vorgaben zu machen. Wenn Mitarbeitende Kritik äußern oder unangenehme Themen ansprechen, sollten sie auf ein offenes Ohr stoßen und keine Konsequenzen zu befürchten haben. Bedanken Sie sich für die Offenheit und lassen Sie sich Vorschläge unterbreiten, wie sich die Situation aus der Sicht des Mitarbeitenden verbessern lässt. Begründen Sie, warum sie Maßnahmen ablehnen oder für sinnvoll halten.

23. Wie kann ich sicherstellen, dass mein Team remote kreativ und innovativ bleibt?

Eine wichtige Frage, denn Kreativität entsteht selten am Schreibtisch, sondern in veränderten Umgebungen, während spontanen Gesprächen oder sportlichen Aktivitäten. Flexible Arbeitszeiten und der Verzicht auf ständige Erreichbarkeit sind Grundvoraussetzung für kreativen Flow und innovative Ideen. Wichtig ist, dass diese Ideen nicht im Sande verlaufen, sondern dokumentiert werden. Regen Sie Mitarbeitende an, Gedanken zu visualisieren, z. B. digitale Whiteboards zu erstellen (z. B. Miro oder MURAL). In virtuellen Brainstorming-Sessions mit anderen Teammitgliedern können diese Gedanken geteilt und erweitert werden. Auch gezielte Innovationsmeetings oder „Hackathon"-Tage fördern neue Ideen. Sprechen Sie als Führungskraft offen an, wann Sie selbst die besten kreativen Einfälle haben und wie Sie dafür sorgen, dass diese Einfälle in Taten umgesetzt werden. Geben Sie kreativen Mitarbeitenden die Möglichkeit, ihr kreatives Potenzial weiterzuentwickeln und in die tägliche Arbeit einzubringen. Tools wie *Canvas* oder *Rise 360* sind hervorragend, um Prozesse bildlich zu dokumentieren, kleine Lehrvideos, animierte Werbefilme oder einfach eine hochprofessionelle Präsentation für den nächsten Kunden-Pitch zu erstellen.

In der Remote-Arbeit kann die Förderung von Kreativität eine Herausforderung sein, da spontane Begegnungen und informelle Gespräche oft fehlen. Dennoch können gezielte Maßnahmen und kreative Ansätze diesen Nachteil ausgleichen und sogar zu neuen Formen der Zusammenarbeit führen.

24. Wie erfahre ich, ob mein Remote-Team noch hinter mir steht, wie ich wahrgenommen werde und was hilft mir, mich weiterzuentwickeln?

Achten Sie darauf, ob Ihr Team weniger kommuniziert, Eigeninitiative nachlässt oder die Stimmung kippt – das kann ein Zeichen für nachlassendes Kommittent sein. Holen Sie aktiv Feedback ein, sei es durch direkte Gespräche, 360-Grad-Befragungen oder anonyme Umfragen, um zu verstehen, wie Sie und Ihr Führungsstil wahrgenommen werden. Seien Sie offen für Feedback und nutzen Sie es als Chance zur Weiterentwicklung. Selbstreflexion, Weiterbildungen und Coaching helfen Ihnen, Ihren Führungsstil kontinuierlich zu verbessern. Eine starke Führung basiert darauf, aufmerksam und informiert zu bleiben, sich selbst weiterzuentwickeln und das Team aktiv zu unterstützen.

Quellenverzeichnis

Ashforth, B. E., Harrison, S. H., & Corley, K. G. (2008). Identification in organizations: An examination of four fundamental questions. *Journal of Management, 34*(3), 325–374.

Avolio, B. J., & Kahai, S. S. (2003). Adding the „E" to E-leadership: How it may impact your leadership. *Organizational Dynamics, 31*(4), 325–338. https://doi.org/10.1016/S0090-2616(02)00133-X

Bai, Y., Lin, L., & Liu, J. T. (2019). Leveraging the employee voice: A multi-level social learning perspective of ethical leadership. *The International Journal of Human Resource Management, 30*(12), 1869–1901. https://doi.org/10.1080/09585192.2017.1308414

Barreto, N. B., & Hogg, M. A. (2017). Evaluation of and support for group prototypical leaders: A meta-analysis of twenty years of empirical research. *Social Influence, 12*(1), 41–55. https://doi.org/10.1080/15534510.2017.1316771

Bordia, P. (1997). Face-to-face versus computer-mediated communication: A synthesis of the experimental literature. *The Journal of Business Communication, 34*, 99–120. https://doi.org/10.1177/002194369703400010

Braun, S., Hernandez Bark, A., Kirchner, A., Stegmann, S., & Van Dick, R. (2019). Emails from the boss – Curse or blessing? Relations between communication channels, leader evaluation, and employees' attitudes. *International Journal of Business Communication, 56*(1), 50–81. https://doi.org/10.1177/2329488415597516

Bryan, B. T. G., Andrews, K. N., Thompson, P. Q., Matthews, T., & Arseneault, L. (2023). Loneliness in the workplace: A mixed-method systematic review and meta-analysis. *Occupational Medicine, 73*(9), 557–567. https://doi.org/10.1093/occmed/kqad138

Carlyle T. (1841). *On heroes, hero-worship and the heroic in history*. Yale University Press.

Daft, R. L., & Lengel, R. H. (1986). Organizational Information Requirements, Media Richness and Structural Design. *Management Science, 32*(5), 554–571. https://doi.org/10.1287/mnsc.32.5.554

Darwin, C. (1872). *The expression of the emotions in man and animals*. John Murray. https://doi.org/10.1037/10001-000

De Cremer, D., & Van Knippenberg, D. (2002). How do leaders promote cooperation? The effects of charisma and procedural fairness. *Journal of Applied Psychology, 87*(5), 858–866. https://doi.org/10.1037/0021-9010.87.5.858

De Jong, B. A., Dirks, K. T., & Gillespie, N. (2016). Trust and team performance: A meta-analysis of main effects, moderators, and covariates. *Journal of Applied Psychology, 101*(8), 1134–1150. https://doi.org/10.1037/apl0000110

Dennis, A. R., Fuller, R. M., & Valacich, J. S. (2008). Media, tasks, and communication processes: A theory of media synchronicity. *MIS Quarterly: Management Information Systems, 32*(3), 575–600. https://doi.org/10.2307/25148857

Duarte, D. L., & Snyder, N. T. (2006). *Mastering virtual teams: Strategies, tools, and techniques that succeed*. Wiley.

Duck, J. M., & Fielding, K. S. (2003). Leaders and their treatment of subgroups: Implications for evaluations of the leader and the superordinate group. *European Journal of Social Psychology, 33*(3), 387–401. https://doi.org/10.1002/ejsp.153

Epitropaki, O., Kark, R., Mainemelis, C., & Lord, R. G. (2017). Leadership and followership identity processes: A multilevel review. *The Leadership Quarterly, 28*(1), 104–129. https://doi.org/10.1016/j.leaqua.2016.10.003

Epitropaki, O., Sy, T., Martin, R., Tram-Quon, S., & Topakas, A. (2013). Implicit Leadership and Followership Theories „in the wild": Taking stock of information-processing approaches to leadership and followership in organizational settings. *The Leadership Quarterly, 24*(6), 858–881. https://doi.org/10.1016/j.leaqua.2013.10.005

Fiol, C. M., & O'Connor, E. J. (2005). Identification in face-to-face, hybrid, and pure virtual teams: Untangling the contradictions. *Organization Science, 16*(1), 19–32. https://doi.org/10.1287/orsc.1040.0101

Fischer, O., & Manstead, A. S. (2004). Computer-mediated leadership: Deficits, hypercharisma, and the hidden power of social identity. *German Journal of Human Resource Management, 18*(3), 306–328. https://doi.org/10.1177/239700220401800304

Fladerer, M. P., Haslam, S. A., Steffens, N. K., & Frey, D. (2021). The value of speaking for "us": The relationship between CEOs' use of I- and we-referencing language and subsequent organizational performance. *Journal of Business and Psychology, 36*(2), 299–313. https://doi.org/10.1007/s10869-019-09677-0

Gajendran, R. S., & Joshi, A. (2012). Innovation in globally distributed teams: The role of LMX, communication frequency, and member influence on team decisions. *Journal of Applied Psychology, 97*(6), 1252–1261. https://doi.org/10.1037/a0028962

Gerpott, F. H., & Kerschreiter, R. (2021). A Conceptual Framework of How Meeting Mindsets Shape and Are Shaped by Leader–Follower Interactions in Meetings. *Organizational Psychology Review, 12*(2), 107–134. https://doi.org/10.1177/20413866211061362 (Original work published 2022)

Giessner, S. R., & van Knippenberg, D. (2008). License to fail: Goal definition, leader group prototypicality, and perceptions of leadership effectiveness after leader failure. *Organizational Behavior and Human Decision Processes, 105*(1), 14–35. https://doi.org/10.1016/j.obhdp.2007.04.002

Gilson, L. L., Maynard, M. T., Young, N. C. J., Vartiainen, M., & Hakonen, M. (2015). Virtual teams research: 10 years, 10 themes, and 10 opportunities. *Journal of Management, 41*(5), 1313–1337. https://doi.org/10.1177/0149206314559946

Goffman, E. (1959). *The presentation of self in everyday life.* Doubleday.

Greco, L. M., Porck, J. P., Walter, S. L., Scrimpshire, A. J., & Zabinski, A. M. (2022). A meta-analytic review of identification at work: Relative contribution of team, organizational, and professional identification. *Journal of Applied Psychology, 107*(5), 795–830. https://doi.org/10.1037/apl0000941

Greenleaf, R. K. (1997). The servant as leader. In R. P. Vecchio (Ed.), *Leadership: Understanding the dynamics of power and influence in organizations* (pp. 429–438). University of Notre Dame Press. (Reprinted from „Servant Leadership," Paulist Press, 1977, pp. 7–17)

Haslam, S. A., Reicher, S. D., & Platow, M. J. (2011). *The new psychology of leadership: Identity, influence and power.* Psychology Press.

Haslam, S. A., Reicher, S. D., & Platow, M. J. (2020). *The new psychology of leadership: Identity, influence and power.* Routledge.

Hentschel, T., Shemla, M., Wegge, J., & Kearney, E. (2013). Perceived diversity and team functioning: The role of diversity beliefs and affect. *Small Group Research, 44*(1), 33–61. https://doi.org/10.1177/1046496412470725

Henttonen, K., & Blomqvist, K. (2005). Managing distance in a global virtual team: The evolution of trust through technology-mediated relational communication. *Strategic Change, 14,* 107–119. https://doi.org/10.1002/jsc.714

Hersey, P., & Blanchard, K.H. (1969). Life cycle theory of leadership. *Training & Development Journal, 23*(5), 26–34.

Hinds, P. J., & Mortensen, M. (2005). Understanding Conflict in Geographically Distributed Teams: The Moderating Effects of Shared Identity, Shared Context, and Spontaneous Communication. *Organization Science, 16*(3), 290–307. https://doi.org/10.1287/orsc.1050.0122

Hoch, J. E., & Kozlowski, S. W. J. (2014). Leading virtual teams: Hierarchical leadership, structural supports, and shared team leadership. *Journal of Applied Psychology, 99*(3), 390–403. https://doi.org/10.1037/a0034305

Hofstede, G. (2001). *Culture's consequences: Comparing values, behaviors, institutions and organizations across nations.* SAGE.

Hogg, M. A. (2001). A social identity theory of leadership. *Personality and Social Psychology Review, 5*(3), 184–200. https://doi.org/10.1207/S15327957PSPR0503_1

Hogg, M. A., & Terry, D. J. (2000). Social identity and self-categorization processes in organizational contexts. *The Academy of Management Review, 25*(1), 121–140. https://doi.org/10.2307/259266

Hogg, M. A., van Knippenberg, D., & Rast, D. E., III. (2012). The social identity theory of leadership: Theoretical origins, research findings, and conceptual developments. *European Review of Social Psychology, 23*(1), 258–304.

Jarvenpaa, S. L., & Leidner, D. E. (1999). Communication and trust in global virtual teams. *Organization Science, 10*(6), 791–815. https://doi.org/10.1287/orsc.10.6.791

Kaluza, A. J., Junker, N. M., Schuh, S. C., Raesch, P., von Rooy, N. K., & van Dick, R. (2022). A leader in need is a leader indeed? The influence of leaders' stress mindset on their perception of employee well-being and their intended leadership behavior. *Applied Psychology, 71*(4), 1347–1384. https://doi.org/10.1111/apps.12359

Khumalo, G. P., Van Wyk, B. E., Feng, Y., & Cock, I. E. (2022). A review of the traditional use of southern African medicinal plants for the treatment of inflammation and inflammatory pain. *Journal of ethnopharmacology, 283,* 114436. https://doi.org/10.1016/j.jep.2021.114436

Kiesler, S., Siegel, J., & McGuire, T. W. (1984). Social psychological aspects of computer-mediated communication. *American Psychologist, 39*(10), 1123–1134. https://doi.org/10.1037/0003-066X.39.10.1123

Klein, M. (2020). Leadership characteristics in the era of digital transformation. *Business and Management Studies: An International Journal, 8*(1), 883–902.

Kuhn, K. M. (2022). The constant mirror: Self-view and attitudes to virtual meetings. *Computers in Human Behavior, 128*, Article 107110. https://doi.org/10.1016/j.chb.2021.107110

Larson, L., & DeChurch, L. A. (2020). Leading teams in the digital age: Four perspectives on technology and what they mean for leading teams. *The Leadership Quarterly, 31*(1), Article 101377. https://doi.org/10.1016/j.leaqua.2019.101377

Lea, M., & Spears, R. (1995). Love at first byte? Building personal relationships over computer networks. In J. T. Wood & S. Duck (Hrsg.), *Under-studied relationships: Off the beaten track* (S. 197–233). Sage Publications, Inc.

Liao, C. (2017). Leadership in virtual teams: A multilevel perspective. *Human Resource Management Review, 27*(4), 648–659. https://doi.org/10.1016/j.hrmr.2016.12.010

Lu, L., Shen, C., & Williams, D. (2014). Friending your way up the ladder: Connecting massive multiplayer online game behaviors with offline leadership. *Computers in Human Behavior, 35*, 54–60. https://doi.org/10.1016/j.chb.2014.02.013

Luo, M., & Hancock, J. T. (2020). Self-disclosure and social media: Motivations, mechanisms and psychological well-being. *Current Opinion in Psychology, 31*, 110–115. https://doi.org/10.1016/j.copsyc.2019.08.019

Lund, S., Madgavkar, A., Manyika, J., Smit, S., Ellingrud, K., Meaney, M., & Robinson, O. (2021). *The future of work after Covid-19.* https://www.mckinsey.com/featured-insights/future-of-work/the-future-of-work-after-covid-19. Zugegriffen am 18.02.2021

Lupina-Wegener, A., Drzensky, F., Ullrich, J., & Dick, R. v. (2014). Focusing on the bright tomorrow? A longitudinal study of organizational identification and projected continuity in a corporate merger. *British Journal of Social Psychology, 53*(4), 752–772. https://doi.org/10.1111/bjso.12056

Martins, L. L., Gilson, L. L., & Maynard, M. T. (2004). Virtual teams: What do we know and where do we go from here? *Journal of Management, 30*(6), 805–835. https://doi.org/10.1016/j.jm.2004.05.002

Morrison-Smith, S., & Ruiz, J. (2020). Challenges and barriers in virtual teams: a literature review. *SN Applied Sciences, 2*, 1096. https://doi.org/10.1007/s42452-020-2801-5

Norman, S. M., Avey, J., Larson, M., & Hughes, L. (2019). The development of trust in virtual leader–follower relationships. *Qualitative Research in Organizations and Management: An International Journal, 15*(3), 279–295. https://doi.org/10.1108/QROM-12-2018-1701

op 't Roodt, H., von Kopp, D., Kerschreiter, R., Braun, S., & van Dick, R. (under review). *Charisma in the Virtual Workplace: The Role of Virtuality, Identity Leadership, and Leader Digital Competence.* Manuscript submitted for publication.

op 't Roodt, H., Bracht, E. M., van Dick, R., & Hernandez Bark, A. S. (2025). Navigating through the digital workplace: Measuring leader digital competence. *Journal of Business and Psychology, 40*(1), 179–205. https://doi.org/10.1007/s10869-024-09947-6

Perlman, D., & Peplau, L. A. (1981). Toward a social psychology of loneliness. In S. W. Duck & R. Gilmour (Hrsg.), *Personal relationships in disorder.* Academic Press.

Postmes, T., & Spears, R. (1998). Deindividuation and antinormative behavior: A meta-analysis. *Psychological Bulletin, 123*(3), 238–259. https://doi.org/10.1037/0033-2909.123.3.238

Purvanova, R. K., & Kenda, R. (2022). The impact of virtuality on team effectiveness in organizational and non-organizational teams: A meta-analysis. *Applied Psychology: An International Review, 71*(3), 1082–1131. https://doi.org/10.1111/apps.12348

Riketta, M., & Van Dick, R. (2005). Foci of attachment in organizations: A meta-analytic comparison of the strength and correlates of workgroup versus organizational identification and commitment. *Journal of Vocational Behavior, 67*(3), 490–510. https://doi.org/10.1016/j.jvb.2004.06.001

Roberge, M.-É., & van Dick, R. (2010). Recognizing the benefits of diversity: When and how does diversity increase group performance? *Human Resource Management Review, 20*(4), 295–308. https://doi.org/10.1016/j.hrmr.2009.09.002

Robert, L. P., & You, S. (2018). Disaggregating the impacts of virtuality on team identification. In *Proceedings of the 2018*

ACM conference on supporting groupwork (GROUP '18) (S. 309–321). Association for Computing Machinery. https://doi.org/10.1145/3148330.3148337

Saad, L., & Wigert, B. (2021, Oktober 13). *Remote work persisting and trending permanent.* Gallup Workforce Study. https://news.gallup.com/poll/355907/remote-work-persisting-trending-permanent.aspx. Zugegriffen am 21.10.2022

Shamir, B., House, R. J., & Arthur, M. B. (1993). The motivational effects of charismatic leadership: A self-concept based theory. *Organization Science, 4*(4), 577–594. https://doi.org/10.1287/orsc.4.4.577

Shore, L. M., Cleveland, J. N., & Sanchez, D. (2018). Inclusive workplaces: A review and model. *Human Resource Management Review, 28*(2), 176–189. https://doi.org/10.1016/j.hrmr.2017.07.003

Sinek, S. (2011). *Start with why.* Penguin Books.

Sivunen, A. (2006). Strengthening identification with the team in virtual teams: The leaders' perspective. *Group Decision and Negotiation, 15*(4), 345–366. https://doi.org/10.1007/s10726-006-9046-6

Sproull, L., & Kiesler, S. (1986). Reducing Social Context Cues: Electronic Mail in Organizational Communications. *Management Science, 32*(11), 1492–1512. http://www.jstor.org/stable/2631506

Statistisches Bundesamt Studie Remote Work (2024). https://shorturl.at/61R56

Steffens, N. K., Haslam, S. A., Reicher, S. D., Platow, M. J., Fransen, K., Yang, J., Ryan, M. K., Jetten, J., Peters, K., & Boen, F. (2014). Leadership as social identity management: Introducing the Identity Leadership Inventory (ILI) to assess and validate a four-dimensional model. *The Leadership Quarterly, 25*(5), 1001–1024. https://doi.org/10.1016/j.leaqua.2014.05.002

Steffens, N. K., Munt, K. A., van Knippenberg, D., Platow, M. J., & Haslam, S. A. (2021). Advancing the social identity theory of leadership: A meta-analytic review of leader group prototypicality. *Organizational Psychology Review, 11*(1), 35–72. https://doi.org/10.1177/2041386620962569

Tajfel, H., & Turner, J. C. (2004). The Social Identity Theory of Intergroup Behavior. Key readings in social psychology. In J. T. Jost & J. Sidanius, (Hrsg.), *Political psychology: Key readings, Key readings in social psychology* (S. 276–293). Psychology Press.

Turner, J. C., Brown, R. J., & Tajfel, H. (1979). Social comparison and group interest in ingroup favouritism. *European Journal of Social Psychology, 9*(2), 187–204. https://doi.org/10.1002/ejsp.2420090207

Turner, J. C., Hogg, M. A., Oakes, P. J., Reicher, S. D., & Wetherell, M. S. (1987). *Rediscovering the social group: A self-categorization theory*. Basil Blackwell.

Umfrage Bertelsmann Stiftung. (2020). https://shorturl.at/miP4s

Van Dick, R. (2024). Einsamkeit ist tödlich. *Frankfurter Allgemeine Zeitung*, Nr. 152, Seite 11 vom 04.07.2023.

Van Dick, R., Lemoine, J. E., Steffens, N. K., Kerschreiter, R., Akfirat, S. A., Avanzi, L., et al. (2018). Identity leadership going global: Validation of the identity leadership inventory across 20 countries. *Journal of Occupational and Organizational Psychology, 91*(4), 697–728. https://doi.org/10.1111/joop.12223

Van Dick, R., Fink, L., Steffens, N. K., Peters, K., & Haslam, S. A. (2019). Attributions of leaders' charisma increase after their death: The mediating role of identity leadership and identity fusion. *Leadership, 15*(5), 576–589. https://doi.org/10.1177/1742715018807042

Van Dick, R., Cordes, B. L., Lemoine, J. E., Steffens, N. K., Haslam, S. A., Akfirat, S. A., et al. (2021). Identity leadership, employee burnout and the mediating role of team identification: Evidence from the global identity leadership development project. *International Journal of Environmental Research and Public Health, 18*(22), 12081. https://doi.org/10.3390/ijerph182212081

van Dick, R., van Knippenberg, D., Hägele, S., Guillaume, Y. R. F., & Brodbeck, F. C. (2008). Group diversity and group identification: The moderating role of diversity beliefs. *Human Relations*, 61(10), 1463–1492. https://doi.org/10.1177/0018726708095711

Van Knippenberg, D., & Hogg, M. A. (2003). A social identity model of leadership effectiveness in organizations. *Research in Organizational Behavior*, 25, 243–295. https://doi.org/10.1016/S0191-3085(03)25006-1

Watts, D. (2003). *Six Degrees: The Science of a Connected Age.*

GPSR Compliance
The European Union's (EU) General Product Safety Regulation (GPSR) is a set of rules that requires consumer products to be safe and our obligations to ensure this.

If you have any concerns about our products, you can contact us on

ProductSafety@springernature.com

In case Publisher is established outside the EU, the EU authorized representative is:

Springer Nature Customer Service Center GmbH
Europaplatz 3
69115 Heidelberg, Germany

www.ingramcontent.com/pod-product-compliance
Lightning Source LLC
LaVergne TN
LVHW020328260326
834688LV00037B/921